民航国内货运销售实务

陈　芳　主编

中国民航出版社

图书在版编目（CIP）数据

民航国内货运销售实务/陈芳主编. —北京：中国民航出版社，2009.12（2014.1）
ISBN 978-7-80110-950-7

Ⅰ.①民…　Ⅱ.①陈…　Ⅲ.①民用航空 - 航空运输：货物运输 - 销售管理 - 中国　Ⅳ.①F562.6

中国版本图书馆 CIP 数据核字（2009）第 220622 号

责任编辑：王迎霞

民航国内货运销售实务

陈 芳 主编

出版	中国民航出版社
地址	北京市朝阳区光熙门北里甲 31 号楼（100028）
排版	中国民航出版社照排室
印刷	北京华正印刷有限公司
发行	中国民航出版社（010）64297307　64290477
开本	787×1092　1/16
印张	15.25
字数	347 千字
印数	10001—12000 册
版本	2010 年 1 月第 1 版　2014 年 1 月第 6 次印刷

书号　ISBN 978-7-80110-950-7
定价　54.00 元

（如有印装错误，本社负责调换）

编辑委员会

编 辑 部

前　言

中国民航运输业是改革发展、经济腾飞浪潮中的朝阳产业，在当前国民经济生产建设中占有不可或缺的地位，具有高科技含量、风险敏感性、国际一体化和跨地区经营等特点，应运而生的中国航空销售代理企业由 1985 年产生的第一家，迅猛发展到现今具有认可资质的万余家，为航空公司节约了大量的营业网点的建设、管理、销售等费用，极大地拓宽了航空公司的销售渠道，使旅客、货主直接受益。

按照民航局的要求，中国航空运输协会具有负责规范航空运输销售代理市场秩序，引导其快速、健康、稳定发展的职能。在不断地积累经验和理论探讨的基础上，中国航空运输协会以加强代理人培训、提高从业人员素质为己任，针对航空运输销售代理管理、培训和考核的体系，制定了"统一大纲和教材、统一施教标准、统一收费标准、统一考试、统一颁发证书"的"五个统一"管理规定，做到有章可循、有据可依。

此套航空运输销售代理培训教材正是"五个统一"的重要举措之一，涵盖了航空运输销售代理的国际客货运输专业和国内客货运输专业的基本内容，具备如下特点：

（一）容量丰富、内容更新。即在原有教材的基础上汲取精华、去旧添新，根据代理工作的特点，以国际间通行的业务准则为基本依据，增加了生产实践中普遍运用的新规定、新技术和新方法，在"质"与"量"的双方面都有突破。

（二）操作性强、实用性高。本教材在满足中国航空运输企业销售工作的客观要求的同时，将理论知识和客观实践融会贯通，突出从业人员应知应会的内容，并增加案例分析等实用内容，做到理论与实践相结合，规定与应用相接轨。

（三）该教材作为中国航空运输协会授权培训与考核的唯一指定教材，教员以此为依据编写教材或讲义，并作为考核评定标准；学员既可将其作为学习用书，又可作为业务查阅手册，是教与学结合的良性互动教材。

此套航空销售代理人培训教材是中国航空运输协会召集中国民航大学、中国民航管理干部学院、中国民航飞行学院、民航上海中等专业学校、广州民航职业技术学院、中国国际航空公司、中国国际货运航空公司、中国东方航空公司、中国南方航空公司、上海航空公司、海南航空公司等具有较高理论素养和丰富实践经验的教授和专家精心编写而成，摒弃了单纯的教条模式，系统而全面地介绍了民航业务。

此套教材在编写过程中参考了 IATA 的国际通用标准和各大航空公司及院校的现有教材，在编写完成后经过了民航业内专家顾问的审阅和评定，同时也得到了民航有关领导的支持和帮助，在此表示热忱感谢。

中国民航业的高速发展具有行业知识更新快、变动多、变化大等特点，作为权威的教材，在日后的教学使用中应不断查漏补缺、添新去旧、整合更替，也希望读者不吝赐教，使其日臻完善。

中国航空运输协会
2009 年 9 月 29 日

目　　录

第一章　航空货运基础知识

第一节　航空货运概述

一、运输业的概念及分类

1. 运输业

运输业是社会活动中借助运输工具从事旅客、货物、行李、邮件等运输的物质生产部门，是商品经济发展的产物。运输的功能是把人员或货物的空间位置进行改变，它不产生任何实物形态的产品，它是一种服务，因而运输业是一种服务性行业，是第三产业。

2. 运输业的分类

按照国民经济行业分类，由于使用的运输设备和运输工具的不同，交通运输业可分为铁路运输业、公路运输业、管道运输业、水上运输业、航空运输业，均从事经营性活动。

铁路运输业包括铁路客运、货运活动。公路运输业包括通过汽车、兽力车、人力车等运输工具进行的公路客货运输活动。管道运输业包括通过管道进行的气体、液体、浆体等运输活动，也包括泵站的运行和管道的维护。水上运输业包括远洋运输业，沿海运输业，内河、内湖运输业及其他水上运输业。航空运输业包括航空客、货运输业。

3. 各分类的优缺点

表 1-1　运输业各分类的优缺点

运输业分类	优　点	缺　点
铁路运输业	运行速度快；运输能力大；运输的计划性较强；受自然气候条件限制小；运输过程安全性高；客货到发的准确性好；运输成本较低；网络的覆盖面较大	投资多；不灵活不机动；运输时间较长
公路运输业	机动灵活，可以实现"门到门"的运输；货物损耗少；集散速度较快，适合城内配送	运输能力较小；能耗和运输成本较高；劳动生产率低，不适宜运输大宗而长途的货物

1

运输业分类	优　点	缺　点
管道运输业	工程小，占地少；运输量大；能耗最低；运输成本低；受自然条件影响小	运输对象范围小，只适合液体、气体、粉末状固体的运输；管道网络的建设依赖于基础设施的建设
水路运输业	运输能力大；水运建设投资少；长途运输费用很低；劳动生产率高，适于大批量运送	受航道等自然条件的影响很大；运输速度慢，增加了货主的流动资金占用量；运输时间不易保证；航班少，可获得性差
航空运输业	运输速度最快；货损货差很少；机动性大；安全舒适；适合国际远程运输	运营成本高；能耗大；运输能力小；技术要求严格；受气候条件影响大；不宜短途运输

二、航空货运的概念及特点

1. 航空运输的概念

航空运输是指公共航空运输企业使用民用航空器经营的旅客、行李或者货物的运输，包括公共航空运输企业使用民用航空器办理的免费运输。公共航空运输企业，是指以营利为目的，使用民用航空器运送旅客、行李、邮件或者货物的企业法人。

2. 国内航空货运的概念

航空货运是指一地的货物（包括邮件）通过航空器运往另一地的运输，这种运输包括市内与机场之间的地面运输。国内航空货运指出发地、约定的经停地和目的地均在一国境内的民用航空货物运输。其承运的对象是航空货物和航空邮件。

3. 航空货运的特点

与现代运输方式的其他四种（铁路运输、公路运输、水路运输、管道运输）相比，航空货运的特点主要是：迅速、安全、简便。同时，航空货物运输应体现"人民航空为人民"的宗旨，承运人需按照"保证重点、照顾一般、合理运输"的原则组织货运，做到"安全、迅速、准确、经济"地运送货物。

（1）迅速

近年来随着民用飞机先进机型的不断引进，飞行速度不断提高。现在常用的是现代喷气式飞机，其时速可达 900 多公里，大约比海轮快 20 ~ 30 倍，比火车快 7 ~ 12 倍。所以航空运输适用于那些对时间性要求较高的货物，以及需尽量缩短运输时间来降低风险的单位价值较高的货物，如鲜活货物、急件货物，最能体现货物的时间价值。

（2）安全

现代运输飞机在一万米以上的高空飞行，不受低空气流影响，减少了运输途中的碰撞损坏。另外航空运输各部门实行有严格的货物交接制度，运输的中间环节少，所以货物中途遗失、被盗的机会较少，减少了货损货差。适合于精密仪器、价值高、易碎等货物的运输。

（3）简便

随着引进机型的加大，飞机的货舱大多可采用集装设备装运货物。对于使用集装箱装运的货物，可适当简化包装，快捷的装卸与交付，通畅的托运渠道，为货主提供了简便的货运服务。

当然，航空货运也存在着较多的缺点，如成本高、运价高、载量小、货舱容积小等。这些缺点在一定程度上限制了航空货物运输的发展。

三、我国航空货运的现状及特征

众所周知，随着经济全球化的进程，航空运输因其所具有的高速度、节约供应链运输总成本的优势，使其成为世界经济持续增长和全球物流市场健康发展的推动力量。尤其是进入上个世纪 90 年代，随着 IT 业的崛起，航空货运量需求呈现出加速度增长趋势。根据波音公司的报告预计，到 2018 年，航空货运占全球航空运输的比重将由目前的 38% 提高到 44%，未来 20 年全球航空货运平均年增长率高达 6.5% 以上。从航空货运种类的变化来看，货运的增长不仅表现在数量的增长，更体现在其价值的增加上。

我国的航空货运在 1973 年以前发展很慢，以后稍有改善。从 1983 年起，发展速度加快，到 1993 年的 10 年间，年增长率达到 19.6%。但由于航空货运起点低，基数小，在国内航线上货运收入仅占国内客货运收入的 7.8%。

近年来，随着改革开放的进一步深入，我国航空货运得到了快速发展。到 1999 年，货邮运输量、货邮周转量分别达到 170 万吨和 42.3 亿吨公里，年均增长 16.9% 和 19.7%。我国货运周转量在世界的位次从 1978 年的第 35 位上升到 1999 年的第 9 位。1999 年货邮周转量占全行业运输总周转量的比重为 39.6%，占全球航空货运周转量的 3%。20 多年来，航空货运逐步得到重视。据中国民航总局的统计，2001 年 1 至 9 月，累计完成运输总周转量 105.5 亿吨公里，比上年同期上升 11.7%；完成货邮运输量 124.9 万吨，比上年同期上升 7.5%，远远大于世界同期 6% 的年增幅率。但货运运力以客机为主的国内企业在国际航空货运市场上发展一直比较缓慢，货运量及周转量年增长幅度都不到 2%。综合来看，中国航空货运主要有以下四大特征：

1. 区域性运输市场形成

我国航空业运输市场区域性明显，东西部地区航线差距较大。以沪宁杭长江三角洲和珠江三角洲为轴心的华东、东南沿海线路活跃；而云南、青海、新疆等西部地区运输市场发展严重不足，甚至出现了垄断性大于竞争性的局面。

2. 航空货运呈现很强的单向性、季节性

由于缺乏完善的网络，使航空货运呈现很强的单向性，"去时有货回时无货"的现象非常严重。而且经济发达地区的出运运力需求比较紧张，但从不发达地区返回的回程货源不充足、不稳定，造成飞机利用率不高。

与其他运输方式比较类似，中国航空货运也有很强的季节性。在1、2月份的运输淡季，航空空载现象十分普遍，运力浪费严重；而在9、10月份的运输旺季，又往往出现航空舱位需求无法满足的现象。

3. 航空运输网络基本建立完善

中国各航空公司都已经建立并完成一套由全国干线航空网、省级航空网所组成的完善的网络体系。且这个网络体系的各级网络，已经形成了有效的衔接，不同网络体系之间，形成了有机的联系。由于物流系统其实是线路、结点、手段的有机结合，所以中国航空目前现有的网络资源具备拓展物流业务的实体基础。

4. 货运市场竞争激烈

世界上各大航空公司都已瞄准中国市场，正逐日占领和巩固各自在中国航空运输市场上的竞争地位。在国内，铁路提速，将货车改为正班，加大了营销力度；四通八达的公路已在各个城市间建立了方便的"门—门"的运输网络。这一切在很大程度上分流了中短程航线的资源。

四、我国航空货运的发展

各航空公司、机场的货运仓库等基础设施不断扩大和改善，航空公司货运运力从只利用客机腹舱的剩余吨位，到引进 Combi 型客货混装型飞机，以至近年中国国际航空公司、东方航空公司使用波音 747 和 MD-11 全货机投入国际货运航线。上世纪90年代末期，还分别成立了专门从事航空货运、航空快递和航空邮件运输业务的中国货运航空公司、中国国际货运航空公司、银河国际货运航空有限公司、长城航空有限公司、民航快递有限责任公司和中国邮政航空公司等，在北京、上海、深圳等国际机场建设航空货运中心。在这一时期，根据《中华人民共和国合同法》和《中华人民共和国民用航空法》，我国陆续颁布了《民用航空运输销售代理业管理规定》、《中国民用航空货物国内运输规则》和《中国民用航空快递业管理规定》等与航空货运相关的法规和规章，规范和促进了航空货运的发展。

但目前航空货运业的发展与我国国民经济的蓬勃发展和进出口贸易的繁荣相比较，还存在很大差距。近几年航空货运的发展迅速，但客货运输发展的比例仍存在一定的失衡。在一千多条航线中仅十几条的中美、中欧、中日和内地至香港等国际、地区货运航线及少量国内货运航线。同时货运市场的不规范、航空货运收益水平的下滑、货运网络远未形成及地面配套设施和延伸服务的不足，均体现不出航空货运高

速、优质的服务优势。

当然，我国的航空货运发展也面临着众多机遇和挑战。中国作为亚太地区最为活跃的经济体之一，其航空货运具有广阔的发展前景。中国加入世界贸易组织（WTO）将推动我国航空货运市场需求的更快增长。据亚洲开发银行估计，中国入世可使国内生产总值（GDP）增长率提高 2.92 个百分点，我国航空货邮运输量年均增长 13%。因此，发展航空货运业是摆在我国民用航空业面前的一项紧迫的战略任务。

近几年来，世界上主要的航空公司都已重新制定发展战略，加强了货运在公司总体战略中的地位，并把发展的重心移向亚太地区，在我国的周边地区营造国际航空货运网络。日本、大韩、新加坡和国泰等航空公司已进入航空货运 10 强的行列。上世纪 90 年代以来，外国航空公司纷纷看好中国货运市场。特别是近几年来，美国联邦快递、大韩航、法航、意航、日航、新航等航空公司都开通了到中国的全货运航班，并不断增加航班密度。就目前而言，上海浦东货运站代理的外航就有 30 家之多。在国内，航空货运业还面临多种运输方式的竞争，铁路提速后的"行包专列"和公路的"零担货运"都对航空货运造成很大冲击。

目前，利用航空运输的产品，主要是高附加值、深加工、技术密集型、适时生产的产品和鲜活易腐物品等。如宝石、贵重金属、电子仪器、仪表、高科技产品、紧急备件、交货日期紧的商品、药品、文件、服装、鲜花、蔬菜和时令水果等。随着航空货运市场的不断开拓，空运货物品种日益增多。

据中国民航有关部门的预测，在市场需求的带动下，我国的航空货运将以 12.8% 的速度递增，货运总量预计 2010 年可达到 640~680 万吨，2020 年将接近 800 万吨。

第二节　我国航空公司、城市及机场的代码

一、航空公司

1. 直属航空公司

航空公司全称（两字代号）	航空公司英文全称	票证代码
中国国际航空（集团）公司（CA）	Air China	999
中国东方航空（集团）公司（MU）	China Eastern Airlines	781
中国南方航空（集团）公司（CZ）	China Southern Airlines	784
厦门航空有限公司（MF）	Xiamen Airlines	731

2. 地方航空公司

航空公司全称（两字代号）	航空公司英文全称	票证代码
上海航空公司（FM）	Shanghai Airlines	774
四川航空公司（3U）	Sichuan Airlines	876
海南省航空公司（HU）	Hainan Airlines	880
深圳航空公司（ZH）	Shenzhen Airlines	479
山东航空公司（SC）	Shandong Airlines	324
春秋航空公司（9S）	Spring Airlines	089
鹰联航空公司（EU）	United Eagle Airlines	811
奥凯航空公司（BK）	Okair	866

3. 港、澳、台地区航空公司

航空公司全称（两字代号）	航空公司英文全称	票证代码
国泰太平洋航空公司（CX）	Cathay Pacific Airways	160
港龙航空公司（KA）	Dragonair	043
澳门航空公司（NX）	Air Macau	675
中华航空（CI）	China Airlines	297
远东航空（EF）	Far Eastern Air Transport	265
长荣航空（BR）	Eva Air	695
华信航空（AE）	Mandarin Airlines	803
复兴航空（GE）	Trans Asia Airways	170
立荣航空（B7）	UNI Airways	525

二、我国航空分区的范围、编号、主要货运城市及机场三字代码（港、澳、台地区除外）

航空分区	编号	包括省、市、自治区	主要货运城市及机场三字代码
华北地区	1	北京、天津、河北、山西、内蒙古	北京 BJS/PEK、天津 TSN、石家庄 SJW、秦皇岛 SHP、太原 TYN、呼和浩特 HET、包头 BAV
西北地区	2	陕西、甘肃、宁夏、青海	西安 SIA、咸阳 XIY、兰州 LHW、银川 INC、西宁 XNN、乌鲁木齐 URC

航空分区	编号	包括省、市、自治区	主要货运城市及机场三字代码
华南地区	3	广东、广西、湖南、湖北、河南、海南	广州 CAN、深圳 SZX、珠海 ZUH、汕头 SWA、湛江 ZHA、南宁 NNG、桂林 KWL、北海 BHY、长沙 CSX、张家界 DYG、武汉 WUH、宜昌 YIH、郑州 CGO、海口 HAK、三亚 SYX
西南地区	4	重庆、四川、云南、贵州、西藏	重庆 CKG、成都 CTU、昆明 KMG、贵阳 KWE、拉萨 LXA
华东地区	5	上海、山东、安徽、江苏、浙江、江西、福建	上海 SHA/PVG、济南 TNA、青岛 TAO、烟台 YNT、合肥 HFE、黄山 TXN、安庆 AQG、南京 NKG、连云港 LYG、徐州 XUZ、杭州 HGH、温州 WNZ、宁波 NGB、义乌 YIW、南昌 KHN、九江 JIU、景德镇 JDZ、福州 FOC、厦门 XMN、武夷山 WUS
东北地区	6	辽宁、吉林、黑龙江	沈阳 SHE、大连 DLC、丹东 DDG、长春 CGQ、吉林 JIL、延吉 YNJ、哈尔滨 HRB、齐齐哈尔 NDG、牡丹江 MDG
特指地区	8		厦门
	9		新疆

第三节　常见机型简介

一、飞机的分类

按通道分：可分为宽体机和非宽体机。即飞机客舱的走道数是双通道的为宽体机，单通道的为非宽体机。

按用途分：可分为客机、货机和客货混合机型。

我国航空货运现处于起步发展阶段，在国内航空货物运输中较少采用全货机的运输方式，多为客货两用机。

二、飞机的结构

一架飞机的载运能力取决于它的结构强度。图 1.1 为飞机的结构图（俯视、侧视图）。从图 1.2 可以看出，飞机上的客舱地板和货舱地板都是在支撑梁构成的网上镶嵌地板块而形成的。支撑梁网络是由每一根骨架引出的横梁与前后的纵梁交叉在一起组成的。这样，放在地板上的货物的重量就转移到主机身结构上去了，机身结构再把重量转移到机翼上。在地面上，飞机由着陆轮支撑，飞行中由机翼产生的升力支撑；当传送到机翼上的负荷超过它的上升能力时，这架飞机就是超载飞行，可见这种情况是极不安全的。因此，飞机制造者根据飞机不同部位的结构强度，制定了相应的最大允许载重，配载和装机时永远不能超过飞机货舱的最大载重。

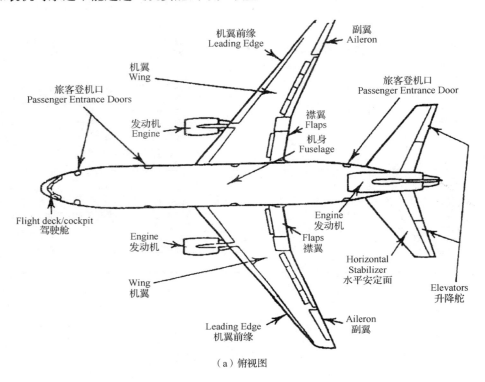

（a）俯视图

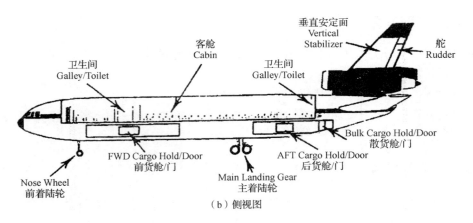

（b）侧视图

图 1.1　飞机结构图

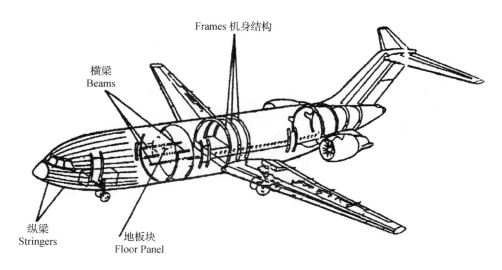

图 1.2　飞机机身结构

三、飞机的布局

1. 主舱和下舱

飞机从内部结构看，一般分为上舱、主舱和下舱。目前投入舱线营运的飞机中，除了波音 747 有上舱、主舱和下舱以外，其他种类的飞机都只有主舱和下舱。如图 1.3、图 1.4 所示。

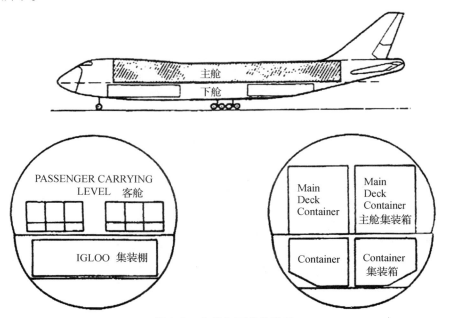

图 1.3　主舱与下舱集装箱

图 1.4　B747-400F 主货舱

（1）主舱

全客机的主舱主要安排有旅客的座位、行李架、储藏室等设施；客货混装机的主舱前半部为客舱区，后半部安排有集装货舱，可以装载集装板货物；全货机的主舱则全部用于集装器货物的装载。

（2）下舱

下舱一般用于装载货物、行李及邮件。大型宽体飞机的下舱分为前舱、后舱及尾舱。前舱和后舱均有集装设备卡锁设施，因此可以装载集装箱和集装板货物。装载布局视各机型出厂时的卡锁设施而定。宽体飞机的尾舱则只能装载散装货、行李及邮件。窄体飞机的下舱都是散装舱，因此只能装载散装货行邮。

2. 货舱和分货舱

位于普通飞机底舱的前、后货舱又可以被划分为若干个分货舱。分货舱一般是用永久性的固体舱壁或可移动的软网隔离而成。如图 1.5 所示。

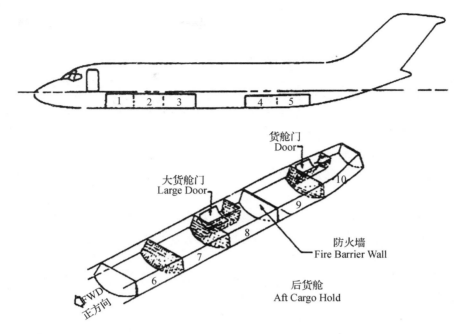

图 1.5　分货舱结构图

注意：用可移动的网隔开的货舱可以装载超过分货舱容积的货物，而固体的舱壁是不允许超过界限的。在图 1.5 中，一件长于分货舱长度的货物也可以被装入分货舱中。

3. 防止货物在货舱中移动的措施

在飞行过程中，如果货舱内的货物产生位移，它很容易损坏飞机，并且危及货物本身的安全。比如重大的或尖锐的货物可能刺破舱壁碰到油箱、电器的关键部位、供水设备或其他的货物。进一步讲，由于货物在机舱内未被固定好而四处移动，飞机的重心位置就不能固定，很有可能落到安全区之外。

因此，将货物固定在机舱内，防止它移动是很有必要的。固体舱壁和隔离网都是防止货物在飞行中移动的限制系统的组成部分。另外，还可以采用其他的防护措施避免货物移动，包括网、锚链、带子、绳子（如图 1.6 所示）。

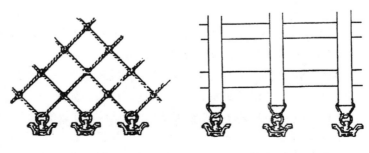

用绳子编成的菱形网　　　　用带子编成的方形网

图 1.6　防止货物移动网

在飞行中引起货物位移的四个主要原因及移动方向如下所示。

——起飞：向后移动；

——降落（或者起飞失败）：向前移动；

——在狂风中偏航（向某侧倾斜）：往一侧移动；

——垂直颠簸：向上移动。

货物向下移动时，由于有机舱地板支撑，在货物的压力不超过地板最大承受力时，不存在危险。如果整个货舱中或集装箱内装满了货物，就没有必要对货物加固防止位移。但是若货舱或集装箱内含有一件集重货物（体积小、重量大的物货），而剩余空间内未装其他货物，或者全部装的轻泡货物与行李，则必须对这件比重大的货物个别加固。

当货舱或集装箱没有被装满货物时，必须采取措施以防货物移动。为了限制货物移动所需要施加的力的大小取决于飞行速度及方向的变化程度。所施加的力的大小用"G"（Gravity）来表示。

例如，当需要3G的捆缚时，这个捆缚力等于货物本身重量的三倍。这时货物肯定能被固定住，并且固定用的材料也不会发生断裂。

如果所需最小捆缚力为1.5G水平方向（向前、向后、侧向移动）和3G垂直方向，若被固定的货物的重量为500公斤，则用于固定此件货物的捆缚材料的强度必须能够抵抗750公斤（500公斤×1.5＝750公斤）水平方向的力和1500公斤（500公斤×3＝1500公斤）垂直方向的力。

如果在一批货物中含有一件或几件比重大的货物，并需要装在普通型飞机上，收货时应获得每件货物的重量和体积，还要把这些数据写在航空货运单上。这样做是为了让航空公司的职员事先准备相适应的装机计划，必要时还要准备合适的垫板、捆缚货物的材料等。

特别应注意的是：当没有直达航班飞往目的地时，货物要在中转站被转移到另一架飞机上去，货运单上要注明此批货物的详细情况。

例如，某张货运单上注明：10件，750公斤。

这里未说明每件货物的重量和体积，它是不完整的，此货运单应按以下格式填写：

a. 10件，每件75公斤，尺寸100cm×60cm×50cm 或

b. 10件，其中小包装9件，每件尺寸60cm×60cm×53cm，

且一只箱子重500公斤，尺寸190cm×90cm×75cm。

显然，在给上例中b种情况的箱子装机时应考虑一些必要措施。为了能够顺利地把货物装上飞机，仅仅给出货物的体积是不够的，如果一批货物中所含的货物重量和体积不完全相同（如b所示），则必须分别给出不同件数的重量和体积。

货物是经过货舱门而被装入货舱的，并且通过一个货舱门可以进入几个分货舱。如图1.5所示，通过前面的舱门可以进入1号舱、2号舱和3号舱，通过后面的舱门可进入4号舱、5号舱。

4. 集装箱和集装板

当使用集装箱或集装板装运货物时，货舱被再次划分为若干个货位，在这些货位上放置集装箱和集装板。

在这些货位之间并未采用隔板真正地把它们分开。货舱地板是由万向球台（滚床）和滚棒组成，既可以使用机械搬运，又可以人工地将集装箱放在货舱内的指定位置。

当集装箱或集装板被装在指定位置上之后，就要用货舱地板上的限制系统将其锁定，以防止它在飞行中产生位移，如图1.7、图1.8所示。

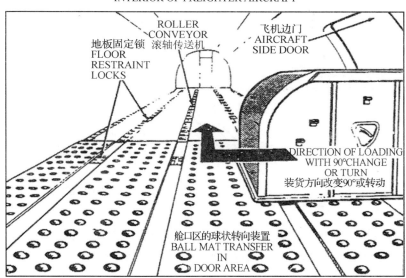

图1.7　货机的内部装饰

图1.8　下货舱集装箱装载图

四、压力和温度

虽然主舱中的压力、通风和温度是能够控制的，但下舱的情形在各个机型之间却大不一样，特别是一些旧机型的下舱状况更为明显。

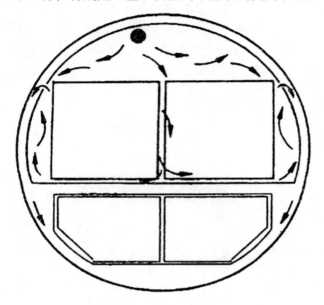

图1.9　机内调整温度和压力示意图

在某些飞机上，下舱是不通风的。但当机身内部和外部存在一个压差时，从货舱门处会漏进空气。因为货舱的通风情况依赖于压差，所以当飞机在地面上且货舱门关闭的状态下，下舱就不通风，而飞机开始飞行，上升并达到最大的巡航速度飞行时，下舱也就开始通风了。

还有一些机型的下舱温度无法控制，有时可能在飞行过程中冷到能够冻结的程度。

另外一些类型的飞机上有少量的暖空气通过舱壁进入机舱，提供补充气体以代替货舱门附近所泄漏的气体。而用于载运动物的机型上，驾驶舱可以通过加热和制冷保持货舱温度，以适应动物的生存需要。然而，在大多数现代型的飞机上，温度和压力是通过飞机工程师来调整的，如图1.9所示。

五、飞机的注册编号

飞机的注册编号，是飞机的一个重要识别标志，在世界范围内绝无重号，没有这个编号的民用航空器不允许作任何飞行，即使是刚出厂的新飞机作试飞或是交接给客户的转场飞行等等。

注册编号分两部分，国籍标志和登记标记。国籍标志，是识别航空器国籍的标志；登记标志，是航空器登记国在航空器登记后给定的标志。目前我国选定拉丁字母"B"为中国航空器的国籍标志；登记标志基本采用四位阿拉伯数字。国籍标志与登记标志之间应有一短划。

例：B – 2442

24代表机型分类，其中2代表飞机发动机的驱动方式，其他如2、5、6代表喷气式飞机，3、4、8代表螺旋桨飞机。42代表系列号，最后一位数字通常为该架飞机的序号。

中国民航现有机型分类及号码如表1-2所示。

表 1-2 机型注册编号分类

机型号码	代表机型
20	B777、IL86（XO）
21	MD-82、MD-90、DC-9、MD-11
22	A319、A320、A321、MD90
23	A340、A320、A319、A310、A300
24	B747、A320
25	B767、B737
26	B737、TU-154
27	BAE146、YK42
28	B757
29	B737
30	ATR72、ERJ-145、CRJ200、CRJ700、C146（大力神）
31	Y8F100
32	
33	DHC8
34	YN7
35	
36	SAAB340、CESSNA208
37	YN7
38	Dornier328Jet（多尼尔）
39	HAWK800EX、Dornier328Jet
40	
50	B737、B767
51	B737
52	B737
60	A320、A340
61	A330
62	A319、A320
76	CRJ200、CL604

注：1. 资料更新于 2006 年 1 月。

2. 港龙航空公司的机号由四个字母组成，但其第一个字母仍为 B。

3. 航空公司向国外租借的飞机，其机号仍为其租借国的注册机号，不同于国内注册的机号，如：南航的 N-999CZ。

4. 澳门航空公司的机号以 CSMA 开始。

5. 据中国民航总局适航审定司称：2 字开头的飞机已达 659 架，其中波音飞机 347 架，2 字头编号中预留给波音飞机的部分已使用完。

6. 7、8 字头编码为通用飞机，9 字头编码为超轻型飞机。

六、常见机型基本数据

1. 波音737系列

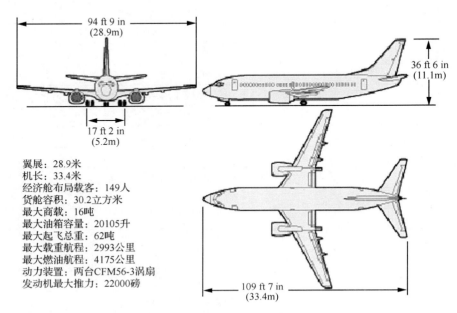

翼展：28.9米
机长：33.4米
经济舱布局载客：149人
货舱容积：30.2立方米
最大商载：16吨
最大油箱容量：20105升
最大起飞总重：62吨
最大载重航程：2993公里
最大燃油航程：4175公里
动力装置：两台CFM56-3涡扇
发动机最大推力：22000磅

图1.10 B737-300的数据

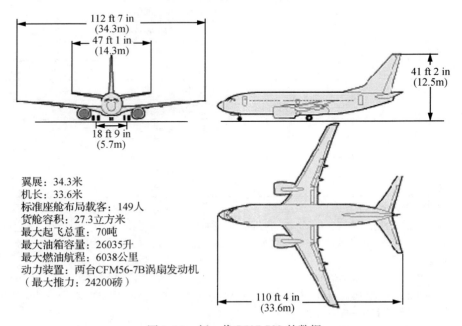

翼展：34.3米
机长：33.6米
标准座舱布局载客：149人
货舱容积：27.3立方米
最大起飞总重：70吨
最大油箱容量：26035升
最大燃油航程：6038公里
动力装置：两台CFM56-7B涡扇发动机
（最大推力：24200磅）

图1.11 新一代B737-700的数据

2. 波音747 系列

翼展：64.4米
机长：70.6米
三级座舱布局载客：524人
货舱容积：170立方米
最大油箱容量：216840升
最大商载：65吨
最大起飞总重：362～395吨
最大航程：13570公里
动力装置：四台涡扇发动机

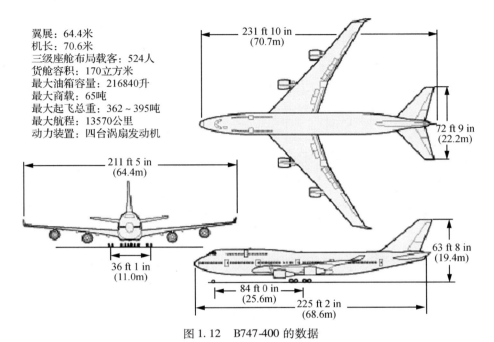

图 1.12　B747-400 的数据

3. 波音777 系列

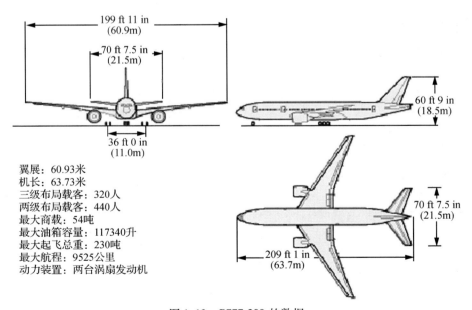

翼展：60.93米
机长：63.73米
三级布局载客：320人
两级布局载客：440人
最大商载：54吨
最大油箱容量：117340升
最大起飞总重：230吨
最大航程：9525公里
动力装置：两台涡扇发动机

图 1.13　B777-200 的数据

4. MD – 11 系列

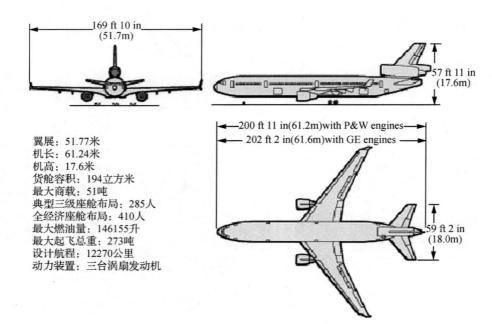

翼展：51.77米
机长：61.24米
机高：17.6米
货舱容积：194立方米
最大商载：51吨
典型三级座舱布局：285人
全经济座舱布局：410人
最大燃油量：146155升
最大起飞总重：273吨
设计航程：12270公里
动力装置：三台涡扇发动机

图 1.14　MD-11 的数据

5. 其他小型飞机

ATR72 – 210 的数据：

翼展：27.05 米

机长：27.17 米

机高：7.65 米

标准载客：72 人

使用空重：12200 千克

最大商载：7500 千克

最大燃油重量：5000 千克

最大起飞重量：21500 千克

经济巡航速度：460 公里/小时

最大燃油航程：2000 公里

动力装置：普 – 惠公司 PW127 四桨叶涡桨发动机

Dornier328Jet 的数据：

翼展：20.98 米

机长：21.23 米

机高：7.05 米

载客：32 人

最大商载：3650 千克

最大燃油重量：4542 千克

最大起飞重量：15660 千克

最大巡航速度：737 公里/小时

最大燃油航程：1600 公里

动力装置：两台涡扇发动机（推力：6050 磅）

七、各机型货舱数据

1. ERJ-145LR（EMB-145）

（1）飞机视图资料

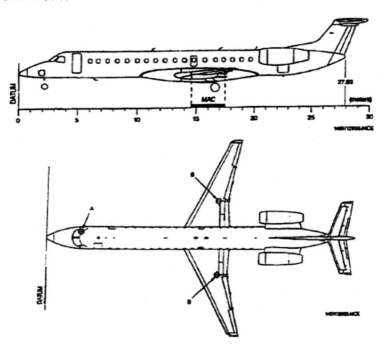

图 1.15　ERJ-145LR（EMB-145）飞机视图资料

（2）飞机装载数据

表 1-3　**ERJ-145LR（EMB-145）飞机装载数据**

布　局		Y50
最大全重 （KG）	最大停场重量（MRW）	22100
	最大起飞重量（MTOW）	22000
	最大落地重量（MLW）	19300
	最大无油重量（MZFW）	17900
最大载量 （KG）	最大货舱载量	1200
	最大分货舱载量	400
最大地板承受力 （KG/M²）		390
最大货舱容积（M³）		9.2

2. B737-300（包括737-3YO、737-31L、737-37K、737-31B、737-3Q8、737-3Y9 等）

（1）飞机货舱分布视图

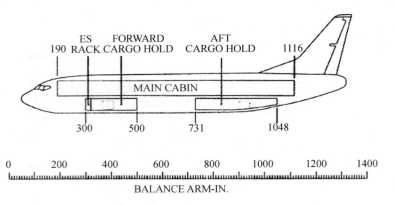

（a）737-3YO、737-31B、737-31L、737-3Y9 型飞机货舱

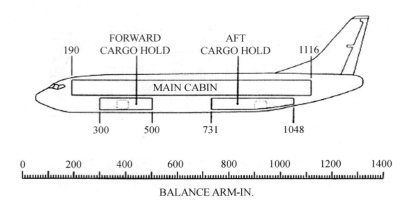

（b）737-3Q8、737-37K 型飞机货舱

图 1.16　B737-300 飞机货舱分布视图

（2）飞机装载数据

表 1-4　B737-300 飞机装载数据

允许重量（CERTIFIED GROSS WEIGHTS）	单位（KG）
最大滑行重量（MTW）	61461
最大起飞重量（MTOW）	61234
最大落地重量（MLW）	51709
最大无油重量（MZFW）	48307
最小飞行重量（MFW）	28757

（3）飞机主货舱舱门尺寸

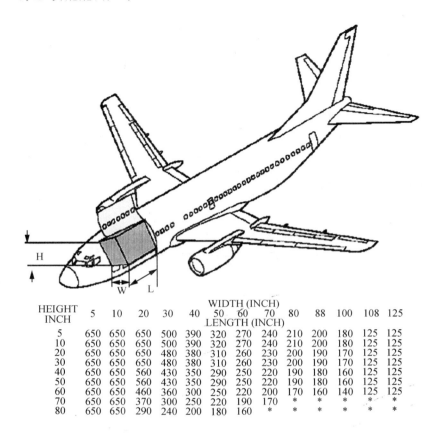

HEIGHT INCH	WIDTH (INCH)												
	5	10	20	30	40	50	60	70	80	88	100	108	125
	LENGTH (INCH)												
5	650	650	650	500	390	320	270	240	210	200	180	125	125
10	650	650	650	500	390	320	270	240	210	200	180	125	125
20	650	650	650	480	380	310	260	230	200	190	170	125	125
30	650	650	650	480	380	310	260	230	200	190	170	125	125
40	650	650	560	430	350	290	250	220	190	180	160	125	125
50	650	650	560	430	350	290	250	220	190	180	160	125	125
60	650	650	460	360	300	250	220	200	170	160	140	125	125
70	650	650	370	300	250	220	190	170	*	*	*	*	*
80	650	650	290	240	200	180	160	*	*	*	*	*	*

图 1.17　B737-300 飞机货舱舱门装载限制

3. B737-500

（1）飞机货舱分布视图

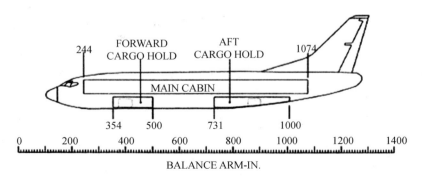

图 1.18　B737-500 飞机货舱分布视图

（2）飞机装载数据

表 1-5　B737-500 飞机装载数据

允许重量（CERTIFIED GROSS WEIGHTS）		单位（KG）
最大滑行重量（MTW）		60781
最大起飞重量（MTOW）		60554
最大落地重量（MLW）		49895
最大无油重量（MZFW）		46493
最小飞行重量（MFW）		28032
货舱限重	前舱 1572（A）1507（B、C）；后舱 2888（A、B、C）	

（3）飞机货舱舱门装载限制

表 1-6　B737-500 飞机货舱舱门装载限制　　　　（单位：厘米、英寸）

高度（HEIGHT）	宽度（WIDTH）								
	12	25	38	50	63	76	88	101	114
	5	*10*	*15*	*20*	*25*	*30*	*35*	*40*	*45*
12	645	622	206	596	502	406	345	299	
5	*254*	*245*	*240*	*235*	*226*	*198*	*160*	*136*	*118*
25	622	604	579	538	508	457	386	332	292
10	*245*	*238*	*228*	*212*	*200*	*180*	*152*	*131*	*115*
30	604	574	523	472	452	426	365	322	279
12	*238*	*226*	*206*	*186*	*178*	*168*	*144*	*127*	*110*
35	568	543	472	441	416	381	360	309	261
14	*224*	*214*	*186*	*174*	*164*	*150*	*138*	*122*	*103*
40	538	487	431	411	381	360	322	292	254
18	*198*	*180*	*166*	*156*	*146*	*135*	*124*	*112*	*98*
50	482	436	411	391	358	330	304	271	238
20	*190*	*172*	*162*	*154*	*141*	*130*	*120*	*107*	*94*
55	452	426	401	375	345	320	289	264	228
22	*178*	*168*	*158*	*148*	*136*	*126*	*114*	*104*	*90*
60	441	406	381	355	335	297	274	213	205
24	*174*	*160*	*150*	*140*	*132*	*117*	*108*	*84*	*81*
66	406	391	365	340	314	289	264	233	193
26	*160*	*164*	*144*	*134*	*124*	*114*	*104*	*92*	*76*
71	46	381	355	330	304	279	254	228	187
28	*160*	*150*	*140*	*130*	*120*	*110*	*100*	*90*	*74*
76	335	309	284	264	238	248	203	182	142
30	*132*	*122*	*112*	*104*	*94*	*98*	*80*	*72*	*56*
81	309	289	254	233					
32	*122*	*114*	*110*	*92*					
86	284	264	233	213					
34	*112*	*104*	*92*	*84*					

4. B757-200

（1）飞机货舱装载视图

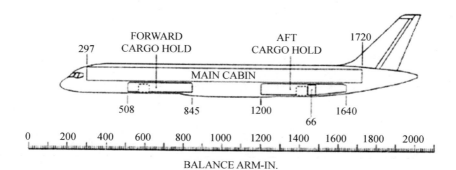

图 1.19　B757-200 飞机货舱装载视图

（2）飞机装载数据

表 1-7　B757-200 飞机装载数据

允许重量（CERTIFIED GROSS WEIGHTS）	单位（KG）
最大滑行重量（MTW）	109315
最大起飞重量（MTOW）	108862
最大落地重量（MLW）	89811
最大无油重量（MZFW）	83460
最小飞行重量（MFW）	52435
布局	21B：C8Y192；28S：C12Y189
货舱限重	前舱：4263（21B）4672（28S）；后舱6985（21B）7393（28S）

（3）飞机货舱舱门装载限制

表 1-8　B757-200 飞机货舱舱门装载限制　　　　　　　（单位：厘米、英寸）

高度（HEIGHT）	宽度（WIDTH）										
	12	25	38	50	63	76	88	101	114	127	139
	5	10	15	20	25	30	35	40	45	50	55
12	736	617	533	472	426	388	358	332	304	274	248
5	290	243	210	186	168	153	141	131	120	108	98
25	736	617	533	472	426	388	358	332	304	274	248
10	290	243	210	186	168	153	141	131	120	108	98
38	736	617	533	472	426	388	358	332	304	274	248
15	290	243	210	186	168	153	141	131	120	108	98

高度 （HEIGHT）	宽度（WIDTH）										
	12 5	25 10	38 15	50 20	63 25	76 30	88 35	101 40	114 45	127 50	139 55
50 20	736 290	617 243	533 210	472 186	426 168	388 153	358 141	332 131	301 120	274 108	248 98
63 25	736 290	617 243	533 210	472 186	426 168	388 153	358 141	332 131	304 120	274 108	248 98
76 30	607 239	525 207	467 184	421 166	386 152	355 140	330 130	276 109	276 109	248 98	226 89
88 35	487 192	436 172	396 156	365 144	340 134	312 123	287 113	261 103	233 92	210 83	193 76
101 40	383 151	353 139	327 129	302 119	276 109	251 99	226 89	200 79	177 70	160 63	144 57

5. A320-200

（1）飞机货舱装载视图

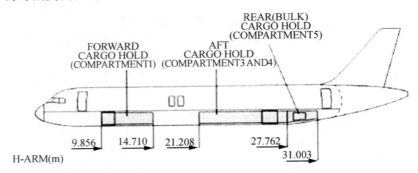

图 1.20　A320-200 飞机货舱装载视图

（2）飞机装载数据

表 1-9　A320-200 飞机装载数据

允许重量（CERTIFIED GROSS WEIGHTS）	单位（KG）
最大滑行重量（MTW）	73900
最大起飞重量（MTOW）	73500
最大落地重量（MLW）	64500
最大无油重量（MZFW）	61000
最小飞行重量（MFW）	37230

布局	C8Y150
货舱地板承受力	732KG/M²
货舱限重	1 舱：3402；3、4 舱：2426＋2110；5 舱：1494

（3）B320-200 飞机货舱舱门装载限制

表 1-10　A320-200 飞机货舱舱门装载限制　　　　（单位：厘米、英寸）

高度 （HEIGHT）	宽度（WIDTH）								
	10	20	30	40	50	60	70	80	85
	4	*8*	*12*	*16*	*20*	*24*	*28*	*31*	*33*
10	282	267	244	225	205	186	165	148	141
4	*111*	*105*	*96*	*89*	*81*	*73*	*65*	*58*	*56*
20	282	262	243	225	205	186	165	148	141
8	*111*	*103*	*96*	*89*	*81*	*73*	*65*	*58*	*56*
30	282	261	243	225	205	186	165	145	141
12	*111*	*103*	*96*	*89*	*81*	*73*	*65*	*58*	*56*
40	282	261	243	225	205	186	165	148	141
16	*111*	*103*	*96*	*89*	*81*	*73*	*65*	*58*	*56*
50	279	261	243	225	205	186	165	148	141
20	*110*	*103*	*96*	*89*	*81*	*73*	*65*	*58*	*56*
60	279	261	243	225	205	186	165	148	141
24	*110*	*103*	*96*	*89*	*81*	*73*	*65*	*58*	*56*
65	279	261	243	225	205	186	165	148	141
26	*110*	*103*	*96*	*86*	*81*	*73*	*65*	*58*	*56*

第四节　集装器简介

一、集装化运输的概念

集装化运输是指在民用航空运输中，将一定数量的货物、邮件、行李在合理装卸的条件下，按同一流向进行集合装入集装箱或装在带有网套的集装板上作为运输单位运往目的地的一种运输方式。

货物、邮件及托运行李以前一直被散装在客机货舱或小型货机上，直到 20 世纪 60 年代中期，所有的空运货物还都采用散装方式运输。大型货机的引入，如 DC-8 和 B707，若继续采用散装方式，则需要很长时间。为了解决大批量货物的装卸方式，人们认识到了把小件货物集装成大件货物的重要性，这就是集装器运输，即集装箱和集装板。集装器可被看做飞机结构中可移动的部件。因此，无论在什么时候它们都应该处于良好的工作状态中。在设计和制造这些设备时，要求极其准确和标准比，使它确实变为飞机的一个部件，便于整装整卸。

二、集装化运输的特点

1. 减少货物装运的时间，提高工作效率。
2. 以集装运输替代散件装机，可以减少地面等待时间。
3. 减少货物周转次数，提高完好率。
4. 减少差错事故，提高运输质量。
5. 节省货物的包装材料和费用。
6. 有利于组织联合运输和门到门服务。

三、集装设备的管理（一般要求）

集装设备由承运人拥有并通过注册，可租赁给代理人使用，收取一定的费用。每一集装器都有固定编号，例如：AVE1002MU；集装设备被视为飞机可装卸的零部件，每一种机型都有相适应的集装器与之配套，因此，承运人及其代理人在使用和保管时应注意保护和回收。

四、集装设备的种类（国内运输各机型适用的种类）

民航运输中使用的集装板、网套、结构和非结构集装棚及集装箱统称为集装设备（代号 ULD—United Load Device），其中有的适合联运，有的只适合空运。

1. 集装器按注册与非注册划分

（1）注册的飞机集装器
国家政府有关部门授权集装器生产厂家，生产的适宜于飞机安全载运，不会对飞机的内部结构造成损害的集装器。

（2）非注册的飞机集装器
非注册的集装器是指未经有关部门授权生产的，未取得适航证书的集装器。

2. 集装器按种类划分

（1）部件组合式
——飞机集装板加网套。具有标准尺寸的，四边带有卡锁轨或网带卡锁眼，带有中间夹层的硬铝合金制成的平板，以便货物在板上码放；网套是用来把货物固定在集装板上，网套的固定是靠专门的卡锁装置来限定。集装板的识别代号以字母"p"打头。
——飞机集装板加网套再加一个非结构性的集装棚。除了板和网之外，增加有一个非结构的棚罩（可用轻金属制成）罩在货物和网套之间。

（2）整体结构式
——底舱货物集装箱。只能放在宽体客机下部集装货舱内，有全型和半型两种（高度不得超过163cm）。

——主舱货物集装箱。只能装在货机或客货机的主货舱内（高度在163cm以上）。

——结构性的集装棚集装板。

如图 1.21 所示。

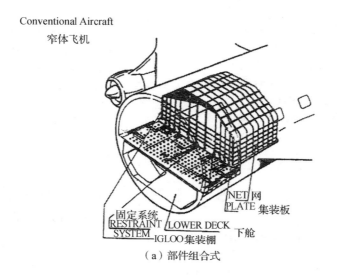

（a）部件组合式

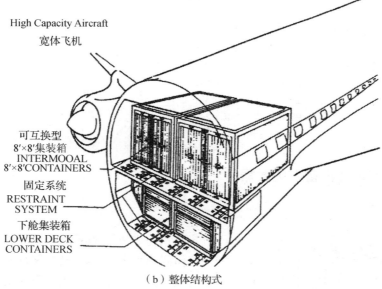

（b）整体结构式

图 1.21 飞机货舱图

五、集装设备的编号

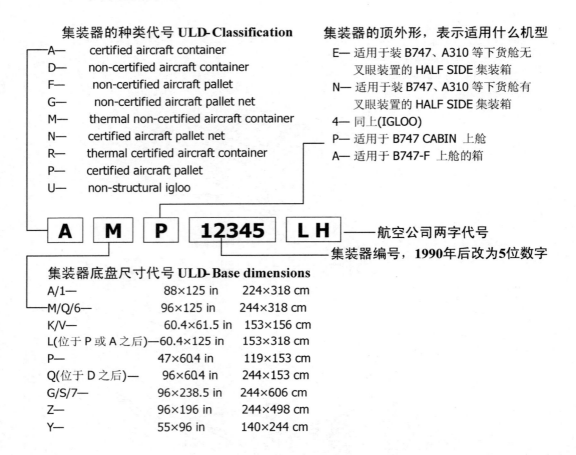

集装器的种类代号 ULD-Classification

A— certified aircraft container
D— non-certified aircraft container
F— non-certified aircraft pallet
G— non-certified aircraft pallet net
M— thermal non-certified aircraft container
N— certified aircraft pallet net
R— thermal certified aircraft container
P— certified aircraft pallet
U— non-structural igloo

集装器的顶外形，表示适用什么机型

E— 适用于装 B747、A310 等下货舱无叉眼装置的 HALF SIDE 集装箱
N— 适用于装 B747、A310 等下货舱有叉眼装置的 HALF SIDE 集装箱
4— 同上(IGLOO)
P— 适用于 B747 CABIN 上舱
A— 适用于 B747-F 上舱的箱

A M P 12345 L H ——航空公司两字代号

集装器编号，1990年后改为5位数字

集装器底盘尺寸代号 ULD-Base dimensions

A/1—	88×125 in	224×318 cm
M/Q/6—	96×125 in	244×318 cm
K/V—	60.4×61.5 in	153×156 cm
L(位于 P 或 A 之后)—	60.4×125 in	153×318 cm
P—	47×60.4 in	119×153 cm
Q(位于 D 之后)—	96×60.4 in	244×153 cm
G/S/7—	96×238.5 in	244×606 cm
Z—	96×196 in	244×498 cm
Y—	55×96 in	140×244 cm

六、常用集装设备有关数据

1. 集装箱

飞机集装箱与飞机上的装载和固定系统直接结合而不需要任何附属设备。集装箱的坚固程度足以保证所装货物的安全，并且防止飞机受到损坏。它的底座与集装板非常相似。运输集装箱的货舱四壁及顶部不需要特别坚固，但是这种货舱不适合于散货或非标准集装箱的运输（如图 1.22 所示）。

几种常见的集装箱如图 1.23 所示。

图 1.22 集装箱

AVE 集装箱

Half-Container（通用半集装箱）

代码：

code：AVE，AKE，AVA，AKN

底板尺寸：153×156cm

Base dimension：60.4×61.5in

高度：163cm

Height：64in

容积：

Volume：4m^3

标准自重：80kg

Standard weight：（incl net.）

最大毛重：

Max. gross weight：1588kg

适用机型：所有宽体机下货舱

Loadable：In the lower deck in all vide body aircraft

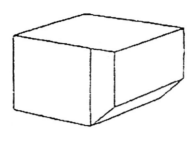

（a）

A320/A321 集装箱

A320/A321-Container

代码：

code：AKH

底板尺寸：153×156cm

Base dimension：60.4×61.5in

高度：114cm

Height：45in

容积：

Volume：3.5m^3

标准自重：80kg

Standard gross weight：

最大毛重：

Max. gross weight：1134kg

适用机型：设计只用于 A320/A321，但也可用于所有宽体机下货舱

Loadable：Intended only for A320/A321，but can also be loaded in all wide body aircraft lower deck

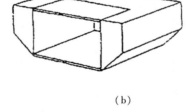

（b）

冷藏集装箱

Befrigerating Container

代码：

code：RA4，JAN

底板尺寸：244×318cm

Base dimension：88×125in

高度：163cm

Height：64in

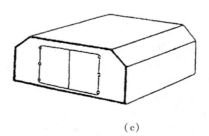

（c）

容积：

Volume：5m^3　6.4m^3

标准自重：400kg　545kg

Standard gross weight：

最大毛重：

Max. gross weight：6033kg　5300kg

适用机型：所有宽体机和货机（B737QC 除外）

Loadable：On all wide body aircraft and all freighters except B737QC

AVE 冷藏集装箱

AVE-Refrigerating Container

代码：

code：RKN

底板尺寸：153×156cm

Base dimension：60.4×61.5in

高度：163cm

Height：64in

容积：

Volume：2.8m^3

标准自重：300kg

Srandard gross weight：

最大毛重：

Max. gross weight：1588kg

适用机型：参看 LD3

Loadable：See LD33

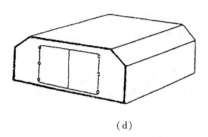

（d）

图 1.23　集装箱

2. 集装板

　　飞机上使用的集装板就是一个具有平整底面的平台。货物在地面被预先放在集装板上，并用一张网套或集装棚盖住，然后装机，并固定在飞机的货舱地板上，从而达到快速装卸的目的。下面介绍几种集装板（如图 1.24、1.25 所示）。

DC8F 专用集装板

Special Standard DC-8F Plate

代码：

code：PAS

底板尺寸：224×318cm

Base dimension：88×125in

标准自重（不含网）：250kg

Standard weight：（without net.）

最大毛重：

Max. gross weight：9000kg

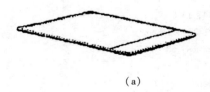

（a）

适用机型：仅用于 DC-8 货机

Loadable：only used for DC-8F aircraft

合成集装板

Combined Plate

代码：

code：PAX

底板尺寸：224×318cm

Base dimension：88×125in

标准自重（含网）：115kg

Standard weight：（incl net.）

最大毛重：

Max. gross weight：6804kg

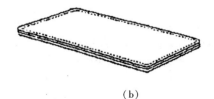

（b）

适用机型：所有宽体飞机和货机（B737QC 除外）

Loadable：on all wide body aircraft and all freighters except B737QC

747C 专用集装板

Special 747C-Plate

代码：

code：PYB

底板尺寸：140×224cm

Base dimension：55×96in

标准自重（含网）：70kg

Standard weight：（incl net.）

最大毛重：

Max. gross weight：1814kg

适用机型：仅用于 747/SF

Loadable：B747F/SF only

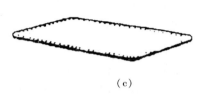

（c）

标准集装板

Standard Plate

代码：

code：PIP. PAG. PAJ

底板尺寸：224×318cm

Base dimension：88×125in

标准自重（含网）：115kg

Standard weight：（incl net.）

是大毛重：

Max. gross weight：6804kg

适用机型：全部宽体飞机和货机（B737QC 除外）

Loadable：on all wide body aircraft and all freighters except B737QC

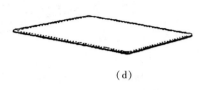

（d）

10 英尺集装板

10ft-Plate

代码：

code：P6P, PQP, PMC

底板尺寸：244×318cm

Base dimension：96×125in

标准自重（含网）：125kg

Standard weight：（incl net.）

最大毛重：

Max. gross weight：6804kg

适用机型：所有宽体飞机（DC10 除外）

　　　　　所有货机（DC8，B737F/QC 除外）

Loadable：on all wide body aircraft except DC10

　　　　　on all freighters except DC8，B737F/QC

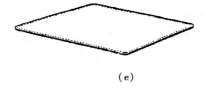

（e）

20 英尺集装版

20ft-Plate

代码：

code：P7E，PCE

底板尺寸：224×606cm

Base dimension：95×238.5in

标准自重（含网）：500kg

Standard weight：（incl net.）

最大毛重：

Max. gross weight：11340kg

适用机型：B747E"M 主舱和 B747M/

Loadable：In main deck on B747E/M and B747F/SF

　　　　　（also possible on Road Feeder Services）

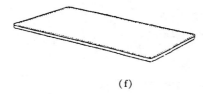

（f）

图 1.24　集装板

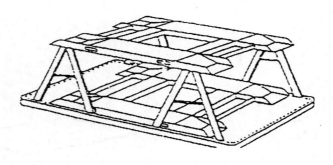

CODE	PZA（pal）	VRA（rack）	VZA（platform）
底板尺寸：	244×498cm	230×148cm	335×205cm
自重：	400kg	130kg	190kg

载运每部轿车限重 2500kg 以下，当在 PZA 上使用支架时，最大装载毛重 9300kg。

适用机型：仅限于 B747D/M/F/SF 主货舱

图 1.25　轿车运输专用集装器

这些型号的集装板厚度通常不大于 1 英寸，在板子的四周有挂网套用的槽和挂钩，网套可以是由绳子或带子编成的菱形或方形的网眼组成（如图 1.26 所示）。

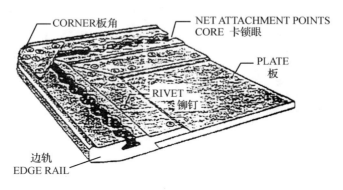

图 1.26 集装板结构示意图（铝制）

3. 集装棚

一个非结构性的集装棚是由玻璃纤维、金属及其他适合的材料制成的坚硬外壳；集装棚的前面敞开、无底，它的斜面与飞机货舱的轮廓相适应，正好罩住整个集装板。这个外壳与飞机的集装板和网套一起使用，所以被称为非结构型的集装棚。

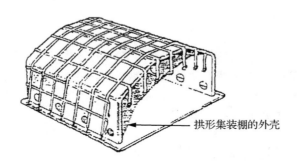

图 1.27 非结构型集装棚示意图
板/网套和罩棚组合体

当这个硬壳从结构上与集装板一起形成一个整体，而不需要用网套固定货物时，便被称为结构型集装棚（如图 1.28 所示）。

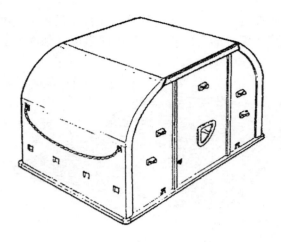

图 1.28 结构型集装棚

七、集装货物的基本原则

1. 大货、重货装在集装板上；体积较小、重量较轻的货物装在集装箱内。

2. 同一卸机站的货物应装在同一集装器上，一票货应尽可能集中装在一个集装器上。

3. 码放紧凑，间隙越小越好。

4. 货物的体积不超过集装箱容积的 2/3，且单件货物重量超过 150 千克时，就要对货物进行捆绑固定。

5. 底部为金属的货物和底部面积较小重量较大的货物必须使用垫板。

6. 装在集装板上的小件货物，要装在其他货物的中间或适当地予以固定，防止其从网套及网眼中滑落。

7. 一般情况下不组装低探板货物。

八、对集装器装载货物的限制

首先说明，前面对散装货物所规定的限制条件，这里仍然适用。

1. 重量

飞机上的每个部位都存在一个最大载量。集装器作为飞机上的可移动部件，也有它的最大允许载量。以下所列重量表为每个集装箱/集装板的最大允许载量。

P1	$88'' \times 125''$	6804kg
P2	$88'' \times 108''$	4536kg
P3	$79'' \times 88''$或 $92''$	1588kg
P4	$96'' \times 196''$	9300kg

P5　88″×53″　　　　　　　1134kg

P6　96″×125″　　　　　　 6804kg

P7　96″×238.5″　　　　　 11340kg

P9　60.4″×125″　　　　　 2580kg

对于集装箱所标明的最大允许载量，任何时候都不准超载装箱。

尽管各个航空公司都根据正常的装载可能性来规定每个集装箱或集装板的最大允许载量，但是，这个重量都要低于上边所示重量。如果某个承运人发现某个集装箱或集装板超过了最大允许载量，必须尽快处理，使其重量降至标准之内。

2. 体积/尺寸

对于集装箱来说，它内部所装货物的体积限制是不言而喻的。我们应该把重点放在如何为集装板制定体积限制。

一个集装板的底座适合于几种机型的货舱使用，但是集装板上所装货物的形状要与所承运的飞机的货舱内部形状相适应。各种机型货舱的最大允许横截面均已公布，需要的时候可以查阅相关资料。

为了控制集装板上所装货物的体积和形状，可以使用一个与飞机货舱横截面的轮廓一样大小的模型架来限制板上所装货物。用这种方法装板肯定不会超过允许尺寸，并且正好能够装入指定的飞机货舱。另外，集装板和集装箱是否能够被一架指定飞机所容纳，不仅仅取决于机身外形，还与货舱门的尺寸和位置有关。

用模型架限定集装板上的货物造型（如图 1.29 所示）。

图 1.30 为货舱内部可接受的集装板的最大轮廓：飞机型号 707-323CF；集装板尺寸 88″×125″。

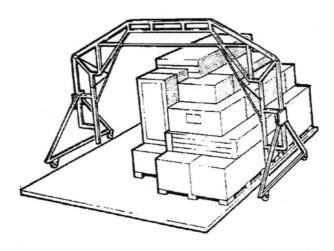

图 1.29　用模型架限定集装板上的货物造型

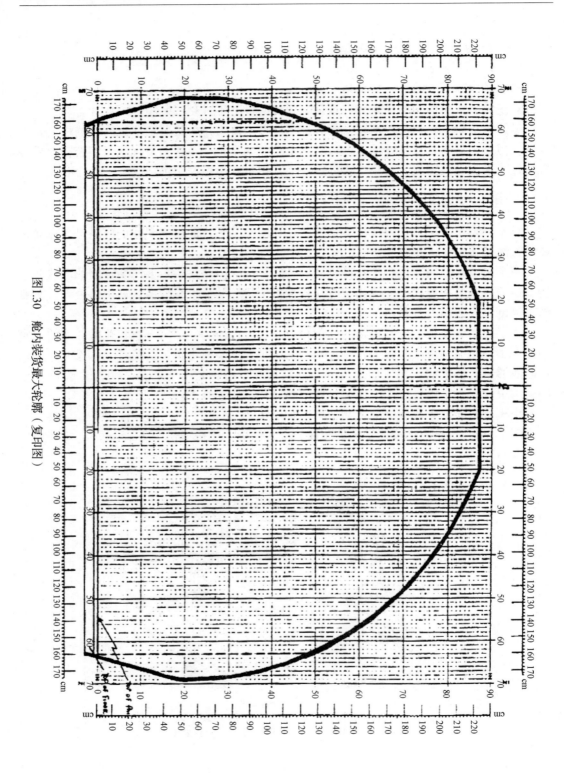

图1.30 舱内装货最大轮廓（复印图）

3. 集装器底板的负荷

集装器底板的最大载重量不能超过标准。集装箱和集装板底板的单位面积承受力是根据所采用的设备类型而规定的。

如果一件比重较大的货物对集装器底板产生的压力大于最大承受力时（即额定最大负荷），应为此件货物加木垫板，使其重量分散在较大面积的集装器底板上。

4. 集装箱内货物的限制

虽然有些货物满足前面所规定的集装条件（如重量、体积、集装器的底板负荷）限制，但是它们不能装在集装箱内运输；这些货物包括：

（1）危险货物。由托运人或代理人装好的集装箱不能含有危险品货物（干冰除外）和运输条件上受到严格限制的货物。

（2）动物。由于热血动物和某些冷血动物的运输需要氧气，而集装棚或完全封闭的集装箱不能满足这一特殊要求，所以该类动物不能用集装箱承运。然而，某些冷血动物，像热带鱼就可以用集装箱承运，因为它们不需要额外的氧气供应。

第二章 航空货物运输的一般条件

在航空货物运输过程中，为了保证飞行安全、提高运输质量和操作的方便，对航空运输货物的重量、体积、包装、文件等提出相应的要求。航空货运销售代理的工作内容之一，便是按各航空公司的具体业务要求进行货物检查，使即将装运至飞机货舱的货物各方面达到航空公司的空运标准。具体包括货物的重量和体积、货物包装、货物标记等几个方面。

第一节 货物的重量和体积

一、计重的规定

1. 货物重量按毛重计重，以公斤为单位，不足 1 公斤四舍五入。每张货运单最低为 1 公斤，贵重物品计重单位为 0.1 公斤。

2. 毛重：指货物及其包装的合计重量。

3. 净重：指除去包装后货物本身净有的重量。

4. 计费重量：填列在货运单上，用以计算航空货物运费时所用的重量。

GCR：1kg（四舍五入）VAL：0.5kg（小于等于 0.5 进到 0.5，大于 0.5 进到 1.0）

5. 体积重量：指按一定的折算标准将货物的体积折算而得到的重量。

常用的折算标准：

$6000cm^3 = 1kg$（国内货规及国际货运的一般规定）

$7000cm^3 = 1kg$（国际货运中的某些运输）

$366cubic. inch = 1kg$

$166cubic. inch = 1lb$

$1m^3 = 167kgs$（货代在实际工作中的应用）

6. 轻泡货物：每公斤货物的体积超过 $6000cm^3$ 的货。（折合办法为整票折算）判断方法：如体积重量 > 毛重，则此货为轻泡货物。

二、计费重量的确定

在不考虑适用运价点重量的情况下，选择一票货物的毛重与体积重量的高者作为该票货物的计费重量。

1. 一般形状

例：（1）$86.5 \times 52.3 \times 25.8$cm　实际毛重：11kg

$= 87 \times 52 \times 26/6000 = 19.604 = 20$kg > 11kg

所以，计费重量 $= 20$kg

（2）$36.8 \times 42.3 \times 28.5$cm 实际毛重：10kg

$= 37 \times 42 \times 29/6000 = 7.5 = 8$kg < 10kg

所以，计费重量 $= 10$kg

2. 不规则体积，按实际占有空间大小计算

例：桶形，一桶货，H40cm，D35cm 实际毛重：6kg

$35 \times 35 \times 40/6000 = 8.16 = 8$kg > 6kg

所以，计费重量 $= 8$kgs

3. 多种不同体积的货物在一票货单上运输，合并计算（总体积/6000）

例：（1）一票货物两件，其中，A—30kg　$65 \times 55 \times 45$cm

B—30kg　$78 \times 68 \times 58$cm

则，$(65 \times 55 \times 45 + 78 \times 68 \times 58)/6000 = 78.08$kg $= 78$kg $> 30 + 30$kg

所以，计费重量 $= 78$kg

（2）一票货共 6 件，总重 228kgs，其中，

A—$76 \times 85 \times 65$cm2 件

B—$45 \times 55 \times 35$cm2 件

C—$80 \times 71 \times 38$cm2 件

则，

$(76 \times 85 \times 65$cm $\times 2 + 45 \times 55 \times 35$cm $\times 2 + 80 \times 71 \times 38$cm $\times 2)/6000$

$= 240.78 = 241$kg

所以，计费重量 $= 241$kg

三、货物的最大重量和最小体积的限制

1. 最小体积：长＋宽＋高＞＝40cm；最小一边＞＝5cm。
2. 非宽体机：＜＝80kg/PC；＜＝40×60×100cm/PC。
3. 宽体机：＜＝250kg/PC；＜＝100×100×140cm/PC。

四、超限货物

1. 超限货物的定义

单件货物的重量和体积超过上述限制的货物。如大型机器、流水线、汽车、飞机发动机等。

2. 收运超限货物的注意事项

承运人应依据装运机型及出发地、目的地机场的装卸设备条件，充分考虑运输能力及装卸能力后方可收运超限货物。判断装运机型的运输能力时，需考虑机舱地板承受力、货舱门尺寸及该机型的货物装载表。

（1）非宽体机上承运超限货物每件重量可以放宽至150kg/PC，但在 AN-24、Y-7飞机上禁止承运超过120kg的货物。

（2）在宽体机上承运超限货物，应请示值班经理方可收运。在承运超限货物的时候，应该及时通知到达站准备装卸设备。

（3）在承运超限货物过程中，所需垫板绳索由发货人提供，并且按普货计费，贴标签，在 AWB 上注明。

（4）承运超限货物要根据不同航空公司的要求收取超限附加费。

五、机舱地板承受力及垫板面积

1. 地板承受力

机舱地板每平方米的额定最大负荷。

收运集重货物时需考虑计算地板每平方米所承受货物的重量，公式如下：

$$\frac{货重（kg）}{货物与地板的接触面积（m^2）}=地板每平方米所受货的重量$$

如装货时无特殊要求（如不可倒置），则可以通过不同方式的摆放来最大可能地增大接触面积。

2. 垫板

如地板每平方米所受货的重量大于机舱地板承受力，则需加上垫板后方可装舱。

表 2-1 各类型飞机货舱数据

机型	行李、货舱门（m）	行李舱、货舱容积（m³）	地板承受力（kg/m²）	可装集装箱（板）
B777-200	前货舱 2.70×1.70 后货舱 1.8×1.70 散舱 0.90×1.10	158.17	976 散舱 732	前舱 18AVE 箱或 6P6P 板或 P1P 板 后舱 14AVE 箱或 4P6P 板或 2AVE 箱及 4P1P 板
B747-400	主货舱 3.05×3.40 前下舱 1.68×2.64 后下舱 1.68×2.64 散舱 1.19×1.12	120	976 散舱 732	主货舱 7P6P 版 前舱 5P1P 板/16AVE 箱 后舱 16AVE 箱/4PIP 板
B747-200	主货舱 3.05×3.40 前下舱 1.68×2.64 后下舱 1.68×2.64 散舱 1.19×1.12	170	976 散舱 732	主舱 7P1P 板 下舱 9P1P/30AVE 箱
B747-SP	前舱 1.73×2.64 后舱 1.73×2.64 散舱 1.19×1.12	107.62	976	前舱 3P1P 板/10AVE 箱 后舱 3P1P 板/12AVE 箱
B747-300	主货舱 3.05×3.40 前下舱 1.68×2.46 后下舱 1.68×2.46 散舱 1.19×1.12	175.3	976 散舱 732	主舱 7P1P 板 下舱 9P1P 板/30AVE 箱
B767-200	前舱 3.40×1.75 后舱 1.78×1.75 散舱 0.97×1.19	99.2	976 散舱 732	前舱 3P1P 板/12DPE 箱 后舱 10DPE 箱
B767-300	前舱 3.40×1.75 后舱 1.78×1.75 散舱 0.97×1.19	99.2	976 散舱 732	前舱 4P1P 板/16DPE 箱 后舱 14 箱
B757	前舱 1.40×1.07 中舱 1.40×1.12 尾舱 1.22×0.81	50.1	732	前舱：17.7Cum 中舱：20.4Cum 尾舱：6.6Cum
B737-200	1.22×0.89	24.78	732	前舱：10Cum 后舱：14.3Cum
B737-300	前舱 1.22×1.30 后舱 1.22×1.22	30.2	732	
B737-500	前舱 1.22×0.89 后舱 1.22×0.84	23.2	732	

机型	行李、货舱门（m）	行李舱、货舱容积（m³）	地板承受力（kg/m²）	可装集装箱（板）
B707B	前舱 1.27×1.22 中舱 1.24×1.22 后舱 0.91×0.76	49	732	
B707-C	主舱 3.40×2.30 前舱 1.07×1.22 中舱 1.24×1.22 后舱 0.91×0.76	96.2	732	主舱 12P1P 板
MD-11	后舱 1.78×1.67 前舱 2.64×1.67 散舱 0.76×0.91	157.61	976	前 6P1P 板/18AVE 箱 后 14AVE 箱
MD-80	1.34×0.74	35.4	732	
MD-82	1.34×0.74（前、后）	35.4	732	
A300-600	前舱 1.71×2.44 后舱 1.71×1.81	121.9	976	前舱 4P1P 板/AVE 箱 后舱 10AVE 箱
A310-200	2.70×1.69	84.80	976	前舱 3P1P 板/8AVE 箱 后舱 6AVE 箱
TU-154	1.35×0.80	43	600	
YK42	1.14×1.35	23.6	366	
BAE146	前舱 0.76×1.34 后舱 0.08×0.91	13.56	366	
AN-24	1.10×1.2	11.25	400（加垫板）	
AN-12	2.77×3.05	123.3	1500	
Y-7	1.10×1.20	11.2	400（加垫板）	
SH360	1.68×1.39	6.08	223	
SAAB340B	1.35×1.30	6.8	223	
L-100-30	3.05×2.77	172	1500	5P1P 板

注：1. 本表各项理论数据仅供参考；

2. 集装箱板规格如下：P1P 板：2.24×3.18（m）

P6P 板：2.44×3.18（m）

AVE 箱：1.45×1.50（m）　容积 4.13（m³）

DPE 箱：1.00×1.35（m）　容积 3.40（m³）

计算垫板面积公式如下：

$$\frac{货物重量（kg）}{地板承受力（kg/m^2）} = 所需垫板的面积（m^2）$$

因垫板本身有一定的重量，在计算时为了方便忽略不计，则一般会在得出的面积上乘以120%以充分考虑安全度，并将面积采用进位法保留小数点后两位，如 $0.232m^2 = 0.24m^2$。

计算举例：

某件货物重150kg，接触底面积为 45×40cm，此种情况下机舱地板每平方米所受货的重量为多少？能否在B737 - 800货舱内承运？如果不能，需怎样处理方可承运？（垫板重量忽略不计，计算精确到小数点后二位）

解：$\frac{货重（kg）}{货物与地板的接触面积（m^2）} = 地板每平方米所受货的重量$

地板每平方米所受货的重量 $= 150kg/（0.45 \times 0.4）= 833.33kg/m^2$

B737 - 800R的地板承受力为 $732kg/m^2 < 833.33kg/m^2$

所以装运此件货物需加垫板，垫板面积计算如下：

$$\frac{货物重量（kg）}{地板承受力（kg/m^2）} = 所需垫板的面积（m^2）$$

$$垫板面积 = \frac{150kg}{732kg/m^2} = 0.21m^2$$

即需选用面积不小于 $0.21m^2$ 的垫板方可承运该货，考虑120%则面积不小于 $0.26m^2$。

六、货舱门尺寸

货物运输的第一个环节是装卸，当货物单件的尺寸超过规定的标准尺寸时，则可视具体的运输机型（主要是货舱门的尺寸）来确定是否可装运。一般均需考虑操作空间，即货物的实际尺寸需小于货舱门尺寸10cm左右。几种常见机型的货舱门尺寸数据如表2-1所示。

七、装载表

各类机型的装载表通常作为判断形状比较特殊，即单边特别长的货物能否装入飞机货舱时的依据。如果货物的高和宽在舱门尺寸限制以内，则最长限定额可查阅IATA货运资料中的确定机型的装载表。只要货物实际长度小于表中查得的数据，则货物可以收运，反之则不可收运。若高、宽中任一边超过最大尺寸，可视货物能否任意放置情况决定是否能够装运。

1. 货物尺寸的量取：量取货物的尺寸时，不管货物是规则的几何体还是不规则的几何体。均应当以最长、最宽、最高边为准，以厘米为单位（如图2.1所示）。

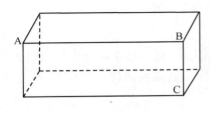

图 2.1

2. 不同机型对所载运的不同货物的最大长、宽、高（包括垫板）尺寸都有要求，货物体积尺寸不得超过飞机的舱门尺寸。以 A320-200 为例，如表 2-2 所示。

例：一件货物的尺寸为 $200 \times 60 \times 50$cm，装载在 A320-200 飞机上，由表中对应可以看出舱门所允许的货物长为 186cm，由于货物长 200cm，所以不能通过该机型运输。

表 2-2　A320-200 飞机货舱舱门装载限制（单位：厘米、英寸）

高度（HEIGHT）	宽度（WIDTH）								
	10	20	30	40	50	60	70	80	85
	4	8	12	16	20	24	28	31	33
10	282	267	244	255	205	186	165	148	141
4	111	105	96	89	81	73	65	58	56
20	282	262	243	225	205	186	165	148	141
8	111	103	96	89	81	73	65	58	56
30	282	261	243	225	205	186	165	145	141
12	111	103	96	89	81	73	65	58	56
40	282	261	243	225	205	186	165	148	141
16	111	103	96	89	81	73	65	58	56
50	279	261	243	225	205	186	165	148	141
20	110	103	96	89	81	73	65	58	56
60	279	261	243	225	205	186	165	148	141
24	110	103	96	89	81	73	65	58	56
65	279	261	243	225	205	186	165	148	141
26	110	103	96	86	81	65	65	58	56

第二节　货物包装

一、主要原则

坚固、完好、轻便、易于装卸。

二、一般要求

1. 托运人应根据货物性质和航空运输要求采取合适的包装方法和包装材料包装货物。

2. 货物包装应坚固、完好，在运输过程中能防止内物受损、漏出或散失；防止因码放、摩擦、震荡或因气压、气温变化而引起货物损坏或变质；防止伤害操作人员或污损飞机、地面设备及其他物品。

3. 包装除应适合货物的性质、状态和重量外，还要便于搬运、装卸和码放；包装外表面不能有突出的钉、钩、刺等；包装要整洁、干燥，没有异味和油渍。

4. 不同种类的特种货物的包装必须符合货物特性和安全要求。

5. 使用木屑、纸屑作为衬垫材料货物，包装必须严密，衬垫物不能泄露。

6. 所有货物的外包装都应使用符合规定的包装带捆扎。捆扎货物的包装带必须能够承受本件货物的全部重量（提起货物时不会断开），保证货物在运输过程中不会散开。

7. 严禁使用稻草制品、动物产品或泥土制品作为包装及捆扎材料。严禁使用草袋包装或用草绳捆扎货物。

8. 由多个包装件组成的集成包装件，必须保证在运输过程中各个单独的包装件不会分离。

9. 如果货物的包装不符合规定，应要求托运人改进或重新包装。

三、部分货物的特殊包装要求

1. 液体货物。容器内部必须留有 5%～10% 的空隙，封盖必须严密，不得溢漏。

（1）单件货物毛重不得超过 25kg。箱内应使用衬垫和吸附材料填实，防止晃动或液体渗出。盛装液体的包装必须能承受因高度变化而产生的压力和温度变化。

（2）水产品，必须根据货物种类选择符合安全要求的包装方式。

2. 粉状货物。

（1）用袋盛装的，最外层应使用塑料涂膜纺织袋作外包装，保证粉末不能漏出，单件货物毛重不得超过 25kg。

（2）用硬纸桶、木桶、胶合板桶盛装的，要求桶身完好，接缝严密，桶盖密封，桶箍坚固结实，单件货物毛重不得超过 50kg。

（3）用玻璃瓶盛装的，每瓶内装物的重量不得超过 1kg，用铁制或木制材料作外包装，箱内用衬垫材料填实，单件货物毛重以不超过 25kg 为宜。

3. 精密易损、质脆易碎货物。可以采用以下方法包装：

（1）多层次包装。即货物—衬垫材料—内包装—衬垫材料—外包装。

（2）悬吊式包装。即用几根弹簧或绳索，从箱内各个方向把货物悬置在箱子中间。

（3）防倒置包装。即底盘大、有手提把环或屋脊式箱盖的包装，不宜平放的玻璃板、风挡玻璃等必须使用此类包装。

（4）玻璃器皿的包装。应使用足够厚度的海绵、泡沫塑料或其他衬垫材料围裹严实，外加坚固的瓦楞纸箱或木箱，箱内物品不得晃动。

4. 裸装、不怕碰压的货物。如轮胎等可以不用包装；不易清点件数、形状不规则、外形与运输设备相似或容易损坏飞机的货物，应使用绳、麻布包扎或外加包装。

5. 对于一般文件、信函、零星托运的新闻录像带、录音带、光碟、医用 X 光片等，应要求托运人使用纸箱或木箱作为货物外包装。使用其他材料作为外包装的，包装强度必须能够保证货物在运输过程中不会因其他货物的正常挤压而损坏。使用布质口袋或网袋作为外包装的，应有内包装。

6. 带有电源的电器、玩具、工具等，应将电源独立包装。不能分开包装的应采取措施防止开关在储运过程中被意外开启。使用干电池作为电源的警棍、电筒、玩具、电钻等物品，托运前必须将干电池取出或将电池正负极倒放。

四、部分包装类型的要求

1. 纸箱。应能承受同类包装货物码放 3 米或 4 层高的总重量。也就是说，当同种类的货物码放至 3 米或 4 层高时，最底下一层货物的包装不应有变形或凹陷。

2. 木箱。厚度及结构要适合货物安全运输的需要；盛装贵重物品、精密仪器、易碎物品的木箱，不得有腐蚀、虫蛀、裂缝等缺陷。

3. 条筐、竹篓。编织紧密、整齐、牢固、不断条、不披条，外形尺寸以不超过 50 × 50 × 60cm 为宜，单件毛重不得超过 40kg，内装货物及衬垫材料不得漏出，并应能承受同类包装货物码放 3 层高的总重量。

4. 铁桶。铁皮的厚度应与内装货物重量相对应。单件毛重 35～100kg 的中、小型铁桶，应使用 0.6～1.0mm 的铁皮制作；单件毛重 101～180kg 的大型铁桶，应使用 1.35～1.5mm 的铁皮制作。桶的外部应装有便于搬运的把手，否则应将一个或数个桶固定在便于叉车操作的托盘上。

第三节　货物标志

货物标志包括货物标记和货物标签。托运人或其代理人必须在货物包装上书写货物标记，并粘贴或拴挂货物标签。

一、货物标记

1. 货物标记是由托运人书写、印刷或粘贴在货物外包装上的有关记号、操作注意事项和说明等，包括以下内容（其中（1）、（2）为必写内容）：

（1）货物的目的站，收货人名称、地址、电话或传真号码。

（2）货物的始发站，托运人名称、地址、电话或传真号码。

（3）货物储运注意事项，如"小心轻放"、"防湿"等；大件货物的包装表面标明的"重心点"、"由此吊起"等由文字及/或图案组成的操作图示。

（4）货物合同号、贸易标记、包装系列号等。

（5）货物的单件毛重及/或净重。

铲车操作位置

不能使用铲车操作

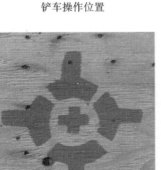

重心位置

吊车位置

易碎标记

易碎、温度、向上、防潮、防晒等标记

防倾斜标记

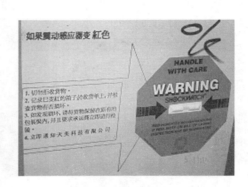

防震动标记

防倒置标记

重量尺寸标记

堆放、易碎、向上、防潮标记

图 2.2　货物标记

2. 货物标记应与货运单的有关内容相一致。

3. 托运人使用旧包装，必须清除原包装上的残旧货物标记。

4. 货物包装上的标记应附着牢固，字迹、图案清晰，容易识别。

5. 托运人应在其托运的每一件货物的外包装上书写货物标记。如果货物表面不便于书写，可写在纸张上，然后粘贴在货物外包装上。外包装无法粘贴的货物，可以写在纸板、木板或布条上，再钉、拴在外包装上面。

二、货物标签

货物标签包括：运输标签、操作标签和特种货物标签。

1. 运输标签

（1）运输标签是标明货物的始发站、目的站、货运单号码、件数、重量（包括本件货物重量）的标记。

（2）运输标签有两种，分为粘贴用的软纸不干胶标签和拴挂用的硬纸标签。

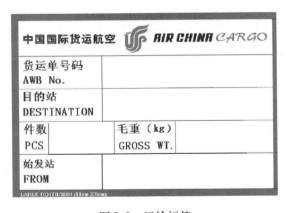

图 2.3　运输标签

2. 特种货物标签

特种货物标签包括"活体动物标签"、"鲜活易腐标签"和"危险物品标签"等。其作用是要求工作人员按照货物的特性进行操作，预防事故的发生。其图形、名称、尺寸、颜色均应符合标准。

（粘贴用）

（拴挂用）

（粘贴用）

（拴挂用）

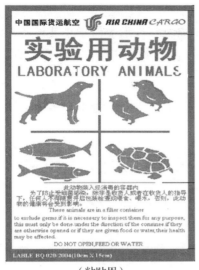
（粘贴用）

（拴挂用）

图 2.4　特种货物标签

3. 操作标签

标明货物储运注意事项的各类标记，称为操作标签。其作用是提示工作人员按标签的要求操作，以达到安全运输的目的。操作标签的图形、名称、尺寸、颜色均应符合标准。

操作标签包括：

（1）向上标签；

（2）易碎物品标签；

51

（3）谨防潮湿标签；

（4）"货物"标签：对于作为货物运输的行李以及其外形类似于集装设备的货物，为防止在运输过程中漏卸、丢失，应粘贴（或拴挂）"货物"标签。

（5）押运货物标签；

（6）紧急航材（AOG）标签；

（7）急件货物标签；

（8）其他表示货物性质或储运要求的标签。

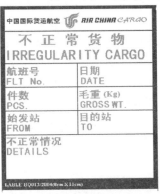

图 2.5　操作标签

4. 标签的填写、粘贴和拴挂

（1）填写

运输标签上的各项内容应与货运单一致，字迹清晰，容易辨认。

（2）粘贴和拴挂

①货物标签应由托运人粘贴（或拴挂）。承运人应协助托运人正确地粘贴（或拴挂）标签，并检查标签粘贴（或拴挂）情况，发现错、漏或位置不当时，应立即纠正。

②所有货物标签应粘贴（或拴挂）在与收货人姓名、地址相邻的位置。

③托运人使用旧包装时，必须清除原包装上的残旧标签。

④每件货物至少应牢固地粘贴（或拴挂）一个运输标签。如果一个包装件超过 $0.4m^3$ 时，应在包装件上粘贴（或拴挂）2 个识别标签。当一件货物需粘贴（或拴挂）两个或两个以上标签时，应在包装两侧对称部位粘贴（或拴挂）。

⑤因货物包装材料或其他原因限制，不能保证货物标签在运输过程中不会脱落时，应将货运单号码、货物始发站、目的站写在货物的外包装上。

⑥包装形状特殊的货物，应根据情况将标签粘贴（或拴挂）在明显部位。

⑦特种货物应粘贴（或拴挂）特种货物标签。

⑧凡是用玻璃瓶作为内包装的货物和精密易损、质脆易碎的货物，必须粘贴（或拴挂）易碎物品标签、谨防潮湿或者向上标签。

⑨含有液体的货物包装上必须粘贴向上标签。

⑩标签应粘贴（或拴挂）在货物的侧面，不得粘贴（或拴挂）在货物顶部或底部。

⑪标签不得粘贴（或拴挂）在包装带上。

⑫在装卸、仓储保管过程中要注意保持标签的完整。遇有脱落或辨认不清的，应根据货运单及时补齐。

第三章　货物托运

第一节　货物托运的一般规定

一、托运规定

1. 托运国内货物须凭本人居民身份证或者其他有效证件（军官证、士兵证、人大代表证、离退休证、警官证、护照、文职军人证等）托运货物并填写货物托运书。单位托运货物必要时应出具单位介绍信。

2. 一般可在机场或市区代理点托运。大量、超限、大批量贵重、需特殊照料及急货可约定时间在机场办理托运。

3. 托运政府限制运输的货物以及应向公安、检疫等有关部门办理手续的货物应随附有效证明（动、植物检疫证，准运证，调运证，产品说明书，放射性剂量说明书等）。

4. 重量、体积、包装、标记符合航空公司空运要求。

5. 因运输条件或者货物性质不同而不能在一起运输的货物，应当分别填写托运书。

6. 托运的货物毛重每公斤价值在人民币 100 元以上的，可办理货物声明价值，并按规定交纳声明价值附加费。每张货运单的声明价值一般不超过 50 万元人民币。

7. 托运人托运需特殊照料的活体动物、价值昂贵的货物、需要采取特殊防护措施和注意看管以确保安全的货物，应派人押运。

8. 国家规定必须保险的货物，托运人应在托运时投保货物运输险。托运国内货物，托运人可委托承运人或其代理人办理国内货物航空运输险。

9. 危险品货物的国内运输必须符合中国民用航空局有关危险货物航空安全运输的管理规定。

10. 为保证航空运输的安全，在托运的货物中不准夹带禁止运输和限制运输的易燃、易爆、有毒物品及现钞、证券等贵重物品。

11. 托运人应对托运书填写内容的真实性和正确性负责。托运人填交的货物托运书经承运人接受，并由承运人填发货运单后，航空货物运输合同即告成立。

12. 托运人托运货物，应按照民航主管机关规定的费率缴付运费和其他费用。除托运人和承运人另有协议外，运费及其他费用一律于承运人开具货运单时一次付清。

13. 为确保航空运输的安全，机场货运部门有权对收运的货物进行安全检查。

二、托运人的基本权利和义务

1. 权利

（1）要求承运人将货物按期、完好地运至目的地；
（2）货物灭失、损坏、变质、受污染时要求赔偿。

2. 义务

（1）缴纳运输费用，完整、准确地填写托运书，遵守国家有关法令及各类规章制度，维护航空运输安全；
（2）因自身过错给承运人或其他托运人、收货人造成损失时应负赔偿责任。

三、货物托运流程

货物托运流程包括：（1）填写货物托运书；（2）交过磅员验货（品名、件数、包装）；（3）过磅（计重、签字）；（4）过安检；（5）柜台填制货运单；（6）粘贴货物标签；（7）交付运费；（8）货物入库。

第二节　托运书

一、托运书的定义

托运书是托运人办理货物托运时填写的书面文件，是据以填开航空货运单的凭据。货物托运书被视为航空货物运输合同的一个组成部分。

二、托运书填写的一般要求

1. 托运人应当认真填写托运书，对托运书内容的真实性、准确性负责，并在托运书上签字或盖章。
2. 托运人应当使用钢笔或圆珠笔书写或打印，有些项目，如名称、地址、电话、邮政编码等可以盖戳代替书写。字迹要清晰易认，不能潦草，不得使用非国家规定的简化字。托运人对所填写的单位、个人或物品等内容应当使用全称。
3. 属于下列情况之一者，应分别填写托运书：（1）运输条件不同的货物；（2）性质相互抵触的货物；（3）目的站不同的货物；（4）不同收货人的货物。托运人托运私人物品，应随附装箱清单。
4. 一张托运书托运的货物，只能托运到一个目的地，只能有一个收货人。必须在货物托运书上详列托运物品的内容和数量。

三、托运书填写的主要内容

托运货物时，托运人必须填写《货物托运书》，作为填开货运单的依据。《货物托运书》主要包括如下内容。

1. 始发站、目的站：填写货物空运的出发和到达城市名。城市名应写全称，例如广州、北京、上海不能简写为穗、京、沪或 CAN、PEK、SHA 等。

2. 托运人及收货人姓名或单位、地址、邮政编码、电话号码：填写个人或者单位的全称、详细地址、邮政编码和电话号码。不能使用简称，对于保密性的单位可以填写邮政信箱或者单位代号。

3. 储运注意事项以及其他：填写货物特性和储存运输过程中的注意事项。例如易碎、防潮、防冻、小心轻放，急件或最迟运达期限，损坏、丢失或死亡自负，货物到达后的提取方式等等。

4. 声明价值：填写向承运人声明的货物价值。如托运人不声明价值时，必须填写"NVD"或"无"字样。

5. 保险价值：填写通过承运人向保险公司投保的货物价值。如果已经办理了声明价值的，可以填写"×××"或空白。

6. 件数：填写货物的件数。如一批货物内有不同运价种类的货物，则须分别填写，总数写在下方格。

7. 毛重：在与件数相对应处填写货物的实际重量，总重量填写在下方格内。

8. 运价种类：分别以 M、N、Q、C、S 等代表货物不同的运价。

9. 商品代号：以四位数字或者英文代表指定商品的货物类别。

10. 计费重量：根据货物毛重、体积折算的重量或采用重量分界点运价比较后最终确定的计费重量。

11. 费率：填写适用的运价。

12. 货物品名（包括包装、尺寸或体积）：①填写货物的具体名称，不得填写表示货物类别的不确定名称。例如苹果、黄橙不能写成水果，手提电话、手机不能写成通讯器械。②填写货物的外包装类型。如纸箱、木箱、麻袋等。如果包装不同，应分别注明包装类型和数量。③填写每件货物的尺寸或该批货物的总体积。

13. 托运人或代理人签字：必须由办理托运的托运人签字或盖章，代理人不可代替托运人签字。

14. 托运人或其代理人的有效身份证件号码：填写托运人的有效身份证件的名称、号码。

15. 经手人：分别由 X 光机检查员、货物检查员、过磅员、标签填写员签字并打印货运单号码和填写日期，以明确责任。

四、国内货物托运书的格式

表格尺寸：（长）26.5cm×（宽）19cm。

X 航空公司国内货物托运书

兹委托你公司空运以下货物，一切有关事项列明如下：

始发站		目的站		普通运输		急件运输	
托运人姓名、地址：					电话：		
					邮编：		
					电脑编号：		
收货人姓名、地址：					电话：		
					邮编：		
					密码：		
预定航班/日期			运输声明价值			运输保险价值	

储运注意事项及其他：

件数 运价点	毛重 （千克）	运价 种类	商品 代号	计费重量 （千克）	货物品名 （包括包装、尺寸或体积）

货运单号码	本人郑重声明：此托运书上所填货物品名和货物声明价值与实际交运货物品名和货物实际价值完全一致。并对所填托运书和所提供的与运输有关文件的真实性和准确性负责。
注：粗线栏内由承运人填写。	
经办人　安全检查	托运人签名：
经办人　包装检查	托运人有效证件名称：
经办人　重量计算	证件号码：
经办人　标签填写	托运单位：
年　月　日	年　月　日

图 3.1　国内货物托运书格式

五、国内货物托运书实例

X 航空公司国内货物托运书

兹委托你公司空运以下货物，一切有关事项列明如下：

始发站 上海	目的站 海口	普通运输 普货运输	急件运输

托运人姓名、地址： 　上海基培洁具有限公司 　上海闸北区洛川路181号	电话： 56331234
	邮编： 200050
	电脑编号：

收货人姓名、地址： 　海口装饰协会第一工程处 　海口市中山路258号	电话： 62358877
	邮编： 700547
	密码：

预定航班/日期		运输声明价值	8000.00	运输保险价值	无

储运注意事项及其他：
　易碎品，请小心轻放　硬纸箱包装
　货号 GNF-1059JH

件数 运价点	毛重 （千克）	运价 种类	商品 代号	计费重量 （千克）	货物品名 （包括包装、尺寸或体积）
3	126				乐家洁具三件套 1 箱　65×63×45cm 1 箱　80×45×75cm 1 箱　170×80×70cm

货运单号码	本人郑重声明：此托运书上所填货物品名和货物声明价值与实际交运货物品名和货物实际价值完全一致。并对所填托运书和所提供的与运输有关文件的真实性和准确性负责。
注：粗线栏内由承运人填写。	托运人签名：唐明

经办人	安全检查	托运人签名：唐明
	包装检查	托运人有效证件名称：身份证
	重量计算	证件号码：31010419780201010
	标签填写	托运单位：上海基培洁具有限公司
	年　月　日	2006 年　3 月　10 日

托　运　书

现委托你公司空运以下货物，一切有关事项开列如下：

始发站	广州		目的站	北京	

托运人姓名或单位名称	张文德	邮　政　编　码
		5　1　0　4　0　3
托运人地址	广州市机场路向云西街10号	电　话　号　码
		020-22243014
收货人姓名或单位名称	李丽	邮　政　编　码
		1　0　0　0　8　9
收货人地址	北京市海淀区紫竹院路98号	电　话　号　码
		010-53647856

储运注意事项及其他 注意防潮！	声明价值	保险价值
	XXX	***XXX***

件数	毛重	运价种类	商品代号	计费重量	费率	货物品名（包括包装、尺寸或体积）
2	30					新闻图片：
1	24					包装：纸箱 尺寸：70×60×35cm×2件
						书录：
3	54					包装：纸箱 尺寸：40×30×40cm×1件

说明：1.托运人应当详细填写或审核本托运书各项内容，并对其真实性、准确性负责。2.有不如实申报价值的货物发生丢失、损坏或被冒领的赔偿价值以此托运书的注明为准，造成赔偿不足的责任由托运人或收货人负责。3.承运人根据本托运书填开的航空货运单经托运人签字后，航空运输合同即告成立。	货　运　单　号　码		
	784—		
托运人或其代理人 签字（盖章）：　张文德	经办人	X光机检查	
		检查货物	
		计算重量	
托运人或其代理人 身份证号码：******************		填写标签	
		年　　　月　　　日	

（以上空白部分由代理人填写）

图 3.2　国内货物托运书实例

第四章 航空货物运输业务流程

　　航空货物的运输始于航空运输企业（承运人）的承运。对于货主及其货运代理人来讲，货物的承运也是航空运输企业为其办理货物托运的过程。在这一过程中，包含了货主在托运时相关资料文件的准备，货物包装应达到的要求，货物的质量、内容是否符合航空运输的要求，有关托运单据的填开，航空运输企业对于货物运费的收取标准及相关规定，货运单的填开及各联的分发，货物的入库及发运顺序，货物的配载，货物的运达及相应的交付手续，货主在托运货物后的运输变更要求等各方面的工作，涉及的内容繁多，是直接关系到航空运输企业货运收入的主要环节，所以这一环节工作质量的好坏，直接影响到航空运输企业的市场推广，从而影响航空运输收益。

第一节 货物收运

一、货物收运的一般流程

　　（托运人或代理人）填写托运书→（承运人）核查证件→检查包装→货物安全检查→重量核准→尺寸检查→托运书检查→填制货运单→制作、贴挂标签→收款→交接货物、货运单→编制销售日报。

二、收运的一般规定

　　货物收运是货物承运的第一个环节。货主可以到航空公司货运部门直接办理托运手续；也可到航空货运销售代理人处办理托运。而对这两类货物收运点而言，都应遵守下列的货物收运规定：

　　1. 货运工作人员在收运货物时应查验托运人的有效证件（居民身份证、士兵证、军官证、户口簿、社保卡等）。在接受政府规定限制运输的货物以及需要办理公安和检疫等手续的货物时，应请托运人提供有关部门的有效证明文件。其中有效证件号码应清楚地填写在托运书上；证明文件和介绍信应整齐地附在托运书后面。如属单位托运的货物，货主还需提供单位介绍信或经单位加盖公章的货物托运书。

2. 承运人应当对收运的货物进行安全检查。对收运后 24 小时内装机运输的货物，一律实行开箱检查或者通过安全仪器检测，对超大超限货物无法安检的，停放 24 小时后方可装运。经过安全检查过的货物要有明显的已经查验的标志。

3. 运输条件不同或者货物性质相互抵触的货物，应请托运人分别办理托运手续。

4. 收运限制的条件

（1）凡是国家法律、法规和有关承运人规定禁止运输的物品，严禁收运。

（2）凡是国家法律、法规和有关承运人规定限制运输的物品，必须符合规定的手续和条件后才能收运。

（3）收运的货物包装内不得夹带有危险品、政府禁止运输和限制运输的物品、贵重物品、保密文件、证券等。

（4）收运的货物重量、包装、尺寸、标记、储运要求以及托运人的付款方式，均应符合有关承运人的机型要求和相关规定。

（5）收运的货物不能危害飞机、人员、财产安全，不能烦扰旅客。

（6）除非另有约定，一般承运人都不接受声明价值超过规定限额的货物。

5. 航空货运销售代理人收运货物，必须严格遵守《航空货物运输销售代理协议》规定、中国民用航空局公布的《中国民用航空货物国内运输规则》和各航空公司公布的《××航空货物国内运输总条件》中的规定。并接受各航空公司货运管理部门的监督、检查和指导。

6. 航空货运销售代理人不得收运活动物、危险品、贵重物品、外交信袋等特种货物。除非得到承运人的特别批准。

7. 为保证货物正常运输，航空货运销售代理人应提供货物清单，根据货物交接清单逐项检查货运单填写是否正确，并按货运单的内容清点物件。核对货物重量（包括超限货物，轻泡货物），核对运费，检查货物包装、标志和标签。对不符合规定的货物和货运单要求的，应在代理人更改正确后，航空公司才可接受。

8. 凡是国家法律、法规和有关规定禁止运输的物品，一律不得收运；禁止运输的物品包括：四种菌类（鼠疫毒菌、霍乱毒菌、马脑脊髓炎病毒、鹦鹉病病毒）等。民航规定不承运：国内航班不予载运的危险品和传染性物品。凡是限制运输的物品，应在符合规定的手续和条件后，方可收运。限制运输的物品包括：植物及其产品；烟草；家禽家畜及其产品；枪支、弹药和警械；疫苗、菌苗、抗菌素、血清等生物制品、灵柩；粮食、木材、砂矿、麻醉药品、毒品、珍贵文物图书等。

9. 承运人对货物的限制

（1）收运货物的重量、包装、尺寸和货物标记均应符合承运人的规定，否则承运人不予接收。对于不同的承运人、不同机型或不同的航站，对货物的重量、尺寸等有不同的规定和要求，例如一件 230 千克，260×48×65 厘米的货物，如果运输航线上没有宽体飞机和卡车航班，此货就不能收运。

（2）收运货物的储运要求不能超出承运人的储运条件，否则承运人不予接收。例如有些有温度要求的鲜活易腐货物,如果托运人要求在整个运输中始终处于 -5℃ ~ 0℃,承运人不能满足其条件的,就不能收运。

(3) 收运的货物不能危害飞机、人员、财产的安全,也不能烦扰旅客。例如有些活体动物会发出叫声或有不良气味,就不能装载在 B767 航班上。

10. 酒精类饮料的运输限制

(1) 酒精含量小于 24% 的酒类饮料,可以按普通货物运输。

(2) 酒精含量在 24% ~70% 之间的酒类饮料,每一容器不超过 5000ml,每一包装件不超过 12000ml,可以作为普通货物运输。

(3) 酒精含量在 24% ~70% 之间的酒类饮料,每一容器酒类饮料超过 5000m1 时,按危险品处理。

(4) 酒精含量超过 70% 的酒类饮料必须按危险品处理。

(5) 酒类饮料的包装要求:内包装为塑料桶、金属罐或听装的,可以使用纸箱作为外包装;内包装为玻璃瓶或瓷瓶的,瓶与瓶之间应有间隔材料,包装内应有吸附材料,如果使用原包装作为货物外包装时,外包装上应粘贴"易碎"和"向上"标签。

三、货物收运前的查验

1. 托运人有效身份证件、货物的有效运输凭证(准运证等)的查验。

2. 货物品名的检查。托运人填写的货物托运书上的品名应与实际货物及货物包装上的标识相符。对不熟悉的货物品名要查证清楚,必要时应请托运人提供权威机构出具的有效证明,避免将危险品误作为普通货物进行收运。

3. 包装、标志的检查。检查托运人托运货物的包装,不符合航空运输要求的货物包装,须经托运人改善包装后方可办理收运。

4. 重量与体积的检查。即检查单件货物的重量或体积是否超限。单件货物体积的限定具体可根据飞机货舱门尺寸确定最大可收运的尺寸;单件货物重量的限定可根据始发站、中转站、到达站的装卸设备的最大装载能力确定单件货物最大可收运重量。

5. 安全检查。为保证飞行安全,根据"国内货规"承运人对托运人托运货物的内包装是否符合要求,不承担检查责任,但对收运的货物应当进行安全检查。对收运后24 小时内装机运输的货物,一律实行开箱检查或者通过安检仪器检测。24 小时内运出的货实行开箱或通过 X 光检,检查过的货加盖安检印章,承运人凭此标志收运货物。

四、货物的收运程序

如能通过上述各项货物的检查,大多数收运点则按以下程序进行收运货物:

1. 清点件数。核对托运书,如发现件数不符,应请托运人在货物托运书上更正。

2. 过秤计重。货物过秤后由承运人在货物托运书的毛重栏内填写过秤重量。如属轻泡货物,还应将计算后得出的体积重量、体积尺寸填写入"货物品名"栏内。

3. 贴挂标签。根据托运书填写货物标签,并将货物标签和相关指示标志按规定贴挂在货物外包装上的合适位置。

4. 填制运单。根据托运书上所示内容填写货运单，并在托运书上填写或戳印货运单的号码。

5. 计算运费。根据货物计费重量按公布的货物运价和有关的收费规定计算航空运费和其他货运杂费，并将金额写入货运单的相关栏内。

6. 收取运费。由承运人或指定的银行机构向托运人收取运费。根据收款证明将货运单托运人联交给托运人。

7. 填写交接清单。货物交接清单一式两份，由仓库保管员对货物进行逐件核对，确认无误后双方在交接单上签字。一份交仓库保管员留存，另一份由收货柜台留存。货运单的交接程序基本同货物的交接方式一样，所不同的是货运单应向货运配载部门进行交接。

8. 编制销售日报。根据货运单内容编写销售日报，连同货运单财务联和所收运费一起送交财务部门。

第二节 航空货运销售代理

航空货运代理公司作为货主和航空公司之间的纽带和桥梁，可以是货主的代理，代替货主向航空公司办理托运或提取货物的手续，此时即是我们通常所指的货代。也可以是航空公司的销售代理，代替航空公司接收货物，填制并出具航空公司的货运单，此时即是航空公司的货运销售代理。

一、航空货运代理人的定义

航空货运代理人目前有两种类型：一种是指取得中国航空运输协会 CATA 所颁发的"中国民用航空运输销售代理业务资格认可证书"，接受航空运输企业委托，依照双方签订的委托销售代理合同，在委托的业务范围内以自己名义从事货物运输销售代理经营活动的企业法人。分为一类、二类运输销售代理。另一种是指经国家工商行政管理部门依法注册登记的国际货物运输代理企业及其分支机构（以下简称国际货代企业），所有的货代企业均应向国家商务部或商务部委托的机构办理备案。我们通常所说的货代即指商务部备案的国际货代，从某种意义上讲是航空公司的货主，主要从事集中托运和分拨代理的工作。货代企业只有取得了中国航协的销售代理资格认可后，才可成为航空运输销售代理人。本书所述航空货运代理人特指航空运输销售代理人。

二、航空货运代理人的作用

航空货运代理人的作用体现于销售代理在航空运输中的作用，根据中国民航信息网

"1999 中国民航发展热点问题调查与分析"，调查结果如表 4-1 所示。

表 4-1　1999 中国民航发展热点问题调查与分析

作　用	赞成比例（%）	排　序
销售代理是扩大销售的重要手段	33.1	1
市场不健全，政府监管不到位某些销售代理人扰乱市场	22.3	2
航空公司应适当扩大自销	20.5	3
销售代理发展扩大了航空运输市场份额	17.9	4
销售代理增加了经营成本	6.2	5

另一方面，如果航空货运代理人同时兼备货代的条件，则其在航空货运中的作用主要表现在以下几个方面：首先，航空货运代理公司大都对运输环节和有关规章十分熟悉，并与民航、海关、商检和交通运输部门有着广泛而密切的联系。同时，航空货运代理公司在世界各地都设有分支机构和代理人，随时掌握货物运输的动态。因此，委托航空货运代理办理进出口运输较为便利。

其次，航空公司货运代理公司的主要业务是办理集中托运，即把若干单独发运的货物组成一整批货物，用同一份主运单发运到同一个目的站，再由其在当地的代理人负责接货，分拨交给实际收货人。这种托运方式可以从航空公司争取到较低的运价，代理公司和货主可以从这种服务中得到好处。就航空公司而言，虽然航空公司要向代理公司支付一定的酬金，但代理公司将众多客户的货物集中起来交运，为其节省了大量的人力、物力和时间，从而有助于进一步开拓空运市场。

三、航空货运代理人的资格审批

自 2006 年 3 月 31 日起，航空货运代理人等民用航空运输代理的资格认可和审批工作，均由中国航空运输协会负责办理。中国航协地区代表处在中国航协授权范围内开展本地区的销售代理资格认可工作，负责受理本地区销售代理企业的资格认可申请，监督和管理本地区销售代理企业的经营活动。

1. 销售代理资格认可条件

（1）申请销售代理资格的企业，应当依法取得经工商行政管理机关注册登记的企业法人营业执照。

（2）申请资格认可证书的企业，注册资本应当符合下列要求：

从事一类航空运输销售代理业务的，其实缴的注册资本应不少于人民币 150 万元；

从事二类航空运输销售代理业务的，其实缴的注册资本应不少于人民币 50 万元。

（3）在中华人民共和国境内依法设立的中外合资、中外合作企业可以申请一类旅客运输和货物运输以及二类货物运输销售代理资格，外商投资及其比例应当符合国家有关法律、法规的规定。

（4）申请资格认可证书的企业，应当具备下列条件：

①符合上述第 2 条、第 3 条所规定的要求；

②有至少三名取得航空运输销售代理人员相应业务合格证书的从业人员；

③有固定的独立营业场所；

④有电信设备和其他必要的营业设施；

⑤中国航协规定的其他必要条件。

（5）销售代理企业每申请增设一个分支机构，必须增加注册资本人民币 50 万元和至少三名合格的航空运输销售代理人员及本办法要求的其他条件。

2. 航空公司国内货物代理人应具备以下资格证书

为便于对航空货运代理人的管理，在申请航空公司航空货运代理人资格时，必须向航空公司出具如下相关的资格证书：

（1）中华人民共和国航空货物运输代理企业批准证书；

（2）航空运输销售代理业务经营批准证书（二类货运）；

（3）企业法人营业执照（副本）；

（4）税务登记证；

（5）企业章程。

四、航空货运代理人管理的相关规定

为使航空货运代理人对航空公司和托运人提供良好的服务质量，规范航空货运代理人的各项工作，航空公司对代理人作出了一些相应的规定。

1. 货运单的领取、使用及结算

航空运单（Airway bill）是由承运人或其代理人签发的重要的货物运输单据，是承托双方的运输合同，其内容对双方均具有约束力。也是货运运输过程中具有法律性的合同文件，在货运整个运输环节中对于维护托运人、承运人和代理人三方利益都是非常重要的。因此航空公司对代理人使用货运单作出了如下规定。

（1）代理人应到指定的单位领取货运单。

（2）代理人应指定一至两名专人领取货运单，领取货运单时应凭代理人主管领导签字的证明、介绍信和本人有效身份证件办理。

（3）为防止拖欠运费，代理人应按航空公司规定交纳货运单押金。

（4）货运单发放人员应对货代领取的货运单造册登记，并详细记录货运单编号、领取人员及日期，双方经办人员当面点清货运单后在登记本上签名。

（5）代理人应妥善保管货运单，并定期向货运单发放部门提交货运单库存量和申领计划。

（6）代理人应按货运单编号顺序使用，不得跳号使用。

（7）货运单必须由持有有效上岗证的人员制单，货运单字迹应清楚、工整，不得随意涂改，更改时应有更改章。

（8）如遇货运单作废，货运单应完整交回货运单发放单位。

（9）代理人应按协议中规定的时限向发放单位结算货物运费，凡逾期者应按协议规定的数额交纳滞纳金。

（10）如遇货运单遗失，代理人应及时向货运单发放单位挂失，但是对已造成损失的应由代理人员负全部责任。

2. 货运代理人的责任

通过航空货运代理人办理货物托运，无疑使航空货物运输又多了一些环节，参与货物运输的人员更多，货物运输过程中难免会出现一些差错，因此对货运代理人的责任进行规范与界定，对于提高货物运输质量也是非常重要的。

货运代理应严格按照与航空公司签订的代理协议中的各项条款行使和履行自己的权利和义务。由于代理人的下列过错造成的损失，应由代理人承担全部责任。

（1）由于货运单错填而造成运费或其他费用的少收。

（2）由于贴错货物标签而造成货物错运而产生的费用。

（3）因代理人虚报、谎报品名而造成其他货物或飞机设备受损而产生的费用。

（4）因货物中夹带违禁、限制物品被政府有关部门扣压、没收而造成的损失。

（5）代理人收运的货物，货运单上的重量和实际运输的货物重量不符（也称逃重），除需补交重量差额部分所计算的运费外，还需补交其 3 至 5 倍相应的补偿金。

（6）代理人交的货运单各联的重量或费用有差异（或叫阴阳货单），需付正确计算运费的相应倍数的补偿金。

（7）如有货运单遗失，代理人应当及时书面通知有关部门，并承担由此造成的全部损失或承担相应的补偿金。

（8）凡货运代理人采用弄虚作假、偷吃重量，严重侵害航空公司利益，一经发现，除加倍处罚外，应取消其航空公司代理资格。

五、航空货运销售代理人的发展、监督控制程序

为规范航空货运销售代理人的发展、监督控制和管理工作，确保货运代理人运输工作系统化、规范化、透明化，确保承运人、托运人和代理人的合法权益，减少合同纠纷，提高经济效益。提出了航空公司销售代理人发展和监督控制程序（如图 4.1 所示）。

主要工作流程如下。

1. 联系阶段。航空货运代理企业提出成为我方代理人申请或市场开发部根据市场需要，发展新的代理人。

2. 资格审核阶段。货运部同意发展后，市场开发部审核代理人资格，并提出布局是否合理建议，以及做好联系工作。

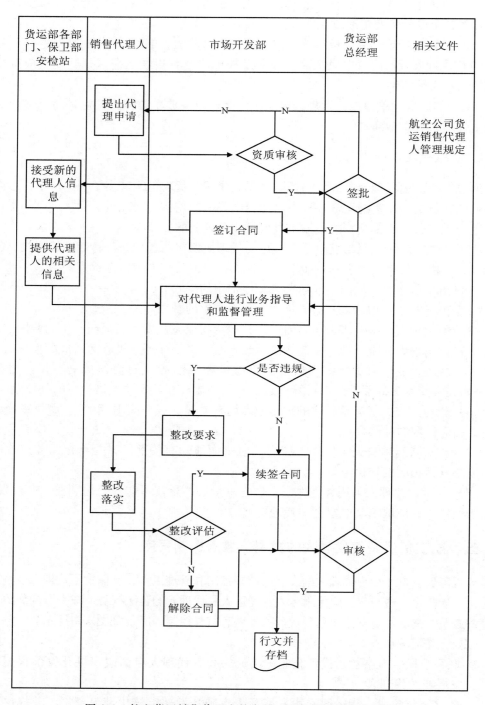

图 4.1 航空货运销售代理人的发展、监督控制程序流程图

3. 正式签订合同。与符合代理人资格的企业签订《航空货物运输销售代理合同》，通报相关部门，并做好代理人相关资料的备案工作。

4. 后续工作的实施。根据对销售代理人签订的合同下发货运部文件，由货运各部门和保卫部安检站提供货运代理人的现场操作、财务结算等相关信息。

5. 货运部市场开发部定期对代理人进行业务指导，向销售代理人提供有关业务运输规定、运价通告等业务文件。

6. 对代理人的监督、管理。根据《国内航空货物运输销售代理合同》、《国际航空货物运输销售代理合同》的相关条款，对遵守条款的销售代理人续签合同；对违反条款规定的销售代理人，由市场开发部纠正、查处并提出整改建议报货运部，经货运部审批，整改后仍不符合要求的，可终止协议、解除合同。

第三节　航空货运单

一、定义

航空货运单（下称货运单）是指托运人填制或托运人委托承运人填制的，托运人和承运人之间为在承运人的航班上承运货物所订立合同的初步证据，也是计收货物运费的财务票证。

二、货运单的填写责任

货运单应当由托运人填写，连同货物交给承运人。如承运人依据托运人提供的托运书填写货运单并经托运人签字，则该货运单应当视为代托运人填写。托运人应当对货运单上所填关于货物的说明或声明的正确性与准确性负责。托运人填交的货物托运书经承运人接受并填制货运单后，承运人和托运人之间的航空运输合同即告确立。

三、货运单使用的一般规定

1. 货运单应按编号顺序使用，不得越号。

2. 货运单一般应使用电脑打制，如需人工填写时，应使用圆珠笔书写。字迹清楚、准确。填制货运单时，不得任意简化或省略。

3. 货运单填制后，由托运人进行复核、签字，以保证各项内容正确无误，经双方签字的货运单由承运人盖章后生效。

4. 货运单的印刷、发放一般由航空公司的财务结算中心负责统一印制和管理。货运单使用部门应向其申请领取。货运单应由专人妥善保管和消号。货运部要定期检查货运单的使用情况。

5. 货运单必须正确、清楚地填写。如填写错误涉及收货人名称、运费合计等栏目的内容，而无法在旁边书写清楚时，应当重新填制新的货运单。需要修改的内容，不得在原字上描改，而应将错误处划去，在旁边空白处书写正确的文字或数字，并在修改处加盖戳印。货运单一般只修改一次，不得超过三处，如再发生填写错误，应另填制新的货运单。也有一些航空公司规定，货运单不得转让，涂改。转让、涂改的货运单无效。作废的货运单，应加盖"作废"的戳印，并将全部各联（共八联）随同销售日报一起送交财务部门注销。

6. 每张货运单的声明价值一般不超过人民币 50 万元。

四、货运单的构成及各联的用途

货运单一式八联。其中正本三联，副本五联。三联正本具有同等法律效力。承运人可根据需要增加副本。货运单的承运人联应当自填开货运单次日起保存两年。

货运单的具体构成及各联的用途如表 4-2 所示。

表 4-2　货运单具体构成及各联用途

各联顺序	联号	联别	颜色	联名	用　途
第一联	甲联	正本 3	蓝色	托运人联	作为托运人支付货物运费、承运人承运货物的凭证。
第二联	乙联	正本 1	绿色	开票人财务联	作为计账凭证送交财务部门。
第三联	丙联	副本 7	粉红色	第一承运人联	第一承运人留交其财务部门作为结算凭证。
第四联	丁联	正本 2	黄色	收货人联	在目的站交收货人。
第五联	戊联	副本 4	白色	货物交付联	收货人提取货物时在此联签字，由承运人留存。
第六联	己联	副本 5	白色	目的站联	由目的站机场留存；也可作为第三承运人联，由第三承运人留交其财务部门作为结算凭证。
第七联	庚联	副本 6	白色	第二承运人联	由第二承运人留交其财务部门作为结算凭证。
第八联	辛联	副本 8	白色	代理人联/承运人开票存根联	由货运单填制人留存备查。

注：以上第一、二联和第七、八联一般在填开货运单并收清了相关费用后同时撕下，并作分发保存。

五、货运单的填写方法

XXX-1234567 5 　　　　　　　　　　　　　　　　　　　　　XXX-1234567 5

始发站[1] Airport of Departure		目的站[2] Airport of Destination		不得转让 NOT NEGOTIABLE 航空货运单　　　　　航空公司中文名称 AIR WAYBILL　航徽　英文名称 印发人 ISSUED BY　　　　　地址、邮编			
托运人姓名、地址、邮编、电话号码[3] Shipper's Name, Address, Postcode & Telephone No.				航空货运单一、二、三联为正本，并具有同等法律效力。 Copies 1,2 and 3 of this Air Waybill are originals and have the same validity. **副本4此栏目内**[24][25][26]			
收货人姓名、地址、邮编、电话号码[4] Consignee's Name, Address, Postcode & Telephone No.				结算注意事项及其他 Accounting Information[22]			
				填开代理人名称 Issuing Carrier's Agent Name[23]			
航线[5] Routing	到达站 To **5A**	第一承运人 By First Carrier **5B**		到达站 To **5C**	承运人 By **5D**	到达站 To **5E**	承运人 By **5F**
航班/日期6A Flight/Date		航班/日期6B Flight/Date		运输声明价值[7] Declared Value for Carriage		运输保险价值[8] Amount of Insurance	
储运注意事项及其他 Handing Information and Others[9]							

件数 No. Of Pcs.	毛重（公斤） Gross Weight （Kg）	运价种类 Rate Class	商品代号 Comm. Item No.	计费重量 （公斤） Chargeable Weight(Kg)	费率 Rate /Kg	航空运费 Weight Charge	货物品名（包括包装、尺寸或体积）Description of Goods (incl. Packaging,Dimensi -ons or Volume)
[10]	[11]	[12]	[13]	[14]	[15]	[16]	[17]
10A	**11A**					**16A**	

预付 Prepaid[18]			到付 Collect[21]	其他费用 Other Charge[20]	
18A	航空运费 Weight Charge	**21A**		本人郑重声明：……	
18B	声明价值附加费 Valuation Charge	**21B**			
18C	地面运费 Surface Charge	**21C**		托运人或代理人签字、盖章 Signature of Shipper or His Agent[27]	
18D	其他费用 Other Charge	**21D**			
18E	总额（人民币） Total (CNY)	**21E**		**28A**　　　**28B**　　　**28C** 填开日期　填开地点　填开人或代理人签字、盖章 Executed on(Date) At(Place) Signature of Issuing Carrier of Its Agent	
付款方式[19] Form of Payment					

甲联　正本3　托运人联　　　　　　　　XXX-1234567 5

图 4.2　货运单的填写

1. 始发站栏［1］

填写货物始发站机场所在城市的名称地名，应写全称不得简写或使用代码。

2. 目的站栏［2］

填写货物目的站机场所在城市的名称地名，应写全称不得简写或使用代码。

3. 托运人姓名（地址、邮编和电话号码）栏［3］

填写托运人全名，托运人姓名应与其有效身份证件相符；地址、单位名称、邮编和电话号码要清楚准确。

4. 收货人姓名（地址、邮编和电话号码）栏［4］

填写与其有效身份证件相符的收货人姓名、地址、单位名称、邮编和电话号码，要清楚准确。此栏只能填写一个收货人，要求内容详细。

5. 航线［5］

5A 到达站（第一承运人运达站）栏：填写目的地机场或第一中转站机场的三字代码。

5B 第一承运人栏：填写自始发站承运货物的承运人的两字代码。

5C 到达站（第二承运人运达站）栏：填写目的地机场或第二中转站机场的三字代码。

5D 第二承运人栏：填写第二承运人的两字代码。

5E 到达站（第三承运人运达站）栏：填写目的地机场或第三中转站机场的三字代码。

5F 第三承运人栏：填写第三承运人的两字代码。

6. 航班/日期栏［6］

6A 航班/日期（始发航班）栏：填写已订妥的航班日期。

6B 航班/日期（续程航班）栏：填写已订妥的续程航班日期。

7. 运输声明价值栏［7］

填写托运人向承运人声明的货物价值。托运人未声明价值时必须填写"无"字样

8. 运输保险价值栏［8］

托运人通过承运人向保险公司投保的货物价值。已办理声明价值的此栏不填写。

9. 储运注意事项及其他栏［9］

填写货物在保管运输过程中应注意的事项或其他有关事宜，不得填写超出航空公司储运条件的内容

10. 件数/运价点栏［10］

填写货物的件数。如果货物运价种类不同时，应分别填写总件数，填在10A。如运价是分段相加组成时，将运价组成点的城市代码填入本栏。

11. 毛重栏［11］

在与货物件数相对称的同一行处，填写货物毛重。如分别填写时总数应填在11A。

12. 运价种类栏［12］

可用下列代号填写所采用的运价类别：

M　最低运费；

N45 千克以下普通货物基础运价；

Q45 千克以上普通货物运价；

C 指定商品运价；

S 等级运价。

13. 商品代号栏 ［13］

应根据下列两种情况分别填写

（1）如果在 ［12］ 内填入指定商品运价代号 "C"，则在本栏内填写指定商品代号（商品代号根据各地区公布运价中确定的指定商品代号进行填写）。

（2）如果在 ［12］ 内填入等级货物运价代号 "S"，本栏内应填写适用的普通货物运价的百分比数，如 Q150。

14. 计费重量栏 ［14］

（1）如果按体积计得的重量大于实际毛重，应将体积计费重量填入本栏。

（2）采用较低的运价和较高的计费重量分界点所得的运费低于采用较高的运价和较低的计费重量分界点的运费，则可将较高的计费分界点重量填入本栏。

15. 费率栏 ［15］

填写货物起讫点之间适用的每千克运价。

16. 航空运费栏 ［16］

填写根据费率和计费重量计算出的货物航空运费额。如分别填写时，将总数填在最下边的 16A 内。

17. 货物品名（包括包装尺寸或体积）栏 ［17］

填写货物的外包装类型。如果该批货物包装不同，应分别写明数量和包装类型，如纸箱、铁桶、木箱等。填写货物的名称、每件货物的尺寸和总体积，货物名称应当具体准确，不得填写表示货物类别的统称或品牌。如电视机等不能填写电子产品；心电图仪等不能填写仪器、仪表。私人物品必须详列内容。

18. 预付栏 ［18］

18A 预付航空运费栏：填写预付的 ［16］ 或 16A 栏中运费总数。

18B 预付声明价值附加费栏：填写按规定收取的货物声明价值附加费。

18C 预付地面运费栏：填写根据地面运费费率和计费重量计算出的货物地面运费总额。

18D 预付其他费用栏：填写 ［20］ 栏各项费用的总数。填写除航空运费、声明价值附加费和地面运费以外的根据规定收取的其他费用。

18E 预付总额栏：填写 18A ~ 18D 的总数。

19. 付款方式栏 ［19］

填写托运人支付各项费用的方式。如现金、支票等。

20. 其他费用栏 ［20］

填写除航空运费、声明价值附加费和地面运费以外的根据规定收取的其他费用。

21. 到付栏 ［21］

目前国内航空货物运输暂不办理运费到付业务。

21A 到付航空运费栏：填写到付的［16］或16A栏中运费总数。

21B 到付声明价值附加费栏：填写按规定收取的货物声明价值附加费。

21C 到付地面运费栏：填写根据地面运费费率和计费重量计算出的货物地面运费总额。

21D 到付其他费用栏：填写［20］栏各项费用的总数。填写除航空运费、声明价值附加费和地面运费以外的根据规定收取的其他费用。

21E 到付总额栏：填写21A～21D的总数。

22．结算注意事项栏［22］

填写有关结算事项，如有关运价协议号码、销售运价文件号码、特别运价通知、代理人或销售单位编码。

23．填开货运单的代理人名称栏［23］

填写填制货运单的代理人名称。

24．收货人签字日期栏［24］

副本4由收货人签字及填写货物提取日期。

25．收货人有效身份证件及号码栏［25］

副本4填写收货人的有效身份证件号码。

26．交付人签字、日期栏［26］

副本4由交付货物的经办人签字及填写货物交付日期。

27．托运人或其代理人签字盖章栏［27］

由托运人或其代理人签字盖章。

28．承运人或其代理人的签字盖章栏［28］

28A 填制日期栏：货运单的填制日期。

28B 填制地点栏：货运单的填开地点。

28C 填制人或其代理人签字盖章栏：填制货运单的承运人或其代理人的签字盖章。

六、国内航空货运单条款（背书）

关于承运人责任限额的声明

货物在国内运输过程中因承运人原因发生损失（包括丢失、短少、变质、污染、损坏，以下同），承运人最高赔偿限额为毛重每千克人民币20元。托运人已向承运人办理货物声明价值并交付声明价值附加费的，该声明价值为最高赔偿限额，承运人能够证明货物的实际损失低于声明价值的，按实际损失赔偿。由于承运人的原因，货物延误造成的损失，承运人应当承担赔偿责任，但每延误1天的赔偿额不超过该票货物实付运费的5%，赔偿总额以全部运费为限。

契约条件

1．本契约条件中的承运人指包括接受托运人填开航空货运单或保存货物记录的航空承运人，和运送或从事承运货物或提供该运输的任何其他服务的所有航空承运人。国内运输指根据货物运输合同，其出发地点、约定的经停地点和目的地点均在中华人民共和国境内的运输。

2. 承运人提供的运输以及托运人和收货人的行为，必须遵守：1）《中华人民共和国民用航空法》和《中国民用航空货物国内运输规则》及其他适用的法律、法规、政府规定、命令或要求。2）《航空股份公司货物国内运输总条件》。3）本契约条件。4）承运人的其他规定。

3. 托运人托运货物应填开航空货运单，托运人对航空货运单上所填各项内容的真实性和准确性负责。承运人依据托运人提供的货物托运书填开航空货运单并经托运人签字，视为代托运人填开。因托运人提供的货物说明不真实或不准确而给承运人或第三人造成的所有损失，由托运人负责。必要时，托运人应提供与托运货物有关的资料和文件，并对其真实性和准确性负责，承运人没有必须对这些资料和文件检查的义务。

4. 托运人应保证不在货物包装内夹带危险物品、政府禁止运输和限制运输物品、贵重物品、保密文件和资料。

5. 托运人托运的货物，毛重每千克超过人民币 20 元，可以办理货物声明价值并按规定支付声明价值附加费。不办理声明价值的货物，由托运人在航空货运单上注明。

6. 无论货物是否损失或是否运抵运输契约指定的目的地，托运人托运货物时或收货人提取货物前，应按填开航空货运单当日承运人公布的有效运价支付航空运费及其他承运人因承运该货物而产生的所有费用。

7. 承运人按照合理、快捷的原则运输货物，但不承担用特定的飞机或经过特定的一条或几条航线进行运输，或者用特定的航班在任何一个地方衔接货物续运的义务。由于不可抗力原因，承运人可以在不预先通知的情况下，取消、变更、推迟、提前或终止全部或部分货物运输。为了尽早将货物运达目的站，必要时承运人可以在不预先通知的情况下，将货物转交其他承运人或采用其他运输方式运输全部或部分货物至目的站。

8. 托运人可以依据法律、法规或运输条件的规定，对货物行使变更权，并支付承运人在履行其变更要求时产生的所有费用。

9. 货物运至目的站后，除另有约定外，承运人应及时向收货人发出到货通知。货物应交付给航空货运单上的收货人，收货人逾期提取货物，应按规定支付保管费。自承运人发出第一次到货通知次日起满 60 日无人提取货物或收货人拒绝提取货物，托运人亦未提出处理意见时，承运人按无法交付货物处理。

10. 收货人提取货物并在航空货运单上签字而未提出异议，则被视为是货物已按运输合同规定完好交付的初步证据。承运人按照适用的法律、政府规定或命令将货物移交国家主管机关或部门，应视为完成交付。收货人提取货物时发现货物有丢失、短少、污染、变质、损坏或延误到达等情况应当场向承运人提出异议，由承运人按规定填写货物运输事故记录，并由双方签字或盖章。

11. 承运人从货物收运时起，到交付时止，承担安全运输的责任。在货物运输期间发生的货物损失，承运人应承担责任但国家法律、法规、政府规定、命令或要求及本条件另有规定的除外。对下列原因造成的货物损失，承运人不承担责任：1）战争、武装冲突、政府行为、自然灾害及其他不可抗拒的原因。2）货物本身的自然属性、缺陷或货物性质不适合运输过程中发生的气温、气压变化或运输时限而引起的货物损坏或变质。3）包装方法或容器不良。4）包装完好、封志无异状，内件短少或损坏。5）货物的合理损耗。根据本契约条件免除或限制承运人的责任时，亦适用于承运人的代理人、受雇人或代表，也适用于进行运输所使用的飞机或其他运输工具所属的任何承运人，因货物损失或延误等造成的间接损失承运人不承担责任。

12. 如果发生货物部分损失或延误，确定承运人的责任限额时，应以有关包装件的重量为限。当托运货物中的任何物件的损失或延误影响到同一份航空货运单上其他包装件的价值，在确定赔偿责任时，应考虑其他包装件的重量。在没有相反的证据时，损失或延误部分的货物价值在全部货物总价值中的比例，按损失或延误部分的货物重量在全部货物总重量中的比例确定。

13. 由几个承运人根据一份航空货运单进行的货物运输被视为一个单一运输过程。每一承运人就其根据运输合同承担的运输区段作为运输合同的订约一方。

14. 因货物损失或延误发生异议，航空货运单上的托运人或收货人应在下列期限内以书面形式向承运人提出：1）提货时发现货物有明显损失或部分丢失至迟应自收到货物之日起14日内提出。2）延误运输的货物自货物处置权交给指定收货人之日起21日内提出。3）收货人提不到货物，自航空货运单填开之日起120日内提出。

15. 航空运输纠纷的诉讼时效期间为两年，自飞机到达目的地点、应当到达目的地点或者运输终止之日起计算。

16. 投保航空运输险的货物，在运输过程中发生损失，由保险公司按照有关规定赔偿。

17. 航空公司有权依照中国民用航空总局规定的程序，不经预先通知即修改本契约中的任何条款。但此修改不适用于修改前已经开始的运输。航空公司的代理人、受雇人或代表无权改动、修改或放弃本契约中的任何条款。

七、国内货运单的作用

航空货运单是货物托运人和承运人（或其代理人）所使用的最重要的运输文件，其作用归纳如下：

1. 承运人和托运人缔结运输契约的初步证据；
2. 承运人收运货物的证明文件；
3. 托运人支付运费的凭证；
4. 保险证明，如托运人要求承运人代办保险；
5. 供承运人发运交付和联运的单证路单 WAYBILL；
6. 承运人之间的运费结算凭证；
7. 货物储运过程中的操作指引。

八、国内货运单样本

XXX-1234567 5 （左） XXX-1234567 5 （右）

始发站 Airport of Departure	目的站 Airport of Destination		航空货运单 AIRWAYBILL 印发人 ISSUED BY	不得转让 NOT NEGOTIABLE 航空公司名称及标志
托运人姓名、地址、邮编、电话号码 Shipper's Name, Address, Postcode & Telephone No.				
			航空货运单一、二、三联为正本，并具有同等法律效力。 Copies 1,2and 3 of this Air Waybill are originals and have the same validity.	
收货人姓名、地址、邮编、电话号码 Consignee's Name, Address, Postcode & Telephone No.			结算注意事项及其他 Accounting Information 填开代理人名称 Issuing Carrier's Agent Name	

	到达站 To	第一承运人 By First Carrier	到达站 To	承运人 By	到达站 To	承运人 By
航班/日期 Flight/date		航班/日期 Flight/date	运输声明价值 Declared Value for Carriage		运输保险价值 Amount of Insurance	

储运注意事项及其他 Handling Information and Others

件数 No. of Pcs. 运价点 RCP	毛重 （公斤） Gross Weight(Kg)	运价种类 Rate Class	商品代号 Comm. Item No.	计费重量 （公斤） Chargeable Weight(Kg)	费率 Rate/Kg	航空运费 Weight Charge	货物品名(包括包装、尺寸或体积) Description of Goods (incl. Packaging, Dimensions or Volume)

预付 Prepaid	到付 Collect	其他费用 Other Charge

	航空运费 Weight Charge		本人郑重声明：此航空货运单上所填货物品名和货物运输声明价值与实际交运货物品名和货物实际价值完全一致。并对所填航空货运单和所提供的与运输有关文件的真实性和准确性负责。 Shipper certifies that description of goods and declared value for carriage on the face hereof are consistent with actual description of goods and actual value of goods and that particulars on the face hereof are correct.
	声明价值附加费 Valuation Charge		
	地面运费 Surface Charge		托运人或其代理人签字、盖章 Signature of Shipper or His Agent____
	其他费用 Other Charge		填开日期 填开地点 填开人或其代理人签字、盖章 Executed on (Date) At(Place) Signature of Issuing Carrier or Its Agent
	总额(人民币) Total (CNY)		
付款方式 Form of Pagment			

甲联 正本3 托运人联 XXX-1234567 5

图4.3 国内货运单样本

九、国内货运单实例

781-1234567 5

781-1234567 5

始发站 Airport of Departure	青岛	目的站 Airport of Destination	大连	航空货运单 AIRWAYBILL 印发人 ISSUED BY	不得转让 NOT NEGOTIABLE 航空公司名称及标志 地址、邮编		

托运人姓名、地址、邮编、电话号码
Shipper's Name, Address, Postcode & Telephone No.
　　略

航空货运单一、二、三联为正本，并具有同等法律效力。
Copies 1,2and 3 of this Air Waybill are originals and have the same validity.

收货人姓名、地址、邮编、电话号码
Consignee's Name, Address, Postcode & Telephone No.
　　略

结算注意事项及其他 Accounting Information
填开代理人名称
Issuing Carrier's Agent Name

航线 Routing	到达站　To 大连	第一承运人 By First Carrier MU	到达站 To	承运人 By	到达站 To	承运人 By
航班/日期 Flight/date		航班/日期 Flight/date	运输声明价值 Declared Value for Carriage 80000.00		运输保险价值 Amount of Insurance 无	

储运注意事项及其他 Handling Information and Others
　　货物标记: T-ML25APR　注意防潮

件数 No. of Pcs. 运价点 RCP	毛重 (公斤) Gross Weight(Kg)	运价 种类 Rate Class	商品 代号 Comm. Item No.	计费重量 (公斤) Chargeable Weight(Kg)	费率 Rate/Kg	航空运费 Weight Charge	货物品名(包括包装、尺寸或体积) Description of Goods (incl. Packaging, Dimensions or Volume)
10	320	Q		1200	1.60	1920.00	时装帽, 纸箱 尺寸:80×90×100cm×10

预付 Prepaid	到付 Collect	其他费用 Other Charge 货运费 30.00　燃油加价费 240.00

1920.00	航空运费 Weight Charge	
368.00	声明价值附加费 Valuation Charge	本人郑重声明:此航空货运单上所填货物品名和货物运输声明价值与实际交运货物品名和货物实际价值完全一致。并对所填航空货运单和所提供的与运输有关文件的真实性和准确性负责。 Shipper certifies that description of goods and declared value for carriage on the face hereof are consistent with actual description of goods and actual value of goods and that particulars on the face hereof are correct.
480.00	地面运费 Surface Charge	
270.00	其他费用 Other Charge	托运人或其代理人签字、盖章　　百变小樱 Signature of Shipper or His Agent
	保险费率	填开日期　　填开地点　　填开人或其代理人签字、盖章 Executed on (Date)　At(Place)　Signature of Issuing Carrier or Its Agent
3038.00	总额（人民币） Total(CNY)	10MAR06　　TAO　　ABC货运代理公司　汉斯
付款方式 Form of Pagment		

甲联 正本3 托运人联

781-1234567 5

图4.4　国内航空货运单示例1

XXX-1234567 5   XXX1234567 5

始发站 Airport of Departure	北京	目的站 Airport of Destination	成都	不得转让 NOT NEGOTIABLE				
托运人姓名、地址、邮编、电话号码 Shipper's Name, Address, Postcode & Telephone No. 北京**食品厂 北京市**区**路**号 邮政编码:100002　电话号码:010-XXXXXXXX				航空货运单　　　航空公司中文名称 AIR WAYBILL　航徽　英文名称 印发人 ISSUED BY　　　地址、邮编 航空货运单一、二、三联为正本,并具有同等法律效力。 Copies 1,2 and 3 of this Air Waybill are originals and have the same validity.				
收货人姓名、地址、邮编、电话号码 Consignee's Name, Address, Postcode & Telephone No. 成都**百货公司 成都市**区**街**号 邮政编码:600007　电话号码:028-XXXXXXXX				结算注意事项及其他 Accounting Information 填开代理人名称 Issuing Carrier's Agent Name				
航线 Routing	到达站To CTU	第一承运人 By First Carrier CA		到达站To	承运人By	到达站To	承运人By	
航班/日期 Flight/Date		航班/日期 Flight/Date		运输声明价值 Declared Value for Carriage 无		运输保险价值 Amount of Insurance 无		

储运注意事项及其他 Handing Information and Others

鲜活易腐货物

件数 No.Of Pcs.	毛重（公斤） Gross Weight (Kg)	运价种类 Rate Class	商品代号 Comm. Item No.	计费重量 （公斤） Chargeable Weight(Kg)	费率 Rate /Kg	航空运费 Weight Charge	货物品名(包括包装、尺寸或体积) Description of Goods (incl. Packaging, Dimensions or Volume)
2	30	S	N150	30	18.72	562.00	冻牛肉 2 件 包装: 纸箱 尺寸: 50×30×20cm×2

预付 Prepaid		到付 Collect	其他费用Other Charge	
562.00	航空运费 Weight Charge		本人郑重声明:……	
	声明价值附加费 Valuation Charge			
6.00	地面运费 Surface Charge		托运人或代理人签字、盖章　　　　张** Signature of Shipper or His Agent	
	其他费用 Other Charge			
			填开日期 填开地点 填开人或代理人签字、盖章 Executed on(Date) At(Place) Signature of Issuing Carrier of Its Agent 12JAN 机场货运部　王**	
568.00	总额（人民币） Total(CNY)			
付款方式 Form of Payment		现金		

甲联　正本3　托运人联   XXX-1234567 5

图 4.5　国内航空货运单示例 2

XXX-1234567 5   XXX-1234567 5

始发站 Airport of Departure	北京	目的站 Airport of Destination	西安	不得转让 NOT NEGOTIABLE

	航空货运单　　　　航空公司中文名称 AIR WAYBILL 航徽　　英文名称 印发人 ISSUED BY　　　　地址、邮编

托运人姓名、地址、邮编、电话号码
Shipper's Name, Address, Postcode & Telephone No.

北京**制衣厂
北京市**区**路**号
邮政编码:100004　电话号码:010-XXXXXXXX

航空货运单一、二、三联为正本,并具有同等法律效力。
Copies 1, 2 and 3 of this Air Waybill are originals and have the same validity.

收货人姓名、地址、邮编、电话号码
Consignee's Name, Address, Postcode & Telephone No.

西安**销售店
西安市**区**街**号
邮政编码:******　电话号码:029-XXXXXXXX

结算注意事项及其他Accounting Information

填开代理人名称
Issuing Carrier's Agent Name

航线 Routing	到达站To XIA	第一承运人By First Carrier CA	到达站To	承运人By	到达站To	承运人By

航班/日期 Flight/Date	航班/日期 Flight/Date	运输声明价值 Declared Value for Carriage 9000.00	运输保险价值 Amount of Insurance 无

储运注意事项及其他Handing Information and Others

件数 No. Of Pcs.	毛重(公斤) Gross Weight (Kg)	运价种类 Rate Class	商品代号 Comm. Item No.	计费重量 (公斤) Chargeable Weight(Kg)	费率 Rate /Kg	航空运费 Weight Charge	货物品名(包括包装、尺寸或体积) Description of Goods (incl. Packaging, Dimensions or Volume)
5	160	Q	Q100	160	9.80	1568.00	*服装 5 件* *包装: 纸箱* *尺寸: 50×60×40cm×5*

预付Prepaid	到付Collect	其他费用Other Charge
1568.00	航空运费 Weight Charge		本人郑重声明: ……
29.00	声明价值附加费 Valuation Charge		
32.00	地面运费 Surface Charge		托运人或代理人签字、盖章　　　　*张*** Signature of Shipper or His Agent
	其他费用 Other Charge		
			填开日期　填开地点　填开人或代理人签字、盖章 Executed on(Date) At(Place) Signature of Issuing Carrier of Its Agent *12JAN　机场货运部　王***
1629.00	总额(人民币) Total(CNY)		

付款方式 Form of Payment	现金

甲联 正本3 托运人联   XXX-1234567 5

图4.6　国内航空货运单示例3

80

XXX-1234567 5

XXX-1234567 5

始发站 Airport of Departure	北京	目的站 Airport of Destination	广州		不得转让 NOT NEGOTIABLE
					航空货运单 航空公司中文名称 AIR WAYBILL 航徽 英文名称

不得转让 NOT NEGOTIABLE
航空货运单 航空公司中文名称 AIR WAYBILL 航徽 英文名称
印发人 ISSUED BY 地址、邮编
航空货运单一、二、三联为正本，并具有同等法律效力。 Copies 1,2 and 3 of this Air Waybill are originals and have the same validity.

托运人姓名、地址、邮编、电话号码
Shipper's Name, Address, Postcode & Telephone No.

北京**物流公司
北京市**区**路**号
邮政编码：100004　电话号码：010-XXXXXXX

收货人姓名、地址、邮编、电话号码
Consignee's Name, Address, Postcode & Telephone No.

广州**物流有限公司
西安市**区**街**号
邮政编码：******　电话号码：021-XXXXXXX

结算注意事项及其他 Accounting Information

填开代理人名称
Issuing Carrier's Agent Name

航线 Routing	到达站To CAN	第一承运人 By First Carrier	到达站To	承运人By	到达站To	承运人By
航班/日期 Flight/Date		航班/日期 Flight/Date	运输声明价值 Declared Value for Carriage 无		运输保险价值 Amount of Insurance 无	

储运注意事项及其他 Handing Information and Others

件数 No. Of Pcs.	毛重（公斤） Gross Weight (Kg)	运价种类 Rate Class	商品代号 Comm. Item No.	计费重量（公斤） Chargeable Weight(Kg)	费率 Rate /Kg	航空运费 Weight Charge	货物品名(包括包装、尺寸或体积) Description of Goods (incl. Packaging, Dimensions or Volume)
40	560	C	001	560	1.80	1008.00	蔬菜 尺寸：50×40×30cm×40 体积：2.4 ㎥ 包装：纸箱

预付 Prepaid		到付 Collect		其他费用 Other Charge 燃油加价 0.20元/公斤：112.00
1008.00	航空运费 Weight Charge			本人郑重声明：……
29.00	声明价值附加费 Valuation Charge			
	地面运费 Surface Charge			托运人或代理人签字、盖章　　　张** Signature of Shipper or His Agent _____
112.00	其他费用 Other Charge			
				填开日期 填开地点 填开人或代理人签字、盖章 Executed on(Date) At(Place) Signature of Issuing Carrier of Its Agent
1120.00	总额（人民币） Total(CNY)			12JAN　机场货运部　王**
付款方式 Form of Payment		现金		

甲联 正本3 托运人联

XXX-1234567 5

图 4.7　国内航空货运单示例 4

XXX-1234567 5   XXX-1234567 5

始发站 Airport of Departure	北京	目的站 Airport of Destination	杭州	不得转让 NOT NEGOTIABLE				
托运人姓名、地址、邮编、电话号码 Shipper's Name, Address, Postcode & Telephone No.				航空货运单 AIR WAYBILL 航徽		航空公司中文名称 英文名称		
北京动物园 北京市**区**路**号 邮政编码:100004　　电话号码:010-XXXXXXXX				印发人 ISSUED BY　　　　地址、邮编				
				航空货运单一、二、三联为正本，并具有同等法律效力。 Copies 1,2 and 3 of this Air Waybill are originals and have the same validity.				
收货人姓名、地址、邮编、电话号码 Consignee's Name, Address, Postcode & Telephone No.				结算注意事项及其他 Accounting Information				
杭州动物园 杭州市**区**街**号 邮政编码:******　　电话号码:0571-XXXXXXXX				填开代理人名称 Issuing Carrier's Agent Name				
航线 Routing	到达站 To HGH	第一承运人 By First Carrier CA		到达站 To	承运人 By	到达站 To	承运人 By
航班/日期 Flight/Date		航班/日期 Flight/Date		运输声明价值 Declared Value for Carriage 无		运输保险价值 Amount of Insurance 无	
储运注意事项及其他 Handing Information and Others 活体动物托运证明书和出入境动物检疫合格证书附在货运单后面　　AVI								

件数 No. Of Pcs.	毛重（公斤） Gross Weight (Kg)	运价种类 Rate Class	商品代号 Comm. Item No.	计费重量 （公斤） Chargeable Weight(Kg)	费率 Rate /Kg	航空运费 Weight Charge	货物品名（包括包装、尺寸或体积） Description of Goods (incl. Packaging, Dimensions or Volume)
1	28	S	N150	28	9.80	274.00	活体动物（AVI） 狗（金毛）
1	28					274.00	尺寸：70×40×40cm×1 体积：0.11m³ 包装：木箱

预付 Prepaid		到付 Collect		其他费用 Other Charge	
				燃油加价 0.20元/公斤:5.60元	
				活体动物检查费:50.00元	
274.00	航空运费 Weight Charge		本人郑重声明：……	
	声明价值附加费 Valuation Charge			
	地面运费 Surface Charge		托运人或代理人签字、盖章　　　张** Signature of Shipper or His Agent	
55.60	其他费用 Other Charge			
			填开日期　填开地点　填开人或代理人签字、盖章	
329.60	总额（人民币） Total (CNY)		Executed on(Date) At(Place) Signature of Issuing Carrier of Its Agent 12JAN　机场货运部　王**	
付款方式 Form of Payment		现金			

甲联　正本3　托运人联　　　　　　　　　　　XXX-1234567 5

图4.8　国内航空货运单示例5

XXX-1234567 5   XXX-1234567 5

始发站 Airport of Departure	北京	目的站 Airport of Destination	海口	不得转让NOT NEGOTIABLE

不得转让NOT NEGOTIABLE

航空货运单　　　　　航空公司中文名称
AIR WAYBILL 航徽　英文名称

印发人
ISSUED BY　　　　　地址、邮编

托运人姓名、地址、邮编、电话号码
Shipper's Name, Address, Postcode & Telephone No.

北京手表厂
北京市**区**路**号
邮政编码:100004　　电话号码:010-XXXXXXXX

航空货运单一、二、三联为正本，并具有同等法律效力。
Copies 1,2 and 3 of this Air Waybill are originals and have the same validity.

收货人姓名、地址、邮编、电话号码
Consignee's Name, Address, Postcode & Telephone No.

海口手表**销售店
海口市**区**街**号
邮政编码:******　　电话号码:0898-XXXXXXXX

结算注意事项及其他Accounting Information

填开代理人名称
Issuing Carrier's Agent Name

航线 Routing	到达站To HAK	第一承运人By First Carrier	到达站To	承运人By	到达站To	承运人By

| 航班/日期
Flight/Date | | 航班/日期
Flight/Date | | 运输声明价值
Declared Value for Carriage
50000.00 | 运输保险价值
Amount of Insurance
无 |

储运注意事项及其他 Handing Information and Others

快件 贵重物品

件数 No.Of Pcs.	毛重（公斤） Gross Weight (Kg)	运价种类 Rate Class	商品代号 Comm.Item No.	计费重量 （公斤） Chargeable Weight(Kg)	费率 Rate /Kg	航空运费 Weight Charge	货物品名(包括包装、尺寸或体积) Description of Goods (incl.Packaging, Dimensions or Volume)
3	15	S	N150	15	15.60	234.00	贵重物品 手表 尺寸：30×20×10cm×3 体积：0.04m³
3	15					234.00	包装：铁箱

预付 Prepaid		到付 Collect		其他费用 Other Charge 燃油加价 0.20元/公斤：3.00
234.00	航空运费 Weight Charge			本人郑重声明：……
242.50	声明价值附加费 Valuation Charge			
	地面运费 Surface Charge			托运人或代理人签字、盖章　　　张** Signature of Shipper or His Agent
3.00	其他费用 Other Charge			
				填开日期 填开地点 填开人或代理人签字、盖章 Executed on(Date) At(Place) Signature of Issuing Carrier of Its Agent 12JAN 机场货运部 王**
479.50	总额（人民币） Total(CNY)			
付款方式 Form of Payment		现金		

甲联 正本3 托运人联　　　　　　　XXX-1234567 5

图4.9　国内航空货运单示例6

83

第五章　货物运费

货物运费是指在航空货物运输过程中产生的、应向托运人或收货人收取的费用。一般包括航空运费、声明价值附加费、地面运费、运输保险、保管费、包装整修费以及政府规定的其他费用、税收等。

第一节　货物运费收取的一般规定

1. 各航空公司按照民航总局文件及物价部门的有关规定对外公布国内航线货物运价等收费标准。每一个出发城市均公布有一份航空货物运价表。

2. 国内货物运费一律使用人民币支付，计费单位为"元"，元以下四舍五入。

3. 除另有协议外，货物运费应可用现金、支票、汇票（接收支票、汇票、信用卡应按财务规定严格审查把关）或信用卡支付。

4. 货物运费采用运费预付的形式，即货物运输费用应由托运人在托运货物时付清；货物到达时产生的保管费、地面运输费等则由收货人在提取货物时付清。

5. 如托运人或货运代理与某航空公司签有另行付款协议，并由托运人或货运代理交纳保证金，货物运费可以定期结账，但至少每月结算一次。记账的货运单应在托运人联上加盖"记账"的戳记。

6. 经政府有关部门批准的收费项目，按相关规定标准收取。

7. 货物收运后，如遇运价调整，货物运费不变。

第二节　航空运费

航空运费（Weight Charge）指货物自始发地机场至目的地机场的航空运输费用。不包括机场与市区之间、同一城市两个机场之间的地面运输价格及其他费用。

一、航空运费的计算原则

1. 航空运费 = 适用的货物运价 × 货物的计费重量。

2. 在有不同重量分界点的普通货物运价中，应注意按照"从低原则"计收航空运费。即当货物计费重量接近下一个重量分界点时，将原适用运价计算出的运费与采用较高重量分界点运价计算出的运费相比，取其低者。

3. 货物最低航空运费。最低航空运费是指每一票货物按其毛重或体积重量计收航空运费的最低规定限额，运价类别代码为 M。现行的最低航空运费规定为：普通货物每一份货运单最低运费为人民币 30 元。特种货物每一份货运单最低运费为人民币 50 元（可视各航空公司的具体规定办理）。

4. 一件包装内含不同运价的货物，整件按高运价收费。

二、航空货物运价

随着计算机技术的发展，运用货物运价计算货物运费可以通过计算机直接解决。同时，由于货运市场销售政策更加灵活，经常超越标准的计算方法而给两点之间一个即时的运价，这似乎表明，不需要更多地掌握货物运价的使用方法了。但是，出于对市场销售价格保密的需要，以及对于由多个承运人共同运输的货物的运费结算的需要，货运单上仍然要按标准的运价计算方法，体现其公布运价。这仍然要求相关工作人员正确掌握本章所论述的关于货物运价的使用规定。

1. 货物运价定义

货物运价是出发地机场至目的地机场之间的航空运输价格，不包括机场与市区间的地面运输费及其他费用。

2. 航空货物运价种类

货物运价分为普通货物运价、指定商品运价、等级货物运价等公布运价、承运人的销售运价和承运人之间达成的协议运价。

3. 航空货物运价的使用顺序

（1）销售运价优先于协议运价；
（2）协议运价优先于其他运价；
（3）直达货物运价优先于同类运价中任何分段相加组成的运价；
（4）指定商品运价优先于等级运价和普通货物运价；
（5）等级货物运价优先于普通货物运价。

三、普通货物运价（GCR）

普通货物运价指除指定商品运价及等级货物运价以外的适用于一般普通货物的运价。普通货物运价直接公布于各航线的货物运价表中，计量单位：元/公斤。

包括：

1. 基础运价（运价类别代号 N）

民航总局统一规定各航段货物基础运价，基础运价为 45 公斤以下的普通货物运价，金额以角为单位。

2. 重量分界点运价（运价类别代号 Q）

国内航空货物运价建立 45 公斤以上、100 公斤以上、300 公斤以上、500 公斤以上等几个较高计费重量分界点的较低运价。

四、指定商品运价（SCR）

指定商品运价指承运人在特定地区或航线上运输特定商品而指定的运价。运价类别代码为 C。对于一些批量大、季节性强、单位价值低的货物，航空公司可申请建立指定商品运价。因为此类运价水平较低，所以在进行运价类别的选用时应优先考虑指定商品运价，除非适用的运价所对应的重量等级太高而使运费较高，才可再考虑普通货物运价或等级货物运价。

指定商品的品名表随航空公司开辟航线范围内运输物质情况的不同而有不同的运价品名公布，以下列举了较有代表性的华东及海航的品名表（如表 5-1 和表 5-2 所示）。

表 5-1　指定商品品名表（华东地区）

001—099	可食用的动植物产品
100—199	活体动物、非食用的动植物产品
200—299	纺织品、服装
300—399	金属材料、机器设备、仪器、电器设备、电子产品
400—499	非金属矿及其制品
500—599	化学物品及相关产品
600—699	纸张、橡胶、木材制品
700—799	其他

表 5-2　指定商品品名表（海南航空）

1 类	虾、观赏鱼、活鱼、坡马、螃蟹等
2 类	各种鱼苗、虾苗、蟹苗等
3 类	各种冰虾、冰鱼、冻肉等冷冻产品类等
4 类	药品、服装、电子产品、茶叶、化妆品、配件、烟草香烟、保健品等
5 类	鱼、山龟、养蛙、泥鳅、黄鳝、贝类、海水石等
6 类	活鸡、活鸭、小羊、鸽子、兔子、鸡苗、鸭苗等
7 类	槟榔、树种籽、鲜花、芦荟和淡水鱼苗等
8 类	各种水果，包括圣女果
9 类	各种蔬菜

五、等级货物运价（CCR）

在国内运输中，除另有约定外，急件、危险物品、活体动物、鲜活易腐货物、贵重物品、枪械、弹药、生物制品、外交信袋、押运货物等特种货物实行等级运价，按 N 运价的 150% 计收货物运费和最低运费，汽车按 N 运价的 100% 计收货物运费和最低运费。目前，国内货物运输只使用附加的等级运价。

等级货物运价指在普通运价基础上增加（用 S 表示）或减少（用 R 表示）一定百分比而成的某些特定货物的运价。目前承运人只使用增加的等级运价，代码为 S，适用于规定地区内的运价。

联程运输的货物，在使用等级货物运价时，如果相关承运人无特殊要求，可以使用始发站至目的站的公布直达运价。如果某个承运人对其所承运的航段有特殊要求，则只能按照分段相加的方法组成全程的等级运价。

六、分段相加组合运价

分段相加组合运价指当货物的始发站至目的站无公布直达运价时，选择适当的运价相加点按分段相加的方法组成的全程最低运价。使用此种运价时，要选择不同的运价组成点，将构成的全程运价相比较，取其低者。使用分段相加组成运价时，不考虑实际运输路线。如托运人指定运输路线，则分段相加组合运价按指定路线的各航段相加组成全程运价。

七、集装货物运价

集装货物运价指以集装箱、集装板作为一个运输单元进行货运销售时使用的货物运价，俗称包箱、包板价。集装货物运价适用于货物装入集装器交运而不另加包装的特别运价。使用集装货物运价时，集装器上所装货物不能超过航线机型对该类集装器的最大装载限重，超过部分，按规定的费率收取运费。

包板、包箱仅限运输同一类货物，填写一份货运单，并且货运单只可出现一个托运人、一个收货人和一种货物品名。

表5-3是某航空公司制定的集装货物运价，以此作一简要说明。

表5-3　某航空公司的集装货物运价

始发站	目的站	集装器类型	重量（kg）	基础运费（元）	逾重单价(元/kg)
北京	广州	P1P/P6P	2000	5400	2.6
		AVE/AKE	600	2100	3.4
		DPE	450	1600	3.5
北京	上海	P1P/P6P	2000	3600	1.6
		AVE/AKE	600	1400	2.1
		DPE	450	1100	2.2

使用P1P与P6P集装板时，计费重量相同。包板价格为低板价格，每一块集装板上所装货物高度不超过162cm。当每一个集装器上所装货物重量超过规定重量时，超出部分的货物在包箱、板运费基础上加收运费，加收运费按照上表"逾重单价"栏所列明的运价计算。

第三节　声明价值和声明价值附加费

当托运人托运的货物毛重每公斤价值超过20元人民币时，可以办理货物声明价值手续。办理货物声明价值时，托运人需在托运书及货运单的"运输声明价值"栏内注明一票货物声明价值的金额。不办理声明价值的货物，由托运人在托运书及货运单上注明"无"。办理了声明价值的货物，托运人应向承运人支付声明价值附加费。声明价值附加费的计算公式为：

声明价值附加费（以元为单位）＝（声明价值－实际毛重×20元/公斤）×0.5%

每份货运单的货物声明价值不得超过人民币50万元。每一航班所承运的货物声明价值总额不得超过1000万元。若每一批货物的声明价值超过此限额，就不得在同一航班上运输。此时可考虑与承运人协商分别由两个或两个以上航班运输。货物发运前（一般按航班离港前2小时算，在此之前为发运前）托运人要求变更声明价值按货物退运处理，原声明价值附加费不退。货物发运后（一般以离港前2小时算起），声明价值不得变更。

第四节　其他货运杂费

一、地面运输费

地面运输费简称地运费，指使用承运人车辆在机场与市区货运营业处之间、同一城市两个机场之间运送货物的费用。地面运费以 0.2 元/公斤乘以计费重量计算，同时按实际使用次数收取。每份货运单最低收取地运费 5 元。（一般为 0.2 元/公斤，可视各公司情况而定。）

二、退运手续费

退运手续费是指由于托运人的原因要求办理货物退运而由承运人收取的手续费。国内货物退运手续费，每份货运单收取 20 元。

三、燃油附加费

受世界原油市场价格的影响，承运人在某一段时期内针对某些航线将收取 0.2 元/公斤的燃油加价费。通常按货物的计费重量计收。燃油附加费随燃油价格的变化而变化，每份货运单的最低收费为 1 元。

四、超限货物附加费

托运人托运的货物，非宽体飞机单件重量超过 80 公斤或体积超过 40×60×100 厘米；宽体飞机单件重量超过 250 公斤或体积超过 100×100×140 厘米的货物称为超限货物。超限货物的收运应考虑飞机货舱门的尺寸、始发站/中转站/到达站机场装卸设备的操作能力、飞机货舱地板承受力的大小等因素，并应按规定收取超限货物附加费。超限货物附加费的收费标准各航空公司有所不同，通常按如下标准收取（超限货物一律以计费重量计算）。

表 5-4　超限货物附加费的收费标准

计费重量（公斤）	计费标准（元/件）
81～100	3～5
101～200	10～20
201～300	20～30
300 公斤以上	30～50

五、货物保管费[①]

货物保管费指到达货物超过免费保管期限而收取的超期保管费用。收费标准视各种货物性质而定，分为以下几类：

1. 普通货物。自货运部门发出到货通知的次日起免费保管三天。分批到达的普通货物免费保管期限从通知提取最后一批货物的次日算起。超过免费保管期限的货物，每日每公斤收取保管费0.1元，保管期不满一天按一天计算。每份货运单最低收取保管费5元。

2. 贵重物品。自到达目的站的次日起每日每公斤按5元收取保管费，保管期不满一天按一天计算。每份货运单最低收取保管费50元。

3. 危险物品。自货运部门发出到货通知的次日起免费保管三天，超过免费保管期限后，每日每公斤收取保管费0.5元，保管期不满一天按一天计算。每份货运单最低收取保管费10元。

4. 冷藏物品。需要冷藏的鲜活易腐、低温、冷冻物品，自航班到达后，免费保管6小时，超过6小时后，每日每公斤收取保管费0.5元，保管期不满一天按一天计算。每份货运单最低收取保管费10元。

各类货物的免费保管期限及收费标准简单如表5-5所示。

表5-5　各类物品免费保管期限及收费标准

货物种类	免费保管时间	保管费收取标准（元/日千克）	每单最低保管费（元）	备　注
a	3天（到货次日起）	0.10	5.00	
b	到货当日	5.00	50.00	保管期不满一日按一日计算
c	3天（到货次日起）	0.50	10.00	
d	6小时（航班到后）	0.50	10.00	

六、保险费

托运人自愿办理货物的航空保险，由航空公司代为保险公司办理货物保险手续。航空公司参照当地保险公司公布的计算标准，按货物的不同费率收取保险费。一般的计算公式如下：

$$保险费 = 货主的投保额 \times 货物保险费率$$

[①]　此条为航空公司货物保管收费标准，航空货运代理人可参照执行

货物保险费率的确定视货物的易损程度和价值的不同而定，如表5-6所示。

表 5-6　货物的保险费率

类别	保险费率（‰）	货物名称
第一类	1	一般物资：如机器设备、一般金属材料、电子元器件、马达、变压器、磁带、10cc以下的针剂、金属桶或听装液体、半液体商品、中西药材等
第二类	4	易损货物：如仪器仪表、医疗器械、录像机、电视机、复印机、电冰箱、洗衣机、电风扇、收录机、图书纸张、服装、皮货、块状粉状物资、2kgs以下的瓶装液体、有毒危险品和较易挥发物品等
第三类	8	特别易损物资：如各种玻璃制品、陶瓷制品、箱装玻璃、2kgs以上的瓶装液体、半液体、显像管、电子管以及各种灯泡、灯管、特别易损的高度精密仪器仪表以及水果和菜类
第四类	12	冰鲜易腐物品：一般植物及冻、水产品，如冻肉、冻鱼
第五类	20	鲜活易腐物品：一般动物，如鱼苗、种蛋、成雏畜禽和鲜花或插花等
第六类	30	珍奇动物、植物：国家重点保护的珍贵动物和植物及其他珍奇活物

七、货运单费

国内货运单的工本费按30元/份收取，各航空公司收取与否做法不一，具体可视情况而定。

八、活体动物收运检查费

活体动物收运检查费是指向托运人收取的活体动物检查费用。每一份货运单最低收取50元人民币，当货物件数超过5件时，每增加一件加收10元，每份货运单最高收取100元人民币。

九、危险物品收运检查费

危险品收运检查费是指向托运人收取的危险品的检查、处理费用。每一份货运单收取400元人民币。枪支运输检查费与危险物品检查费执行同一标准。

第五节　货物运费计算举例

一、普货运价计算

例1：某单位在杭州机场托运一批普货1件共32kg，目的地广州机场。每件货物的体积为 72.5×46.3×48.7cm，计算货物运费。

解：体积重量 ＝（73×46×49）/6000＝27.4＝27kg

航空运费 ＝32×5.6＝179.2元＝179元

无地面运输费及其他费用。

所以，货物运费为179元。

已知运价资料如下：

HGH—CAN	N	5.60
	45	4.50
	100	3.90

件数 No. of Pcs. 运价点 RCP	毛重 （公斤） Gross Weight （kg）	运价 类别 Rate Class	商品 代号 Comm. Item No.	计费重量 （公斤） Chargeable Weight （kg）	费率 Rate/kg	航空运费 Weight Charge	货物品名（包括包装、 尺寸或体积） Description of Goods （incl. Packaging，Dimensions or Volume）
1	32	N		32	5.60	179.00	普货 尺寸：72.5×46.3×48.7cm

例2：某单位托运一票货物10件共200kg，品名为医用消毒棉纱口罩，运输地点为 TAO—PEK。每件货物的体积为 56×56×62cm。机场交运并提取。请计算货物运费。

解：体积重量 ＝（56×56×62×10）/6000＝324.1＝324kg

航空运费 ＝324×2.3＝745.2元

无地面运输费及其他费用。

所以，货物运费为745元。

已知运价资料如下：

TAO—PEK	N	3.90
	45	3.10
	100	2.70
	300	2.30

件数 No. of Pcs. 运价点 RCP	毛重 （公斤） Gross Weight （kg）	运价 类别 Rate Class	商品 代号 Comm. Item No.	计费重量 （公斤） Chargeable Weight （kg）	费率 Rate/kg	航空运费 Weight Charge	货物品名（包括包装、 尺寸或体积） Description of Goods （incl. Packaging，Dimensions or Volume）
10	200	Q		324	2.30	745.00	医用消毒棉纱口罩 尺寸：56×56×62cm×10箱

例3：某国内货主托运一票普通货物1件共36.7kg，体积为 48×30×38cm，声明价值为2500元，无其他费用，运输地点 SHA—PEK。

解：体积重量 ＝（48×30×38cm）/6000＝9.1＝9kg

航空运费，

N运价 37×5.9＝218.3＝218元

Q 运价 45 × 4.7 = 211.5 = 212 元

声明价值附加费（2500 - 20 × 37）× 0.5% = 8.8 = 9 元

无地面运输费及其他费用。

所以，货物运费为 212 + 9 = 221 元。

已知运价资料如下：
SHA—PEK　　N 5.90
45 4.70
100 4.10
300 3.50

件数 No. of Pcs. 运价点 RCP	毛重 （公斤） Gross Weight （kg）	运价 类别 Rate Class	商品 代号 Comm. Item No.	计费重量 （公斤） Chargeable Weight （kg）	费率 Rate/kg	航空运费 Weight Charge	货物品名（包括包装、 尺寸或体积） Description of Goods （incl. Packaging, Dimensions or Volume）
1	37	Q		45	4.70	212.00	普货 尺寸：48 × 30 × 38cm

预付 Prepaid		到付 Collect
212.00	航空运费 Weight Charge	
9.00	声明价值附加费 Valuation Charge	

例 4：从北京到呼和浩特运输一件普通货物，货物品名为服装样品。货物毛重为 3.6kg，尺寸为 40 × 30 × 30cm，计算货物航空运费。

解：体积重量 =（40 × 30 × 30cm）/6000 = 6kg

计费重量 = 6kg

航空运费，

N 运价 6 × 3.2 = 18.6 < 30 元

故货物运费为最低运费 30 元。

已知运价资料如下：
BJS—HET　　N 30.00
N 3.10
45 2.50
100 2.20
300 1.90

件数 No. of Pcs. 运价点 RCP	毛重 （公斤） Gross Weight （kg）	运价 类别 Rate Class	商品 代号 Comm. Item No.	计费重量 （公斤） Chargeable Weight （kg）	费率 Rate/kg	航空运费 Weight Charge	货物品名（包括包装、 尺寸或体积） Description of Goods （incl. Packaging, Dimensions or Volume）
1	3.6	M		6	3.10	30.00	服装 尺寸：40 × 30 × 30cm 体积：0.04m^3

二、指定商品运价计算

例1：货物 50 件，毛重共 360kg，品名服装，体积 $60 \times 40 \times 20$cm，海口至成都，有地面运费，其他费用包括货运单费、燃油加价费。计算货物运费。

解：航空运费，

体积重量 = $(60 \times 40 \times 20 \times 50)/6000 = 400$kg

SCR $400 \times 3.6 = 1440$ 元

地面运输费 $= 400 \times 0.2 \times 2 = 160$ 元

货运单费 $= 30$ 元

燃油加价费 $= 400 \times 0.2 = 80$ 元

总的收取费用 $= 1710$ 元

已知运价资料如下：		
HAK—CTU	N	7.90
	45	6.30
	100	5.50
	300	4.70
SCR 4 类	100	3.80
	300	3.60
	500	3.40
	1000	3.20

件数 No. of Pcs. 运价点 RCP	毛重 （公斤） Gross Weight （kg）	运价 类别 Rate Class	商品 代号 Comm. Item No.	计费重量 （公斤） Chargeable Weight （kg）	费率 Rate/kg	航空运费 Weight Charge	货物品名（包括包装、尺寸或体积） Description of Goods （incl. Packaging, Dimensions or Volume）
50	360	C	4	400	3.60	1440.00	服装 尺寸：$60 \times 40 \times 20cm \times 50$

预付 Prepaid	到付 Collect	其他费用 Other Charge 货运单费30.00 燃油加价费 80.00
1440.00	航空运费 Weight Charge	本人郑重声明：此航空货运单上所填货物品名和货物运输声明价值与实际交运货物品名和货物实际价值完全一致。并对所填航空货运单和所提供的与运输有关文件的真实性和准确性负责。 Shipper certifies that description of goods and declared value for carriage on the face hereof are consistent with actual description of goods and actual value of goods and that particulars on the face hereof are correct.
	声明价值附加费 Valuation Charge	
160.00	地面运费 Surface Charge	
110.00	其他费用 Other Charge	托运人或其代理人签字、盖章 Signature of Shipper or His Agent _____
		填开日期 填开地点 填开人或其代理人签字、盖章
1710.00	总额（人民币） Total （CNY）	Executed on （Date） At （Place） Signature of Issuing Carrier or It's Agent _____

例2：货物5件，毛重共36kg，品名服装，体积60×40×20cm，海口至成都，有地面运费，其他费用包括货运单费、燃油加价费。计算货物运费。

解：航空运费，

体积重量 =（60×40×20×5）/6000 = 40kg

SCR 100×3.8 = 380元

GCR 45×6.3 = 283.5 = 284元

40×7.9 = 316元

地面运输费 = 45×0.2×2 = 18元

货运单费 = 30元

燃油加价费 = 45×0.2 = 9元

总的收取费用 = 341元

已知运价资料如下：		
HAK—CTU	N	7.90
	45	6.30
	100	5.50
	301	4.70
SCR 4类	100	3.80
	301	3.60
	501	3.40
	1000	3.20

件数 No. of Pcs. 运价点 RCP	毛重 （公斤） Gross Weight （kg）	运价 类别 Rate Class	商品 代号 Comm. Item No.	计费重量 （公斤） Chargeable Weight （kg）	费率 Rate/kg	航空运费 Weight Charge	货物品名（包括包装、尺寸或体积） Description of Goods (incl. Packaging, Dimensions or Volume)
5	36	Q		45	6.30	284.00	服装 尺寸：60×40×20cm×50

预付 Prepaid	到付 Collect	其他费用 Other Charge 货运单费30.00　燃油加价费　9.00
284.00	航空运费 Weight Charge	本人郑重声明：此航空货运单上所填货物品名和货物运输声明价值与实际交运货物品名和货物实际价值完全一致。并对所填航空货运单和所提供的与运输有关文件的真实性和准确性负责。 Shipper certifies that description of goods and declared value for carriage on the face hereof are consistent with actual description of goods and actual value of goods and that particulars on the face hereof are correct.
	声明价值附加费 Valuation Charge	
18.00	地面运费 Surface Charge	
39.00	其他费用 Other Charge	托运人或其代理人签字、盖章 Signature of Shipper or His Agent _____
		填开日期　填开地点　填开人或其代理人签字、盖章
341.00	总额（人民币） Total（CNY）	Executed on（Date）At（Place）Signature of Issuing Carrier or It's Agent _____

例3：从北京到广州运输一票货物，货物品名为蔬菜，40件560kg，每件尺寸50×40×30cm。计算货物运费。

解：该货物品名有指定商品运价，优先选择指定商品运价。

可以选择指定商品运价001，运价为1.8元/kg。

航空运费 = 560 × 1.8 = 1008 元

蔬菜属于鲜活易腐货物，按 S N150 计算，算的运费要高出很多，不需要计算。

已知运价资料如下：

BJS—CAN	M	30.00
	45	6.90
	100	6.00
	300	5.20
SCR 001	500	1.80
	1000	1.60
002	100	6.00
	300	5.60
	500	5.20

件数 No. of Pcs. 运价点 RCP	毛重 （公斤） Gross Weight （kg）	运价 类别 Rate Class	商品 代号 Comm. Item No.	计费重量 （公斤） Chargeable Weight （kg）	费率 Rate/kg	航空运费 Weight Charge	货物品名（包括包装、 尺寸或体积） Description of Goods （incl. Packaging，Dimensions or Volume）
40	560	C	001	560	1.80	1008.00	蔬菜 尺寸：50×40×30cm×40 体积：2.4m³

三、等级货物运价计算

例1：某国内货主托运钻石2箱，毛重共20.35kg，体积35×46×46cm，运输地点 TAO—KMG，不计其他费用，请计算货物运费。

解：航空运费，

体积重量 = （35×46×46×2）/6000 = 24.7 = 25kg

计费重量 = 25kg

适用的运价，N150 = 10 × 150% = 15 元/kg

航空运费 = 25 × 15 = 375 元

已知运价资料如下：

TAO—KMG	N	10.00
	45	8.10
	100	7.00
	300	6.00

件数 No. of Pcs. 运价点 RCP	毛重 （公斤） Gross Weight （kg）	运价 类别 Rate Class	商品 代号 Comm. Item No.	计费重量 （公斤） Chargeable Weight （kg）	费率 Rate/kg	航空运费 Weight Charge	货物品名（包括包装、 尺寸或体积） Description of Goods （incl. Packaging，Dimensions or Volume）
2	20.4	S	N150	25	15.00	375.00	钻石 贵重物品 尺寸：35×46×46cm×2

例2：某国内货主托运急件一箱共3kg，体积为30×40×20cm，运输地点SHA—WNZ，不计其他费用，请计算货物运费。

解：航空运费，

体积重量＝（30×40×20）/6000＝4kg

计费重量＝4kg

适用的运价，N150＝4.1×150%＝6.15＝6.2元/kg

航空运费＝4×6.2＝24.8元＝25元

最低运费＝50元

已知运价资料如下：

SHA—WNZ　　　N 4.10

　　　　　　　　45 3.00

件数 No. of Pcs. 运价点 RCP	毛重 （公斤） Gross Weight （kg）	运价 类别 Rate Class	商品 代号 Comm. Item No.	计费重量 （公斤） Chargeable Weight （kg）	费率 Rate/kg	航空运费 Weight Charge	货物品名（包括包装、 尺寸或体积） Description of Goods （incl. Packaging, Dimensions or Volume）
1	3	S	N150	4	50.00	50.00	急件 尺寸：30×40×20cm

例3：某国内货主托运活动物狗2只，装入1个容器总重33kg，体积为60×60×50cm，运输地点SHA—WNZ，不计其他费用，请计算货物运费。

解：航空运费，

体积重量＝（60×60×50）/6000＝30kg

计费重量＝33kg

适用的运价，N150＝4.1×150%＝6.15＝6.2元/kg

航空运费＝33×6.2＝204.6元＝205元

已知运价资料如下：

SHA—WNZ　　　N 4.10

　　　　　　　　45 3.00

件数 No. of Pcs. 运价点 RCP	毛重 （公斤） Gross Weight （kg）	运价 类别 Rate Class	商品 代号 Comm. Item No.	计费重量 （公斤） Chargeable Weight （kg）	费率 Rate/kg	航空运费 Weight Charge	货物品名（包括包装、 尺寸或体积） Description of Goods （incl. Packaging, Dimensions or Volume）
1	33	S	N150	33	6.20	205.00	狗　活动物 尺寸：60×60×50cm

四、集装货物运价

例1：北京到广州运输一票货物，货物品名为服装，采取包用P1P集装板形式运输，货物重量为2600kg，计算货物运费。

解：已知包用P1P集装板，2000kg以内，基础运费为5400元，超出部分600kg，按照A栏运价计算：600×2.6＝1560元。

总费用 = 5400 + 1560 = 6960 元

件数 No. of Pcs. 运价点 RCP	毛重 （公斤） Gross Weight （kg）	运价 类别 Rate Class	商品 代号 Comm. Item No.	计费重量 （公斤） Chargeable Weight （kg）	费率 Rate/kg	航空运费 Weight Charge	货物品名（包括包装、尺寸或体积） Description of Goods （incl. Packaging, Dimensions or Volume）
1	*2600*	*U* *E*		*2000* *600*	*5400.00* *2.60*	*5400.00* *1560.00*	服装 *P1P12345CA*
						6960.00	

五、分段相加最低组合运价

例1：从呼和浩特运输一票货物到贵阳，20 件 200kg 的羊毛衫，每件包装尺寸为 60 × 40 × 30cm。

解：呼和浩特至贵阳公布直达运价，选择分段相加最低组合方式。

可以选择几个点进行分段相加，选出一较低的运价，此运价和运输路线没有关系，也就是说，选择的航站，可能是实际经过的航站，也可能不经过。

在本题中，选择北京、成都、西安、郑州、武汉。

呼和浩特—北京—贵阳　　$Q = 8.4$

呼和浩特—成都—贵阳　　$Q = 7.6$

呼和浩特—西安—贵阳　　$Q = 6.9$

呼和浩特—郑州—贵阳　　$Q = 7.4$

呼和浩特—武汉—贵阳　　$Q = 7.8$

通过比较，呼和浩特—西安—贵阳 $Q = 6.9$ 运价最低，但不是唯一的。

航空运费 = 200 × 6.9 = 1380 元

件数 No. of Pcs. 运价点 RCP	毛重 （公斤） Gross Weight （kg）	运价 类别 Rate Class	商品 代号 Comm. Item No.	计费重量 （公斤） Chargeable Weight （kg）	费率 Rate/kg	航空运费 Weight Charge	货物品名（包括包装、尺寸或体积） Description of Goods （incl. Packaging, Dimensions or Volume）
20 *XIA*	*200*	*Q*		*240*	*6.90*	*1380.00*	羊毛衫 尺寸: *60 × 40 × 30cm × 20*
20	*200*					*1380.00*	体积: *1.44m³*

对于分段相加运价组成的运价，可以成为等级货物运价的基础。例如，从呼和浩特运输贵重物品，可以选择呼和浩特—西安—贵阳，N 运价为附加运价的基础。

六、航空邮件运价

普通邮件运费按照普通货物运价计收；特快专递邮件运费按照普通货物基础运价的150%计收。

例1：北京—长春　普邮48件300kg。

航段代码	航段	N	Q45	Q100	Q300
PEK—CGQ	北京—长春	5.00	4.00	3.50	3.00

适用运价：N = 5 元/kg

航空邮件运费 = 300 × 5 = 1500 元

邮件种类		件数/体积	实际重量	计费重量
普件		48	300kg	300kg
航空运费（元）	费率 Rate/kg（特快）		储运注意事项及其他	
	费率 Rate/kg（普件）	1500.00		
	5.00			

例2：北京—沈阳　特快专递186件259.2kg。

航段代码	航段	N	Q45	Q100	Q300
PEK—SHE	北京—沈阳	3.90	3.10	2.70	2.30

适用运价：N150 = 3.9 × 150% = 5.85 = 5.9 元/kg

航空邮件运费 = 259 × 5.9 = 1528.1 元

邮件种类		件数/体积	实际重量	计费重量
特快		186	259.2kg	259kg
航空运费（元）	费率 Rate/kg（特快）	1528.10	储运注意事项及其他	
	5.9			
	费率 Rate/kg（普件）			

七、货物运价综合计算

例1：某国内货主托运一票货物，品名为时装帽，包装为纸箱，10件共320kg，体积为 $80 \times 90 \times 100$ cm，声明价值80000元，投保价值50000元，保险费率为4‰，有地面运费，货运单费30元，有燃料加价费，市内交运并提取，运输地点为 TAO—DLC，无其他费用，计算该费用。

解：航空运费，

体积重量 $=（80 \times 90 \times 100 \times 10）/6000 = 1200$ kg

计费重量 $= 1200$ kg

航空运费 $= 1200 \times 1.6 = 1920$ 元

声明价值附加费 $=（80000 - 20 \times 320）\times 0.5\% = 368$ 元

保险手续费 $= 50000 \times 4‰ = 200$ 元

地面运输费 $= 1200 \times 0.2 \times 2 = 480$ 元

货运单费 $= 30$ 元

燃油加价费 $= 1200 \times 0.2 = 240$ 元

所以，总的货物运费 $= 3238$ 元

已知运价资料如下：		
TAO—DLC	N	2.70
	45	2.20
	100	1.90
	300	1.60

件数 No. of Pcs. 运价点 RCP	毛重（公斤）Gross Weight（kg）	运价类别 Rate Class	商品代号 Comm. Item No.	计费重量（公斤）Chargeable Weight（kg）	费率 Rate/kg	航空运费 Weight Charge	货物品名（包括包装、尺寸或体积）Description of Goods（incl. Packaging, Dimensions or Volume）
10	320	Q		1200	1.60	1920.00	时装帽，包装为纸箱 尺寸：$80 \times 90 \times 100$ cm $\times 10$

预付 Prepaid		到付 Collect		其他费用 Other Charge 货运单费30.00　燃油加价费 9.00			
1920.00		航空运费 Weight Charge		本人郑重声明：此航空货运单上所填货物品名和货物运输声明价值与实际交运货物品名和货物实际价值完全一致。并对所填航空货运单和所提供的与运输有关文件的真实性和准确性负责。 Shipper certifies that description of goods and declared value for carriage on the face hereof are consistent with actual description of goods and actual value of goods and that particulars on the face hereof are correct.			
368.00		声明价值附加费 Valuation Charge					
480.00		地面运费 Surface Charge					
270.00		其他费用 Other Charges		托运人或其代理人签字、盖章 Signature of Shipper or His Agent _____			
200.00		保险费率4‰		填开日期　填开地点　填开人或其代理人签字、盖章			
3238.00		总额（人民币）Total（CNY）		Executed on（Date）At（Place）Signature of Issuing Carrier or It's Agent _____			

例 2：一票货物为 5 件共 6kg 有价证券由 SHA 运至 HRB，于 5 月 5 日运至目的地，货运部门及时发出到货通知，收货人于 5 月 8 日提取货物，请计算应收取多少保管费。

解：贵重物品到达当日免费保管，次日起收取每日每千克 5 元，最低不低于 50 元/单。

所以，6 千克 × 3 天 × 5 元/天千克 = 90 元。

所以应收取保管费 90 元。

例 3：某国内货主托运一票新鲜水果 5 箱共 50kg，于 4 月 30 日 09：00 到达上海机场。收货人于 5 月 2 日中午 12：00 到机场提取。是否需收保管费？若需要，应收多少？

解：鲜活易腐货免费保管 6 个小时，不满一天按一天算，所以按实际保管 3 天计算保管费。

50 千克 × 3 天 × 0.5 元/天千克 = 75 元。

所以，收取保管费 75 元。

例 4：一票 500 件 12500kg 的服装，从广州分 2 批运输到北京。第一批 200 件 5000kg 于 4 月 1 日运到北京，第 2 批 300 件 7500kg 于 4 月 2 日运到北京。4 月 2 日发出到货通知，收货人于 4 月 6 日前来提货。请问有没有产生保管费，如果有保管费的话，应该是多少？

解：服装为普通货物，按照普通货物的保管费进行计算。

4 月 2 日发出到货通知，从 4 月 3 日开始计算，免费保管三天，即免费保管到 4 月 5 日，从 4 月 6 日开始计算，不满 1 天按 1 天计算。所以，存在保管费。

保管费 = 12500 × 0.1 = 1250 元。

例 5：一票 100kg 的电子元器件样品，托运人 4 月 1 日托运的货物，4 月 2 日提出货物退运，请问是否产生保管费？如果有保管费的话，应该是多少？

解：按正常来说，由于托运人的原因，出港普通货物需要在承运人仓库保管的话，可以免费保管三天，但是如果托运人要求退运的话，就要按照实际保管日期进行计算，计算标准同进港货物。

所以，此票要求退运的货物，托运人应支付保管费 = 100 × 0.1 × 2 = 20 元。

第六章 航空货运操作

第一节 货物运送

货物运送是指出港货物完成收运流程后一直到货物运至目的站机场卸机为止的过程。这一环节的运输组织、运输管理及运输生产工作的好坏直接影响到航空货物运输质量的高低。因此，承运人要加强对货物运送这一环节各项工作的指导与监督，努力按照货物运输的原则，做到安全、迅速、准确、经济地将货物运至目的地。

在货物运送的过程中，主要围绕航空公司货运部组织各部门开展各项工作。其中包括：航班的货运吨位控制与管理、货运配载、货物的装卸出运、货物的仓库管理、货物的查询等。作为航空货运代理的工作人员，对货物的运送过程可以一般了解。

货物运送的一般流程为：

货物交接→货物仓储→货物组装→货物配载→制作仓单→货物出仓→货物装机（监装）→货物卸机

一、航班的吨位控制管理

1. 吨位控制的概念

航空公司在执行每一次航班任务时，针对货物运输所提供的运力可表示为货运的舱位或吨位。

一般情况下，航班始发站为货物吨位控制站。经停站，外站需要运输货物应通过电话、电报，传真等方法向吨位控制部门申请，同意后方可收运。吨位控制管理一般采用配额控制、自由出售、随售随报和申请等方法。

2. 吨位控制管理的一般规定

（1）始发货物实行计划收运。

（2）中转货物实行吨位分配制度。有中转业务的航站，除做好本站始发货物的计划收运外，应对前方站实行吨位分配，即给他站预留适当吨位。超过配额时，须经中转站同意后方可收运。

（3）急货、鲜活货物要保证优先运输。急货、鲜活货和有时限要求的货物应实行预订吨位，但应尽可能给予照顾，力争做到随运随收、随运随转，不得积压。属于押运的货物按押运货的规定办理。

（4）充分利用直达航班。减少中转环节，避免迂回运输。凡有直达航班的货物，一般都应安排直达航班运输。但对于数量多、货件大、班次少的货物，直达运输确有困难，需要中转时，必须经中转站同意，按吨位分配规定，尽量减少迂回运输。

（5）加强仓库管理，合理配货，保证按收运顺序发货。仓库管理要做到货位清楚，堆码整齐，通道畅通。除急件或特大件货外，一般货物要保证按顺序出仓，避免先收后运的现象。

（6）注意下列货物必须全程订妥吨位，方能收运：有运输时限要求的货物、危险物品、活体动物、贵重物品、鲜活易腐品、灵柩、骨灰、超大超重货物、批量较大的货物、单票体积在 2 立方米以上的货物、联程中转货物。

（7）吨位预订的程序。

①托运人或代理人可直接书面向承运人吨控部门申请预订。也可以用电报、传真或电话提出预订申请。

②如果货源稳定也可以用协议办法固定吨位配额。

托运人或代理预订吨位应提供下列内容，受理人员应详细记录在吨位控制表上。

—航班号、始发站、中转站、到达站、航班日期和时间。

—托运人或代理人的单位、地址、联系人姓名、电话、传真。

—预订吨位货物的件数、总体积、货物品名、包装、单件的尺寸和体积（最大的）。

—托运注意事项。

③吨位控制人员收到预订信息后，应根据航班舱位和吨位使用情况，合理安排航班吨位、舱位。并尽快给予答复。

预订吨位、舱位登记表如图 6.1 所示。

国内货物预订舱位登记表

年　　月　　日

预订航班	货运单号码	件数	重量	体积	货物品名	始发站	目的站	预报起飞时间	托运单位名称	订舱人电话号码	经办人签字	备注

制单人：＿＿＿＿＿＿　　接收人：＿＿＿＿＿＿

图 6.1　国内货物预订舱位登记表

二、货运配载

货运配载是货物运输过程中一项非常重要的工作，直接关系到货物运输的正常进行和经济效益的提高。作为航空公司货运配载人员，除需了解前面所讲的航空运输的一般知识及货物收运承运的货运基础知识外，还需熟练掌握有关配载岗位的专业技能知识，在实际工作中真正体现"保证重点，照顾一般，合理运输"的原则，以提高航空公司的货物运输能力。

1. 货物的发运顺序

根据货物的性质，承运人一般按下列顺序发运：

（1）抢险、救灾、急救、外交信袋和政府指定急运的托运物资；

（2）报纸、新闻稿件、纸型、政治宣传品、AOG 航材；

（3）始发邮件；

（4）指定航班、日期和按急件收运的货物；

（5）有时限、贵重和零星小件物品，漏装、错装、前班落下的货物；

（6）联程中转货物，分批发运货；

（7）按货物运价的高低安排发运；

（8）相同运价的货物按收运的先后顺序安排发运。

2. 配载前的准备工作

（1）与收货柜台的交接。

收货柜台的制单人员应及时与国内货运配载人员进行交接。配载交接人员要特别注意核对已签订航班的急件、鲜活货物等，明确货物的存放位置。

（2）根据航班预报了解航班机号、机型、起飞时间和旅客人数。

（3）根据各种机型、航线的业务数据算出每个航班的最大可用业载。每个航班的最大可用业载计算公式如下：

$$最大业载 = 最大起飞全重 - 油量 - 飞机基本重量 \qquad ①$$
$$最大业载 = 最大落地全重 - 备份油量 - 飞机基本重量 \qquad ②$$
$$最大业载 = 最大无油全重 - 飞机基本重量 \qquad ③$$

上述①、②、③中最小值为本次航班的最大可用业载。

（4）估算本次航班的货邮可配数。

货邮可配数 = 航班最大可用业载 - （本站出发旅客重量 + 行李预留重量）- 过境业载（客 + 货 + 行李 + 邮件）

注：国内旅客重量通常按每人 72 公斤、儿童 36 公斤、婴儿 10 公斤计算。国内旅客行李免费额 F 舱 40 公斤/人，C 舱 30 公斤/人，Y 舱 20 公斤/人。一般情况行李的预留重量按历史运量的经验值估算。

（5）将航班的货邮可配数告知吨位控制部门及仓库组货人员。

3. 货运配载的工作程序

（1）根据有关内容计算本站货邮载量或制作配载表。

填制配载如图 6.2 所示。

配 载 表

年 月 日 星期

航班号		机 号		起飞时间	
待 运		最大起飞全重	最大无油全重		最大落地全重
			油量+		耗油+
			=		=
		许可起飞重量 _____ 基　　重 _____ 油　　量 _____ 业　　载 _____ 调整后业载 _____			
站 名					
旅 客	人　公斤	人　公斤		人　公斤	人　公斤
货 物	件　公斤	件　公斤		件　公斤	件　公斤
调　　　整					
备　注				经手人 复核人	

图 6.2　配载表

（2）根据货邮业载安排出发货邮载量。

（3）制作货邮舱单。

货邮舱单如图 6.3 所示。

民 航 青 岛 流 亭 机 场

航班号＿＿＿＿＿＿＿＿　　货 邮 舱 单　飞 机 号＿＿＿＿＿＿＿＿

出发站＿＿＿＿＿＿＿＿　　编号＿＿＿＿＿＿＿　飞行日期＿＿＿＿＿＿＿＿

	运单号码	品　　　名	件数	重量(公斤)	始发站	到达站	备注	经收人签字
1								
2								
3								
4								
5								
6								
7								
8								
9								
10								
11								
12								
13								
14								
15								
16								
17								
18								
19								
20								
21								
22								
23								
24								
25								
26								

合计	货物		
	邮件		

配载＿＿＿＿＿＿

吨控＿＿＿＿　配载＿＿＿＿　安检＿＿＿＿　复核＿＿＿＿

图 6.3　货邮舱单

　　货邮舱单一式六份，一份供货物出仓，一份留本货物配载站留存，一份供结算使用，一份交载重平衡部门，两份随货运单运至卸机站。卡车运输的货邮舱单同上。

　　货邮舱单实例如图 6.4 所示。

民 航 青 岛 流 亭 机 场

航 班 号	SC139		货 邮 舱 单		飞 机 号		
出 发 站	TAO-CAN	编 号	0407229293		飞 行 日 期	20040722	

	运 单 号 码	品 名	件 数	重 量（公斤）	始发站	到达站	备 注	经收人签字
1	324 05754560	机器配件	1	2.0	TAO	CAN		
2	324 05790794	聚四氟乙烯树脂	16	440.0	TAO	CAN		
3	324 05790805	铸件布料	1	15.0	TAO	CAN		
4	324 05790864	工艺品	1	2.0	TAO	CAN		
5	324 05790875	陶瓷杯	1	4.0	TAO	CAN		
6	324 05790901	台布铸件	1	32.0	TAO	CAN		
7	324 06223836	电器/电子件	14	336.0	TAO	CAN		
8	324 06223840	电器/电子件	5	100.0	TAO	CAN		
9	324 06223884	海鲜	70	1367.0	TAO	CAN		
10	324 06223980	配件/仪器	20	1240.0	TAO	CAN		
11	TTL 10		130	3538.0	TAO	CAN		
12	AV-7***							
13	28655793	邮件	4	20.0	TAO	CAN	9	
14	TTL 1		4	20.0				
15								
16								
17								
18								
19								
20								
21								
22								
23								
24								
25								
26								

合计	货物	130	3538.0
	邮件	4	20.0

配载_____

吨控_____   配载_____   安检_____   复核_____

图 6.4　货邮舱单实例

（4）配载结束后，要认真相互交叉复核，确保配载无误。

4. 分批发运

（1）定义：因货物批量较大或飞机舱位等原因，需要将同一份货运单的货物使用两个或两个以上航班运输，称为分批货物运输。

（2）分批发运货物操作的注意事项：

①承运人应合理利用舱位，避免不必要的分批运输，必须分批运输的货物，也应尽量减少分批次数，以免增加工作手续和发生差错。

②分批发运的货物，每批都应过秤、清点件数和填写"货物分批发运单"，另附一份货运单复印件。

③货物分批发运单一式二联，一联留出发站作为下批发运的依据，一联随同本批货物寄往到达站。货运单随第一次分批发运单带往到达站。

④制作货邮舱单时，应在备注栏注明"分批一"、"分批二"字样。

⑤分批货物应尽量使用同一承运人的航班运输，如果使用不同承运人的航班运输分批货物时，应注意参与运输的所有承运人在到达站必须是同一地面代理人，否则不能运输。

⑥货物分批发运单样式及实例如图6.5和图6.6所示。

<h1 style="text-align:center">货 物 分 批 发 运 单</h1>

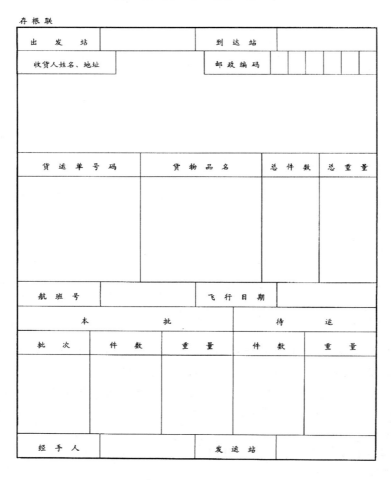

图6.5　货物分批发运单样式

货 物 分 批 发 运 单

存根联

出 发 站	上海	到 达 站	太原

收货人姓名、地址		邮 政 编 码	X	X	X	X	X	X

太原市机器制造厂

货 运 单 号 码	货 物 品 名	总 件 数	总 重 量
781–12345670	机器零件	200件	4000公斤

航 班 号	MU7502	飞 行 日 期	10MAY2004

本 批			待 运	
批 次	件 数	重 量	件 数	重 量
1	100件	2000公斤	100件	2000公斤

经 手 人	沈家奇	发 运 站	上海

图 6.6   货物分批发运单实例

三、货物的出仓

货物的出仓指的是将已列入货邮舱单准备发运的货物从仓库内取出并根据具体的装载要求组装集装器的过程。配载人员在出仓前应对已填制的货邮舱单的内容进行审核，做到"三对三符合"，即货运单与货邮舱单相符合，货邮舱单与出港货物相符合，货运单与货物相符合。邮件出仓必须做到邮件路单和邮运单相符合，邮运单与出仓邮件相符合，邮路单与邮件相符合。在货物的出仓操作时可注意以下几点：

1. 根据货邮舱单上列明的货运单号码、件数、重量逐件逐批出仓。并在货邮舱单上标记共同认可记号。

2. 出仓的件数、重量要认真进行核对，做到准确无误，遇有不正常情况应立即与有关部门查清，正确处理。并做货物不正常运输记录。

3. 装在每个集装板上、集装箱内、托盘上的货物重量要核对准确，并清楚地填列在所吊的挂牌上。

4. 货物出仓需要一定的时间。因此配载人员应尽快将审核无误的货邮舱单交货物出仓人员进行出仓。货物出仓开始时间一般不应晚于航班预计起飞时间前 2～3 小时，大型宽体客机则更应提前。

5. 出仓的货邮，应按航班和到达地点及货舱号分别堆放，注意不要与未出仓的货邮混杂。

6. 包装不够完善或运输手续不齐全的货物，应分别修好包装、补齐手续才能出仓。已发生破损、短少、尚未查明原因的货物，运输手续不全面不能确定收货人的货物，以及需要加固或更换包装的货物，都不得出仓。

7. 出仓人员拿到舱单后应立即到货场，仔细按照舱单所列运单号码逐票寻找货物，并根据配载要求分别装车（平板车）、集装板或集装箱。组装工作完成后应按照航班号将货物进行归类集中，拴挂并填写好装机指示吊牌。吊牌如图 6.7 所示。

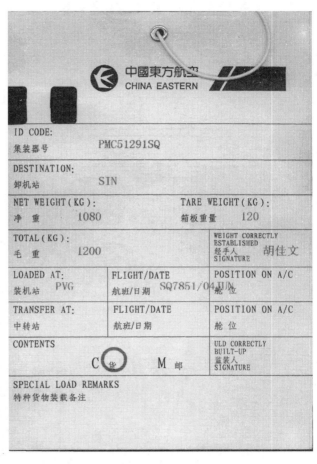

图 6.7　装机指示吊牌

8. 出仓人员应在规定的时限内将货物组装情况及时反馈给该航班的配载人员，告知组装板箱的板箱号及出仓中遇到的货物的不正常情况。通常货物的组装情况在国际/国内航班集装器装载明细表中具体记录。

四、货物的装机

配载人员在收到装载明细表后，结合货邮舱单，制作货邮交接清单。平衡人员根据该交接清单制作本次航班执行机型的装载通知单，简称装机单。国内航班的装机单有时也由货运配载人员直接填制。填制好的装机单在航班起飞前的规定时间内由平衡室与货运装卸队人员交接。

　　装机单是一份详细说明各类货物包装件及每一个集装箱/板在飞机货舱内的具体装舱位置的业务单据。图6.8、图6.9各列出一种散装机型及集装型机的装机单。

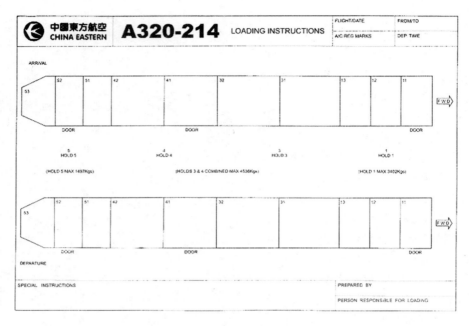

图6.8　散装机型装机单

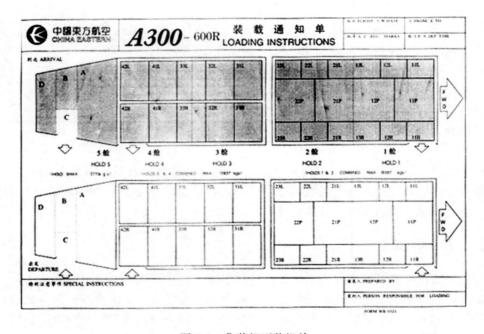

图6.9　集装机型装机单

载重平衡人员必须认真填写装载通知单，交接要清楚、准时。海鲜、水产品等鲜活货物常规情况下应配载在下货舱内，贵重物品、外交信袋、活动物等应特别注明装舱位置。

装卸人员应严格按装机单上的指示内容装机，散装舱内用拦网相对分隔散货，集装舱内的集装箱／板分别卡好固定卡锁，以防飞机起降时因箱板滑动而影响飞行安全。货邮装机完毕后，由装卸人员及监装人员检查后在装机单上签字。

五、联程货物

1. 定义

货物运输过程中，没有直达航班，必须经由两个或两个以上航班运送才能到达目的地的货物，称为联程货物。

2. 处理

航班始发站应严格按照清运能力、航班机型、装卸及设备条件承运联程货物。航班中途站应优先转运联程货物，保证已确认的货物舱位。有关航站应对联程货物随时进行登记。

六、货物的仓库管理及装卸工作

1. 仓库管理的基本要求

仓库管理工作是货运工作的一个重要环节，主要的要求如下：

（1）根据货物的性质、流向、流量科学合理地划分货物、邮件的存放区域。出库货物与入库货物要分开存放，同一货运单的货物集中堆放。

（2）外包装松散、损坏，标签、标贴脱落应及时修补。

（3）仓库内要卫生整洁，货物的码放要整齐、有序、合理，做到重不压轻、大不压小，木箱不压纸箱，标签、标志朝外，留出车辆通道。

（4）除特大特重货物在仓库存放有困难外，所有的货物都入库保管。特种货物要放在特定库房内。例如，贵重物品要存放入贵重物品仓库内。

（5）货物出仓后，要随时整理库存货物，码放整齐。工作人员要做到经常清点货物，统计当日入库货物件数和出仓货物件数，做到账、货相符。一周最少清点仓库一次。发现货物不正常情况要及时查明，妥善处理并通知有关部门。

（6）无关人员禁止进入仓库。入库人员必须持证或经批准。

（7）要保持仓库清洁、干燥、卫生。禁止在仓库内吸烟。

（8）进库车辆、驾驶员要持照，行驶按路线，车速要控制。

（9）库内防盗、防火、防水、防鼠、防冻设备齐全。在仓库内外明显的位置，应明示应急电话号码：匪警 110、火警 119、急救 120 等。

（10）随时与配载部门联系，做好航班不正常时的货物回库工作。

2. 装卸工作

装卸作业是运输业务工作不可缺少的组成部分。是货物、邮件运输过程中的重要环节。装卸调度应根据进出港飞机的机型、架次和工作量大小，合理安排人力、装卸车辆、集装设备。

3. 货物装机时的主要要求

（1）装卸人员按装机单要求，把货物、邮件装入飞机的指定舱位。
（2）无论装载多少货物，都应轻拿轻放，堆放整齐，方便后方站。
（3）货物装机前，装车后，要核对件数，进行交接，防止漏装、多装。
（4）装机时要注意，大不压小，重不压轻，木箱不压纸箱，不以货物棱角抵触机壁，以免损坏货物和飞机。
（5）超过地板承受力的货物，装机时必须加上垫板。
（6）装机时应尽量把应引起注意的标志摆在明显处。
（7）装机时应先装前舱，后装后舱。
（8）装机后应使用系留设备（网、机等）固定好板、箱及货物，防止板箱、货物在飞机起飞、降落时滑动而损坏飞机和货物。
（9）装机过程中，若发现货物破损、有液体流出等不正常情况，应立即拉下该货并报告相关部门查明原因，妥善处理。

4. 货物卸机时的主要要求

（1）卸机前应做好车辆、设备、人员的准备工作。
（2）装卸员应了解进港飞机的货邮装载情况，安排好卸机顺序先卸后舱，后卸前舱，以免因卸机原因导致飞机不平衡，发生事故。卸完飞机要注意清舱，发现机舱有异常现象应立即报告有关部门处理。
（3）要了解是否有需特殊处理的货物，安排专人处理。
（4）过站卸机，要根据机型和作业量，安排好作业程序和劳动分工，防止错装、错卸、漏装、漏卸。发现前站装载有问题，要与平衡人员联系，更正。以免造成事故。
（5）到达货物送仓库时要与仓库工作人员认真交接，互相签字。
（6）卸机时，如果发现货物破损或有漏水、漏油等不正常情况应报告相关部门。

5. 监装、监卸的一般要求

（1）监装、监卸是保证货物运输安全不可少的环节。监装人员必须严格履行职责，按时到岗，认真做好航空货物在装卸过程中的监督工作。
（2）监装人员应负责停机坪范围内货邮的看管，保证货物、邮件的安全。
（3）根据装机单检查货物是否按规定舱位装载，若有不符，应立即通知装卸人员纠正。

（4）遇有特种货物，严格检查是否按要求装卸。不符合要求的，应立即通知有关人员更正。

（5）如发现装机或卸机的货邮出现破损、漏水、漏油等异常现象应立即报告有关人员并做详细记录。

（6）装完飞机后，要认真检查集装器是否系留牢固，防止飞行中滑动。易发生滚动的货物要固定位置以防止在飞行中滚动，影响飞行安全。

（7）卸机后，要清仓，防止遗留物品。

（8）监督装卸车辆靠近飞机，防止违章操作，碰撞飞机。

（9）监装、监卸人员负责与相关部门及人员进行货物文件的交接工作。

第二节　货物到达和交付

货物的到达和交付在货运业务分工中属于进港货物运输操作，是货物运输的最后环节。提高这一环节的运输服务质量，给货物安全运送后的完好交付提供了良好保证。货物进港的一般流程为：

接业务袋→分拣货运单→分拣货物→货物入仓→到货通知→查验有效证件→货物交付→货运单销号

一、货物到达

进港飞机到达前，接机人员要查看来往电报（包括 LDM、CPM、外交信袋、贵重物品等特种货物通知电报），掌握货物进港数量和装载位置、机型、到达时间等，安排好装卸机人员、车辆、设备。在飞机到达前 10 分钟等待接机。

1. 文件交接

接机人员应及时向机组索取业务文件袋，检查货邮舱单、货运单、邮路单、邮运单等是否齐备，同时接收机组保管的物品，并签字验收。核对无误后，将货运单进行分类（机场交货、市区交货、联程货、贵重物品等），制作货物交接清单，并把有关的业务电报、信件等连同有关货运单送交有关部门；邮路单送交邮政部门，用以验收邮件并签收。

2. 货物的核对

接机人员应根据货邮舱单认真清点卸下的货物、邮件，根据货邮舱单和货物标签，逐件核对货物的货运单号码、件数、重量、始发站、目的站，检查货物的包装是否完好。同时在载重电报 LDM 及鲜活货等特种货运电报中，对卸机有特别要求的货物，应及时通知搬运人员卸机时注意。搬运人员卸机时发现货物或飞机有异常情况，应立即报告有关部门处理。如发现漏卸、错卸、多卸、少收、多收、破损等不正常运输情况，在货邮舱单备注栏内注明，并填制货物不正常运输记录，同时拍发电报通知有关航站。核对好的货物应存放在规定区域，特种货物应按规定存放在专用的仓库，记录好货物所在位置。

货物运输事故记录如图 6.10 所示。

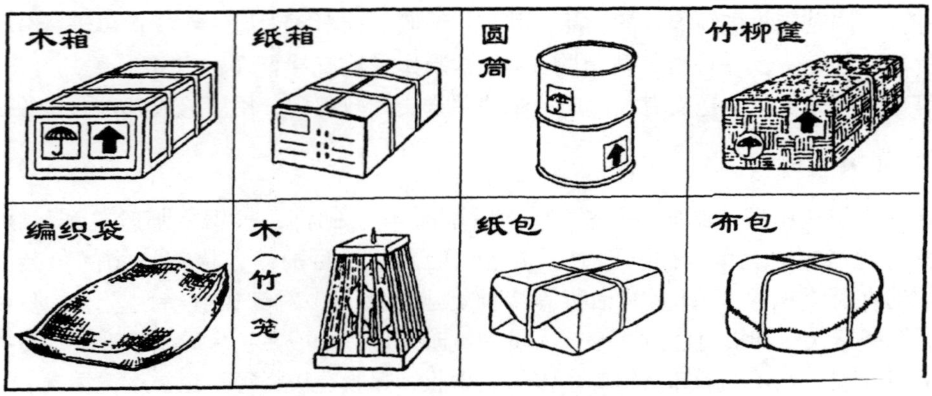

图 6.10 货物运输事故记录单

3. 货物的分拣与交接

按货物的流向、货运单的末位号码等方式入库。入库的货物堆放要整齐。特殊货物，如鲜活货物等，应优先分理、清点。

（1）留机场交付货物的交接

将货物、货运单、货物交接清单及随附的运输文件交机场提货部门，核对无误后，双方在货物交接清单上签字。

（2）转市内营业处货物的交接

按照货物进港的先后顺序装车送交市内货运。装好货物后车厢要上锁或加封或派押车人员押运，连同货运单、货物交接清单转市内营业处，核对无误后，双方签字。如发现货物有不正常运输情况，应在到达交接清单上进行记录，以备查考和明确责任。一般货物应在到达当日送进市内，最迟不能晚于次日。

（3）联程货物的交接

将货物、货运单、货物交接清单、海关关封、中转舱单等交出港部门。核对无误后，双方在货物交接清单上签字。

（4）中转货物的交接

国际转国内、国内转国际、国内转国内的联程货，应及时分理，填写交接单，与相关部门交接、验收、签字负责。

二、货物交付

1. 通知提货

货物运至目的站后，除另有约定外，承运人或其代理人应及时向收货人发出提货通知。提货通知包括电话通知和书面通知两种形式。

（1）电话通知

应将货运单号码、始发站、件数、重量、货物到达时间、提货地点、提货日期和提货手续以及其他需要注意的事项通知收货人。通知人应记录下通知时间、被通知人的姓名和本人的姓名。

（2）书面通知

通知采用寄发提货通知单的形式，通常在电话无法联系到收货人时用书面通知。提货通知要求书写准确、清楚，及时发出。存根撕下，与货运单的收货人联订在一起作为已发凭证。

2. 提货通知时限

（1）特种货物的提货通知时限

特种货物的提货通知应在货物到达后至迟2小时内发出。除托运人自己通知收货人到机场提取货物外，对收货人没有及时提货的，承运人在飞机到达后，也应对运到的急件、活体动物、鲜活易腐物品等特种货物发提货通知。

（2）普通货物的提货通知时限

普通货物的提货通知应在货物到达后24小时内发出。

（3）催提通知时限

提货通知发出7天后无人提取，应发第二次催提通知，并做记录。第一次发出提货通知后满14日仍无人提取，发第三次催提通知。同时通知始发站，由其征求托运人的处理意见。第一次提货通知发出后满60日仍无人提取，又未接到托运人的处理意见，则该票货物按无法交付货物处理。

3．提货证件

收货人凭本人有效身份证件提货。下列情况下，收货人还应按规定出示相关证明或文件：

（1）收货人为单位名称和邮政信箱的，收货人须出示单位出具的提货证明信和本人有效身份证件。

（2）收货人为单位名称和个人姓名的，收货人须出示单位出具的提货证明信和个人有效身份证件。

（3）收货人为住址和个人姓名的，须出示有效证件和货运单的收货人联。

（4）收货人为军队番号、武警单位的，应出示相应的提货证明和提货人的军官证、文职军人证或士兵证等。

（5）押运的货物，提货时还应查验飞机票和货运单托运人联、托运人联上的押运章。核对无误后，请押运人员签收。

（6）收货人委托他人提货时，应持收货人和被委托人有效证件及相关证明。

4．货物交付

收货人凭有效提货证件前来提取货物时，工作人员应检查提货手续是否完备有效。同时依据一定的货物交付程序进行货物的交付工作。一般的交付程序如下：

（1）检查收货人的各类证件及提货证明。

（2）核收相关费用（例如保管费、地面运费等）。

（3）核对货运单号码、始发站、目的站，清点货物件数。

（4）交付时，收货人对货物外包装状态、件数或重量如有异议，应当场查验，必要时填写货物不正常运输记录，由双方盖章或签字。无异议，则请收货人在货运单货物交付联的"收货人"栏内填写本人的姓名和有效身份证件号码，以示签收。

（5）货物交付人在货运单上填写本人姓名和交付日期，并检查收货人的身份证明是否和收货人的签字一致。

（6）分批交付货物时，应在货运单上注明本次交付的件数、重量和交付时间，收货人和交付人双方签字并证实。货物全部提取后，双方在货运单上签字，证实货物已全部提取。交付分批货物的各种记录必须准确、完备，随附货运单备查。

（7）丢失货运单的货物交付时，应向相关承运人索要货运单副本或复印件后，注意核对货物标记和货物标签的各项内容，核对无误后交付。

（8）货物交付后，收货人提供的所有提货文件须与货运单货物交付联一起装订，留存备查。

三、无法交付货物的处理

1. 无法交付货物

有下列情况之一的货物称为无法交付货物：

（1）货物从发出到货通知的次日起 14 日内无人提取或收货人拒绝接受的货物，始发站通知托运人征求处理意见；满 60 日仍无人提取，又未收取托运人处理意见时，按无法交付的货物处理。

（2）因货运单丢失，货物标志脱落，经过查询而无法查明托运人或收货人时，满 60 日如无人认领或查找，可作为无法交付货物处理。

2. 无法交付货物的处理程序

对无法交付货物，应做好清点、登记和保管工作。任何代理人和个人都不得私自动用、变卖、购买无法交付的货物，如出现违章处理，则必须报业务主管部门，对私分和蓄意造成无法交付货物情况的有关人员和领导，经查证属实，根据情节轻重，可给予处分和经济制裁。无法交付货物的处理工作，在处理前应当先报主管部门审核后按下列规定进行处理。具体如表 6-1 所示。

表 6-1　无法交付货物的处理

	无法交付货物种类	移交部门
无价移交	军用品	当地军事部门
	违禁品	当地公安部门
	历史文物、珍贵图书	当地文化部门
	国际运输进口物品	海关部门
	金银珠宝	中国人民银行
有价移交	生产资料	当地有关物资部门
	生活资料	当地商业部门
	粮食、植物、油料等	当地粮食部门

鲜活、易腐或其他保管有困难的物品，报上级业务主管部门酌情处理。由此产生的费用由托运人承担。

作价处理的货款，由承运人负责保管。从处理之日起 90 天内，如有托运人或收货人认领，扣除该货的保管费和处理费后，余款退给认领人；如 90 天后仍无人认领，余款上缴国库。

无法交付货物处理后，将货物的有关文件及处理情况做详细记录，保存备查，其处理结果应通知始发站，由始发站通知托运人。

四、品名不符货物的处理

货物品名不符是指货物的实际名称与运输凭证上填写的货物名称不相符。发现此种情况，要区分性质，正确处理。

1. 托运人谎报货物品名或在货物中夹带政府禁止运输或限制运输的物品和危险品时，承运人应按下列规定处理

（1）在出发站，停止发运，通知托运人提取，运费不退。

（2）在中转站，停止运送，通知托运人取回，运费不退，对品名不符的货物，按照实际运送航段另外核收运费。

（3）在到达站，对品名不符的货件另外核收全程运费。

（4）对品名不符的货物，承运人可根据情节轻重处理，必要时交由公安部门处理。

（5）因托运人伪报货物品名，给承运人或旅客、行李、邮件和其他货物造成的损失，由托运人负完全责任。

2. 贵重物品的品名不符按如下方法处理

如属误报品名，则补收运费差额。如属谎报品名，则：

（1）在出发站，停止发运，通知托运人取回。按货物发运前退运处理。如托运人仍要求空运，应按贵重物品重新办理托运。

（2）在中途站，继续运送，通知到达站处理。在到达站，按运费差额加倍补收。

第七章　货物运输变更

从货物收运后至货物到达目的地交付之前，凡是货主自愿对托运货物的运输要求发生变更或由于承运人的原因造成货主的运输要求发生变更，均称作货物运输变更。货物运输变更分为自愿变更运输、非自愿变更运输两类。

第一节　自愿变更运输

自愿变更运输是指由于托运人原因要求承运人改变运输的部分或全部内容的变更运输。自愿变更运输仅适用于一份货运单上列明的全部货物。自货物托运后至收货人提取前，托运人可以对货物行使自愿变更运输权。自愿变更运输不应损害承运人或第三者的利益。

一、托运人有权提出的变更要求

1. 发运前退运。
2. 经停站停运。
3. 变更目的站。
4. 退回始发站。
5. 变更收货人（变更后的收货人即为货运单指定的收货人）。

二、自愿变更运输的处理

1. 自原变更运输只能在原办理托运手续的地点办理。

2. 托运人提出变更运输时应出示货运单托运人联、书面变更要求和个人有效身份证件，如货运单上的托运人为单位时还应出具单位介绍信。托运人提供的书面变更要求及单位介绍信等文件由始发站留存备查。

3. 受理变更运输的航站应及时通知有关航站。

4. 持有货物的航站收到始发站关于变更运输的通知后，应立即核对货物并将货物运输情况及变更可能发生的费用通知始发站，得到始发站确认后，执行变更，并将变更结果通知始发站。变更运输时，货运单及货物标签应作出相应的变更，有关变更的来往电函、电话记录等由变更站留存备查。

5. 运输费用发生变化，应向托运人结清，并向有关承运人发出"货物运费更改通知单"。

6. 承运人不能执行托运人的变更要求时，应及时通知托运人及相关航站。

7. 在托运人付清因变更运输所产生的费用后，承运人执行变更要求。

8. 货物收运后，托运人要求变更运输时，其声明价值或保险价值不得变更。

三、几种自愿变更情况的货物运费结算及货运单的处理方法

1. 发运前退运

（1）向托运人收回货运单托运人联。

（2）扣除已发生的各项费用，如声明价值附加费、保险手续费、货运单费、实际情况的地面运输费、退运手续费（一般规定每票货运单的退运手续费为 20 元，具体标准见各航空公司规定）等。

（3）填开退款收据，在退款签收单上注明应扣除款项的类别及金额，余额连同退款签收单的托运人联一并交托运人。

（4）请托运人签收后交付货物。

（5）将收回的货运单各联（除财务联和存根联）及退款签收单的财务联随销售日报一并送交财务部门。

2. 经停站停运

（1）经停站在货运单上注明"中途停运"字样和停运日期，按照始发站要求对货物作出相应处理。

（2）始发站收取已发生运输航段的货物运费及其他杂费，余额退还托运人。

（3）将处理情况通知变更站和始发站。

3. 变更目的站

（1）发运前变更

①向托运人收回货运单托运人联，将原货运单各联作废，按退运手续处理，免收退运手续费。②按变更后的目的站重新计算各项费用，并填制新的货运单。

（2）发运后变更

①始发站根据变更后的目的站，重新计算运费，差额多退少补。②货物原经停站或目的站根据始发站的通知在货运单上注明"根据××站函（电）要求变更至××站"字样及执行日期和更改地点等，将变更后的货运单随货物运至变更后的目的站。

4. 退回始发站

（1）由目的站退回始发站

始发站向托运人收取回程航班的运费。

（2）由经停站退回始发站

始发站向托运人收取回程航段的运费，并从原收运费中扣除已使用航段运费及其他杂费后，余额退还托运人。

（3）货运单的处理

经停站或目的站根据始发站的通知在货运单上注明"根据××站函（电）要求退回始发站"字样及执行日期和更改地点等，同时将原货运单留存，重新填制新的货运单，并将原货运单其中一联和始发站的变更通知随新填货运单托运人联和财务联一起送交财务部门。处理站使用新货运单退运，须将原货运单号码注明在新货运单的"结算注意事项"栏内，货物运回始发站所产生的费用填写在"到付栏"内。始发站在向托运人结算运费时应将新货运单收货人联交托运人。退回始发站的货物一般由原承运人运输。

5. 变更收货人

（1）发运前变更

在始发站将货运单上原收货人划去，在旁边空白处书写变更后的收货人名称，并在修改处加盖修改业务章。

（2）发运后变更

①由始发站发电报将新的收货人姓名及地址等情况通知目的站；②目的站应根据始发站的要求在货运单上进行修改。

第二节　非自愿变更运输

非自愿变更运输是指由于承运人执行特殊任务、不可抗力、政府行为或由于承运人原因造成货物运输受到影响而发生的变更运输。

一、非自愿变更运输的原因

1. 不可抗力原因：指天气原因、战争、机场关闭、政府原因等。
2. 承运人原因：航班取消、机械故障、机型调整等。
3. 因货物积压或超出机型载运能力，短期内无法按指定路线、指定承运人或指定运输方式运至目的站。

二、非自愿变更运输的变更内容

1. 变更航线、航班日期。
2. 变更承运人。
3. 改变运输方式。

4. 在始发站退运或在中途站退回始发站。

5. 经停站停运或改变目的站。

三、非自愿变更运输的注意事项

1. 因机场关闭、航班中断无法将货物运达目的站时，应尽快通知始发站托运人。

2. 订舱货物需要变更运输时，应征求始发站或托运人的意见。

3. 应利用最早航班将货物运至目的站。

4. 改由地面运输时，可按如下卡车运输方式处理。

卡车运输是航空货物运输的辅助形式。在一定条件下，可以使用地面运输工具载运航空货物。

下列情况下可使用卡车运输：

（1）目的站机场关闭；（2）货物严重积压；（3）货物的重量、尺寸超过执行航班的机型运载能力；（4）托运人要求改变运输方式。

四、费用处理

1. 因承运人原因导致的非自愿变更运输产生的费用按下列规定处理：

（1）始发站退运货物，退还全部货物运费，免收手续费。

（2）在经停站将货物运回始发站，经停站在货邮舱单和原货运单"结算注意事项"栏内注明"非自愿变更退回始发站"，使用原货运单免费退运，并退还已付全部运费。

（3）变更目的站，计算出未使用航段的运费，另重新核准由变更站至新目的站的运费，其差额多退少不补。

（4）因变更运输路线将货物运至目的站产生的费用，由承运人承担。

（5）改用其他交通工具将货物运至目的站，产生的费用由承运人承担。

（6）货物运费发生变更应填开货物运费更改通知单。

2. 由于不可抗力原因而造成的非自愿变更运输时，承运人应及时通知托运人，按托运人的指示处理，由此而产生的费用承运人不承担责任。

五、货物运费更改通知单（CCA）

在运输过程中，货物始发站、中转站或目的站发现运费多收或少收，应及时通知始发站，始发站确认情况属实后，应立即填写"货物运费更改通知单"，通知相关承运人或代理人，对运费进行更正。为了使相关承运人、代理人和开单承运人及时掌握运费更改信息，始发站可以先拍发电报，通知上述单位预先准备，随后将"货物运费更改通知单"寄发至上述单位的相关部门。

CCA 样表如图 7.1 所示。

国内货物运费更改通知单(CCA)				号码:MUD **0001056**

货单号:		始发地:	目的地:	日期:		填开地点:

代理人名称和地址:				代理人代号:

至 1.			航班号	日期:

中转站按照上面格式完成第二或第三行给下一承运人

至 2.			航班号	日期:

至 3.			航班号	日期:

货币:人民币　已经修正或增加的运费如下:

修改后或正确的运费	原来或不正确的运费	备注和更改的原因:
预付　重量运费　到付	预付　重量运费　到付	
声明价值费	声明价值费	
税	税	
代理人其他费用总计	代理人其他费用总计	
承运人其他费用总计	承运人其他费用总计	
预付总计　到付总计	预付总计　到付总计	
		如果未交货在目的地发生的所有费用向发货人收取

发货人:
收货人:

各联分配:
　　原始联——(填开 CCA 的承运人)
　　第一联——(填开 CCA 承运人的财务部)
　　第二联——(第一承运人)
　　第三联——(第二承运人)
　　第四联——(第三承运人)
　　第五联——(填开 CCA 承运人的货运部)

中国东方航空股份有限公司

日期和地点:

经办人签名:

填写完此小条后退回填开 CCA 的承运人

　　　　　　根据你们的指令我们已经改正我们的文件并且采取必要的行动。

　　　致:＿＿＿＿＿＿＿＿＿　　　发自:＿＿＿＿＿＿＿＿＿

CCA 号码:＿＿＿＿＿＿＿　　　地点:＿＿＿＿＿＿＿＿＿

　运单号码:＿＿＿＿＿＿＿　　　日期:＿＿＿＿＿＿＿＿＿

　　　　　　　　　　　　　　　　签名:＿＿＿＿＿＿＿＿＿

原始联——(填开 CCA 的承运人)

中国南方航空
CHINA SOUTHERN

货物运费更改通知单

编号：

货运单号	始发站	目的站	日期、地点
到站	第一承运人	航班号	日期
到站	第二承运人：	航班号	日期
到站	第三承运人	航班号	日期
更改后运费额		原运费额	
更改项目		更改原因	

托运人
收货人

收运单位________________

日期、地点________________

制单人________________

回执

收文单位________________　发文单位________________

编号________________　日期________________

货运单号________________　签字________________

图 7.1　货物运费更改通知单（CCA）

第八章　特种货物运输

第一节　特种货物运输种类

一、特种货物定义

特种货物是指在收运、储存、保管、运输及交付过程中，因货物本身的性质、价值、体积或重量等条件需要特别处理的货物。

二、特种货物的种类

1. 危险物品；
2. 鲜活易腐物品；
3. 急件货物；
4. 活动物；
5. 贵重物品；
6. 植物、植物产品；
7. 菌种、毒种及生物制品；
8. 骨灰、灵柩；
9. 禁止运输、限制运输货物；
10. 枪械、弹药；
11. 押运货物；
12. 外交信袋；
13. 车辆；
14. 公务货；
15. 超大、超重货物；
16. AOG 航材。

三、特种货物运输的一般规定

运输特种货物时，应填写"特种货机长通知单"认真交接。装有特种货物的航班，飞机起飞后应立即按规定拍发有关电报通知到达站或中转站。

特种货物运价按照 45 公斤以下普通货物运价的 150% 计算（N150）。按特种货物运价计收运费的有：急件、贵重物品、动物、危险品、灵柩、骨灰、微生物制品、植物和植物产品、鲜活易腐物品、枪械、弹药、押运货物等。

第二节　特种货物运输处理

一、危险货物运输

在航空运输中，可能危害人身健康、安全或对财产造成损害的物品或物质，具有爆炸、易燃、毒害、腐蚀、放射性等性质，在运输装卸和贮存保管过程中，容易造成人身伤亡和财产损毁而需要特别防护的货物均属危险货物。国内航班一般不载运危险物品。特殊情况下经批准可以承运危险物品，但必须严格遵守我国政府的法规、法令和要求。

1. 危险品的分类

根据危险物品所具有的不同危险性质，可将危险物品分为九大类，其中某些类别又可进一步划分为若干小类。

（1）第一类　爆炸品

①具有整体爆炸危险的物品和物质。

②具有抛射危险，但是无整体爆炸危险的物品和物质。

③具有起火危险、较小的爆炸和（或）较小的抛射危险，但是无整体爆炸危险的物品和物质。

④不存在显著危险的物品和物质。

⑤具有整体爆炸危险而敏感度极低的物质。

⑥无整体爆炸危险且敏感度极低的物品。

（2）第二类　压缩气体和液化气体

①易燃气体。

②非易燃无毒气体。

③毒性气体。

（3）第三类 易燃液体

（4）第四类 易燃固体、自燃物质和遇湿易燃物品
①易燃固体
②自燃物质
③遇湿易燃物品

（5）第五类 氧化剂和有机过氧化物
①氧化剂
②有机过氧化物

（6）第六类　毒害品和感染性物品

①毒性物质

②传染性物质

（7）第七类　放射性物品

（8）第八类　腐蚀品

（9）第九类　杂项

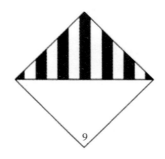

危险物品中，对于易爆炸、易发生危险反应、产生火焰或者产生危险热量，或者易释放毒性、腐蚀性的发散物、易燃气体或者蒸汽的物质，在正常的运输状态下均禁止进行航空运输。但对于某些禁止航空运输的危险物品，只有经国家有关主管部门预先批准，并且根据有关规定提供安全运输方案的条件下才可使用航空运输。如遇国防急需要求承运人空运危险品时，接到要求的运输部门应逐级上报，经民航局同意后，要安排包机承运。

目前，国内航班（包括正班、加班、公务、调机、包机和训练飞行）上可载运的危险品包括：

（1）国内航班可载运一、二级包装的放射性同位素。

（2）国际航班和国内联程航班，可载运按 IATA 统一规定办理的属于国际运输的放射性同位素。

（3）有单位证明或产品说明书，货物包装表面 α（伽码）射线剂量率小于 0.1 微伦琴/秒的放射性矿石样品、夜光粉，以及部分涂有放射性发光剂的工业成品。

（4）包机运输一、二级包装的放射性同位素，受理的机场应将"放射性物品剂量检查证明书"内所列的详细内容及总重量上报主管领导，经民航局同意后才能接受。

2. 放射性物品运输的包装要求

（1）放射性同位素的包装要求：放射性同位素应装入玻璃、塑料或金属制成的容器中，严密封口（装有气体、液体放射性同位素的内容器，必须烧焊密封），再装入金属、塑料制成的外容器。内容器和外容器的空隙处应用松软的吸附材料充填严实。外容器盖子应牢固拧紧，再加金属箱、塑料袋或木箱等外层包装。内外层容器及包装必须坚固、严密。

（2）放射性同位素的包装，应能保证在运输过程中的稳定，不得颠翻。

3. 放射性同位素的托运

（1）应于飞机起飞前一天与承运人联系预留吨位，经承运人同意后于航班起飞 2 小时前送到机场托运，对半衰期特别短的放射性同位素，航站经办人员先了解当时的气象预报，如班机有把握飞行时方可收运。

（2）托运时应出具本单位介绍信及当地卫生防疫部门或主管单位经检查盖章后的"放射性物品剂量检查证明书"。

（3）放射性同位素的包装必须符合要求，包装物两侧应粘贴规定的放射性物品专用标志。

（4）在货物托运书上写清收货人名称、地址及电话号码，以便到达站及时与收货人联系。

（5）托运人应及时以电报或电话形式将托运的放射性同位素的件数、重量、班机预计到达时间等通知收货人，以便提前到机场等候提取。

4. 放射性同位素的收运

（1）检验托运单位的介绍信、托运人的有效身份证件、放射性物品剂量检查证明书及货物托运书是否填写具体、清楚，检查机关及检查员是否签章，要注意查看放射性物品计量，检查证明书上关于外层包装表面有无污染的填写情况。

（2）检查放射性同位素的包装、标志是否符合要求，名称、件数、运输包装等级是否与证明书所列相符。

（3）经检查认为符合要求后即根据货物托运书认真填制货运单，并在货运单"储运注意事项"栏加盖或注明"放射性同位素"的戳记或字样。

（4）凡重量超过5公斤的包装，应有手柄、把环或其他便于移动和搬运的装置。

（5）放射性矿石样品、夜光粉等应有保证不撒漏的容器盛装。

5. 放射性同位素的运输

（1）装卸放射性同位素应装在大中型飞机的行李舱、货舱或尾舱，而不得装在客舱内。

（2）装卸时需注意：装机时不得倒放或侧放，避免将重货压在上面；装机后应设法予以固定，防止移动或翻滚。

（3）一、二级包装的放射性同位素摆放位置应与人员、未感光的材料、食用物品、动物等保持一定的距离。一般与人员保持1~1.5米的距离，与其他物品保持0.5~1米的距离。

二、鲜活易腐货物运输

1. 鲜活易腐货物的定义

鲜活易腐物品是指在一般运输条件下，因气候、温度、湿度、气压变化或运输时间等原因，容易引起变质、腐烂或死亡的物品。如肉类、水产类、水果、鲜花、蔬菜类、乳制品、植物、种苗、种蛋、蚕种等。此类货物在运输保管过程中需要保持一定温度、湿度，以防止腐坏、变质。

2. 收运条件

（1）质量优良或经过检查合格。

（2）包装要适合货物的特性。对怕压的货物，必须有坚固而抗压力大的包装，每件重量不宜超过25公斤；对需要通风的货物，其包装必须有通风孔，冷冻货物的包装要严密，便于保温及使冰水不外流。

（3）不致污损飞机和其他物件。客机不载运有不良气味的鲜活易腐货物。

（4）需要保持一定温度的设备由托运人自备。

3. 收运规定

（1）托运人应当提供最长允许运输时限和储运注意事项。除另有约定，鲜活易腐物品的运输时限不应少于24小时（从预定航班的预计起飞时间前2小时计算）。

（2）托运人必须先向承运人订妥航班、日期、吨位，按与承运人约定的时间、地点办理货物托运手续，并负责通知收货人到目的站机场等候提货。

（3）政府规定需要进行检疫的鲜活易腐物品，托运人应当出具有关部门的检疫证明。如农业、卫生检疫或市场管理等部门的有效证明（动、植物检疫证书）。

（4）使用干冰作为冷冻的鲜活易腐物品，货运单"货物品名"栏内及货物外包装上应注明"干冰"字样以及干冰的净重。

（5）在货运单"储运注意事项"栏内应注明"鲜活易腐物品"字样及运输中应注意的事项。

（6）需特殊照料的鲜活易腐物品应由托运人提供必要的设施，必要时由托运人派人押运。

4. 包装要求

（1）鲜活易腐物品的包装应适合货物的特性，确保货物在运输过程中不致破损或有液体漏出而污染飞机、设备、行李、邮件及其他货物。每件货物的外包装上应当贴有"鲜活易腐物品"货物标签。写明收、发货人的姓名、地址、电话号码以及储运注意事项，如"冷藏"、"冷冻"等。

（2）用于鲜活易腐货物的包装材料有：

①聚苯乙烯泡沫绝缘材料、泡沫箱；

②涂蜡的纸板箱；

③瓦楞纸箱；

④木桶、木箱、板条箱；

⑤聚乙烯布、袋；

⑥塑料箱、金属罐；

⑦吸湿纸。

5. 装机与运输

（1）尽可能在接近航班的起飞时间前装机。在炎热天气装机前后，应存放阴凉通风的地方，切忌烈日暴晒，在冬天则应根据货物特性注意保暖。

（2）鲜活易腐物品应装在机舱内通风和温度状况最佳的位置。在运输过程中应尽可能提供合适的温度和通风条件，以保证运输质量。必要时可事先与飞行、调度部门研究调节机舱温度，以适应货物特性的需要。

（3）常见鲜活易腐货物存放温度如表8-1所示。

表 8-1　常见鲜活易腐货物有效温度表

种　类	温度（℃）
亚热带、热带水果	+9 ~ +15
其他水果	+3 ~ +6
鲜蔬菜	0 ~ +6
冻肉、水产品	< = -8
冻鲜花	<0
未入孵的种蛋	+13
已入孵即将孵出的种蛋	蛋温不得超过37.8

（4）为避免鲜活易腐物品和其他货物相互污染，储运过程中应注意：
①种蛋不能与干冰相邻。
②大批量鲜花、蔬菜不能与水果相邻放置。
③食品不能与毒性物质、感染性物质、灵柩或活体动物等相邻放置。

（5）鲜活易腐物品在运输过程中，承运人因采取必要的防护措施所发生的费用，由托运人或收货人支付。

（6）鲜活易腐物品装机后，始发站应发报通知经停站和目的站。

6. 交付

（1）鲜活易腐物品到达目的站后，目的站应在2小时内通知收货人提货。

（2）货物在运输过程中发生腐烂变质或收货人未能及时提取，致使货物腐烂变质应当如实填写"货物不正常运输事故记录"，视具体情况将货物毁弃或者移交检疫部门处理，并将处理结果通知托运人或者收货人。处理腐烂变质货物（除承运人原因造成的以外）所发生的费用应由托运人或收货人承担。

7. 水产品运输

（1）水产品：指海洋、江河、湖泊、滩涂及池塘中出产的鲜活的动物。如鱼、虾、蟹、泥鳅、黄鳝、贝类等。

（2）包装基本要求：应妥善包装，正确标贴，不应漏水、滴水、渗水和散发不良气味，保证从收运到交付的全过程中，不会损害 B、M、C 和飞机机体、设备。包装应能承受气温和气压的突然变化，具有一定的抗压强度，保证在正常的空运过程中不会损坏。冰块至少应有两层聚乙烯塑料包装。凡使用多个聚乙烯塑料袋的，聚乙烯塑料袋应分别封口。每件水产品运输包装件不超过 30 公斤。

（3）包装材料的选用：瓦楞纸箱、泡沫箱、聚氯乙烯贴布革水产袋、聚乙烯塑料袋、胶带及其他辅助材料（包括报纸、锯末及网袋等吸水性物质）。

（4）包装标志：水产品外包装上应有"小心轻放"、"禁用手钩"、"禁止滚翻"、"堆码极限"、"向上"、"鲜活"标志。在外包装上应清楚写明收、发货人的姓名、单位、地址、电话及邮编。

（5）包装前处理：

①将水产品的水或血尽量控干，减少运输过程中的渗漏。

②冰鲜、保鲜水产品可提前进行冷冻，减少运输过程中冰块的使用。

③活的水产品，包装时尽量减少包装中的水量。

（6）包装顺序。

各类水产品由内至外的包装顺序要求如下：

①冻鲜水产品、鱼苗类——

两层聚乙烯塑料袋→泡沫箱→聚乙烯塑料袋→瓦楞纸箱

②活鱼——

聚乙烯贴布水产袋→泡沫箱→聚乙烯塑料袋→瓦楞纸箱

③活虾、贝类——

两层聚乙烯塑料袋→泡沫箱→瓦楞纸箱（前二者可以对换）

④螃蟹、甲鱼、蛙类——

泡沫箱→瓦楞纸箱

⑤泥鳅、黄鳝、鳗鱼类——

聚乙烯塑料袋→泡沫箱→瓦楞纸箱

（7）包装的封口。

聚乙烯塑料袋及聚氯乙烯贴布革水产袋的封口应采用以下三种方法的一种：

①在开口处打一结。

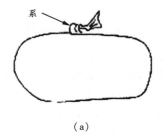

（a）

②将开口处拧紧并弯折用绳索或橡皮筋扎紧。

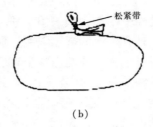

（b）

③将开口处拧紧或折叠，再用胶带粘紧，泡沫箱箱盖应用胶带将四边密封好。瓦楞纸箱应用胶带密封。

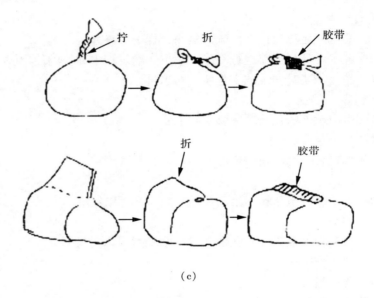

（c）

（8）螃蟹等水产品的包装，应在泡沫箱内加上网袋、锯末等吸水性材料。包装需挖孔的，挖孔位置应距底部 10 厘米，孔的直径 3 厘米，挖在对称两面，每面 3 个。

（9）需要充氧的水产品，所充氧气的消耗量不应少于 24 小时。

三、急件运输

急件货物运输是指托运人要求以最早航班或在限定时间内将货物运达目的站，并经承运人同意受理的一种运输形式。

急件货物运输应以直达航班为主。需要经过中转才能运至目的站的急件货物，托运人应订妥全程航班、日期、吨位后，承运人方可收运。托运人应在航班起飞当日，按照与承运人约定的时间在机场办理急件货物的托运手续。承运人处理已订妥航班的急件货物时，应按预定航班运出。对于没有预定航班吨位的急件货物，在航位允许的情况下，可优先安排最早航班运出，并告知托运人。

急件货物的货运单"储运注意事项"栏内应注明"急件"字样，货物外包装上应贴挂急件货物标签。属于飞机停场或者在外航站发生故障抢修所需的紧急航材应当贴挂"AOG"标签。

四、活动物运输

活体动物包括活的家禽、鸟类、哺乳动物、爬行动物、鱼、昆虫、甲壳类动物、贝壳类动物等。收运活体动物运输必须符合国家和承运人有关规定。

1. 收运条件

托运人托运活动物必须符合下列条件：

（1）动物健康状况良好，无传染性疾病。

（2）托运属于检疫范围的动物，应提供当地检疫部门的免疫注射证明信和动物检疫证。

（3）托运属于国家保护的动物，应提供国家有关部门出具的准运证明；托运濒危动物及物品，应提供国家有关部门提供的准运证明。托运属于市场管理范围的动物，应提供市场管理部门出具的证明。

（4）应预先订妥航班、日期、吨位。

（5）托运人必须向承运人提供动物喂食、饮水、清扫以及操作时间的指示说明。

（6）托运人必须填写"活体动物国内运输托运证明书"一式两份。"活体动物国内运输托运证明书"样式如下所示。

（7）托运人应按与承运人约定的时间、地点办理托运手续，并负责通知收货人前往目的站机场等候提货。

活体动物国内运输托运证明书

货运单号码:	始发站:	目的站:

此证明书用以证明（在适用的格内划√）：

☐ 除做好所有的预先安排外，该货物已正确描述和包装并且符合现行的国际航协《活体动物规则》的规定，符合承运人和民航总局的有关规定以及国家的有关法规。该动物健康状况良好，适于国内航空运输。

☐ 从野外捕获的动物已为运输进行了适当的驯化。

☐ 该货物中不含有受国家保护的野生物种。

☐ 该货物中含有受国家保护的野生物种，并持有政府部门签发的运输许可证。该许可证附在货运单后。

托运人同意接受下列条款：

☐ 由于自然原因造成的动物死亡或由于动物本身的或与其他动物相互间的行为，如：咬、踢、角抵、牙刺或窒息而造成的动物死亡或受伤以及由此产生的一切费用，承运人不承担责任。

☐ 由于动物自身原因或其行为而造成动物押运人员的死亡或伤害，承运人不承担任何责任。

包装件数	包装要求编号参阅国际航协《活体动物运输规则》	动物的种类（学名、普通名称）及数量

托运人： 单位及地址： 托运人签名：　　　　　　　联系电话/传真： 日期：　　年　　月　　日 （请参阅背面托运人责任）	托运人如果违犯了政府的有关法令而触犯法律，将承担相应的法律责任。
备注：	

活体动物国内运输托运证明书（背面）

托运人的责任

交运任何动物之前托运人应保证：

符合国家的有关法令和民航局的有关规定，动物在交运之前已办妥动物检疫手续，野生动物要持有政府部门签发的许可证，所需有关证明应随附在货运单后。

该货物已作正确的分类及包装，动物名称准确，标签及标记完好。

托运动物证明书一式一份，已按要求填写完毕。

孕期的动物不能交运，除非得到官方或兽医部门的许可说明，该动物在运输途中不会有分娩的可能性。

在始发前72小时内分娩的动物不得空运。

已做好空运前的准备工作（根据国际航协《活体动物运输规则》中的运输要求）。

收货人已获悉有关的航班情况以便货物到达后立刻安排提取。

2. 包装

（1）包装应能防止动物破坏、逃逸或接触外界。动物的出入口处应有安全设施，以防止发生事故。凶猛禽兽如狮、虎、豹、熊、狼、蟒等应用铁笼盛装，外加铁网，并有便于装卸的把环。大型动物容器必须适合机械操作装卸。

（2）包装的尺寸应适合不同机型的舱门大小和货舱容积，并适应动物的习性，为动物留有适当的活动余地。

（3）包装底部必须设置有防止动物粪便、尿液散溢的设施，必要时加放托盘和足够的吸湿物（禁止用稻草作为吸湿物），如运输象、牛、马等大型动物。

（4）经承运人同意托运人托运不用盛装的动物，如牛、牛犊、羊等，必须有防止动物走动的牢固的系留设备（如分隔栏杆、绳网、腰带、鼻绳等），以免影响飞机平衡。

（5）包装必须有足够的通气孔，防止动物窒息。

（6）需要特殊照料的动物，托运人应在包装上注明注意事项。

（7）运输过程需要的动物饲料，由托运人自备。

（8）凡承运人不具备的照料动物的特殊设备、装卸大动物的人力和设备，都应由托运人提供。

（9）包装上应清楚地写明托运人和收货人的姓名、详细地址和联系电话等（与货运单相同），还应写明动物的习性、特性、有关特殊饲养的方法以及有关注意事项。

（10）包装上应贴（挂）有下列货物运输标签：

①活体动物标签（LIVE ANIMALS）；

②不可倒置标签（THIS SIDEUP）；

③对危害人类的有毒动物，贴上有毒标签（POISONOUS）；

④对实验用动物（SPECIFIC PATHOGEN FREE，简称SPF），贴上实验用动物标签

（LABORATORY ANIMALS）

（11）含水的包装，应有防止液体漏溢的措施，避免造成动物死亡或液体污染飞机地板或设备。

3. 收运注意事项

（1）运输凶猛动物应经相关承运人的办事处、营业部、分（子）公司货运部门领导批准。

（2）承运人一般不承运将在 72 小时内分娩的动物，除非得到有关部门的许可证，说明该动物在运输途中不会有分娩的可能性。但对此类动物运输不承担安全运输的责任。

（3）为了防止疫病传播及非法贩运，应认真查验运输文件和证件。凡不符合规定者不予运输。

（4）一般只在直达航班上运输动物。确需联程运输的活体动物，应订妥全程航班、日期、吨位，并经托运人同意后方可承运。运达目的站日期尽量避开周末和节假日，以免延误交付造成动物死亡。

（5）随动物运输的饲料和设备，应按动物的同等运价使用同一份货运单计收运费。

（6）有特殊要求的，始发站应通知中转站和目的站，以便采取相应的措施。

（7）应根据"活体动物运输收运检查单"的项目对托运的动物进行详细检查。"活体动物运输收运检查单"样式如下所示。

（8）填写货运单时，不得将动物与其他货物共用一份货运单。

（9）在货运单"物品名"栏内，必须注明动物的具体名称和准确数量。

（10）在"储运注意项目"栏内注明"活体动物"字样。如果托运人提供在途中供动物用的食物，也应在此栏内注明。

活体动物运输收运检查单

货运单号码：_____　　始发站：_____　　目的站：_____

收运	是	无	否
01. 是否与有关航空公司及中转站联系作好相应的安排？	□	□	□
02. 是否已通知收货人在目的站作好接货准备？	□		□
03. 是否已订妥全程舱位？	□		□
04. 活体动物的数量是否符合该机型的装载限制？	□		□
05. 是否有动物押运员？押运员是否明确其职责？	□	□	□
文件			
06. 托运人按规定填写完备的托运动物证明书一式二份，并由其本人签字。	□		□
07. 托运动物证明书上是否注明特殊的储运注意事项？	□	□	□

08. 货运单上是否注明托运人、收货人的姓名、详细地址和联系电话？　□　　□

09. 该活体动物是否按其实际价值申报单投保？　□　□　□

10. 是否随附有效的动物检疫证明？　□　　□

11. 交运野生动物，是否持有政府部门出具的准运证明？　□　□　□

包装

12. 该种动物的容器是否符合国际航协现行《活体动物运输规则》的包装规定？　□　　□

　　容器的大小是否适合于该种动物？　□　　□

　　容器上是否有足够的、合适的通风孔？　□　　□

　　容器结构是否坚固？　□　　□

　　容器上是否已安装便于搬运的把手？　□　□　

　　容器是否设有防漏溢及防逃逸装置？　□　　□

　　容器是否清洁？　□　　□

　　容器内是否有足够的衬垫、吸附材料？　□　　□

　　容器内是否有合适的喂食、饮水装置？　□　　□

标签和标记

13. 每个容器上是否清楚地标明托运人和收货人的姓名、详细地址和联系电话？　□　　□

14. 每件容器上是否贴有"活体动物"标签并在标签上注明该动物名称？是否贴有"向上"标签？　□　　□

15. 对做实验用的无特定病原体的动物、容器上是否贴有"实验用动物"标签？　□　　□

16. 对能咬或蜇的有毒动物、容器上是否清楚标出"有毒"字样？　□　□　□

17. 对于凶猛的、有攻击性的动物，容器上是否清楚地标出"危险动物"字样？　□　□　□

18. 如果使用了镇静剂，动物容器上是否标明详细情况，如：使用镇静剂的时间、种类、剂量和有效时间等？　□　□　□

喂食、喂水

19. 如果要求在中途站喂食、喂水，托运人是否用书面形式同有关航空公司做好了安排？　□　□　□

20. 喂食注意事项是否已贴在容器外部的顶面上。　□　□　□

注：1. 此单一式一份。

2. 对任一问题的答案为"否"时，即不能接收此货物。

3. 在所有项目核查完之前，不要拒绝收运。

4. 如果接收此货物将此单正本附在货单上，并将副本存档。

5. 如果拒收此货，将此单交主管负责人，并注明托运人或代理人姓名。

6. "是"表示符合活体动物国内航空运输条件。

　"否"表示不相符。"无"表示本项不适于本批运输的货物。

处理意见：

□　接受　　　　　　　　　　　　□　不接受

检查人：　　　　　　　　（签字）　　　　　　　　（机场）

日期：　　　　　　　　时间：

托运人/代理人：（签字）

4. 仓储注意事项

（1）动物有可能因地理位置和气温变化造成疾病或死亡，应注意根据托运人的要求做好仓储工作，如对怕冷、怕风的动物，应放置在避风处或保暖的地方；对怕光、怕晒、怕热的动物，应放置在阴凉处。

（2）根据动物习性，野生动物包括哺乳动物和爬行动物喜欢黑暗或光线暗淡的环境，一般放置在安静阴凉的环境；家畜或鸟类一般放置在敞亮的地方。妊娠期的哺乳动物，一般不予收运。除非相当于一级的兽医部门能证明在运输过程中无分娩的可能，方可收运。但必须对此类动物采取防范措施。

（3）仓储过程中，禁止对动物围观、惊扰、戏逗，以免发生事故。

5. 装载注意事项

（1）除专用集装箱外，不能将动物（不含冷血动物）装在集装箱中运输。不能将动物与其他货物装在同一集装板上运输。装在集装板上运输的动物用塑料布苫盖时，苫布与动物包装之间须留有足够空间，以便空气流通，防止动物窒息。

（2）动物不能与食品、放射性物质、毒性物质、灵柩、干冰及生冷液化气体等放在一起。

（3）互为天敌的动物、来自不同地区的动物、发情期的动物不能在一起存放，装机时应避免装在同一货舱。

（4）有不良气味的小动物，仅限于少量供实验用的猴子、兔子、豚鼠以及会发出叫声的初生家禽、小狗等只能装在飞机的下货舱。

（5）每一航班所承运的动物数量不能超过该航班货舱中所能允许装载运输的最大限量，应将活体动物装在适合其运输条件的货舱内。

（6）遇有特殊运输或带有政治意义的动物（如国家领导人互送的动物）须经相关

承运人领导批准，并事先通知飞行部门。

（7）作业时必须谨慎，以确保动物和人的健康与安全。动物在运输过程中，由于自然原因而发生的病、伤或死亡，除非证明由承运人造成的原因，承运人不负责任。由于托运人的过失或违反承运人的运输规定，致使动物在运输过程中造成对承运人或第三者的伤害或损失时，托运人应负全部责任。动物在运输途中或到达目的地后死亡，应由托运人或收货人承担全部处理费用（除承运人的责任事故外）。

6. 交付

（1）托运人应当负责通知收货人在到达站机场等候提取。如果收货人没及时到机场提取，承运人或代理人应迅速并能通知提货人。

（2）交付活体动物时，发现动物死亡等不正常情况，应按规定填写货物不正常运输记录。必要时，动植物检验检疫部门作出检验、检疫证明。

7. 卫生要求

（1）操作人员应避免与动物直接接触，防止传染疾病。
（2）操作人员应戴防护手套。
（3）经常用于存放动物的地方，应经常清洗、消毒。
（4）装载过动物的货舱、集装设备、防护材料、工具等应及时清洗、消毒。
（5）发现动物生病或死亡，应立即移开，以免影响健康动物。
（6）在运输过程中，如操作人员被动物抓伤、咬伤应立即就医。

8. 几类动物的运输

（1）雏鸡类运输
适用于家禽和雉的雏鸟（包括其他家禽的雏鸟）：一日龄雏鸡、雏鸭、雏鹅、雏雉、雏火鸡。
①运输要求
雏鸡类运输，要求孵化后72小时内运达目的地，这期间不需要喂食和饮水，因此对于可能超出72小时才能运达目的地的雏鸡类货物不予承运。
②包装要求
一只标准包装箱可以装运一日龄到72小时龄的雏鸡50～100只，装运雏火鸡、雏鸭和雏鹅的数量，按比例减少20%。在气温较高的季节或地区运输，雏鸡在运输包装中的数量应相应减少，以保证箱子更多的通风。使用瓦楞纸箱、硬塑料、纤维玻璃和合成材料。包装应有一定抗压强度，保证在正常运输过程中不致变形或损坏。单层壁的瓦楞纸箱运输包装，应当分为2个或4个箱格。包装上须有足够数量的通风孔，通风孔开口的直径不小于1厘米。通风孔应位于箱的4个侧面和顶部。
A. 货物标记
B. 禽类运输只能使用栓挂式货物运输标志和标签，不能使用粘贴式货物标记。

C. 装载

鸡雏对温度的要求为28℃，因此地面或飞行中要尽可能适应鸡雏对温度的要求。温度过高时，应停止运输。由于鸡雏对氧气的消耗极大，为此鸡雏周围的堆物不宜过密，保持鸡雏周围的空气流通，防止鸡雏窒息。应严格按照各种机型的动物装载限量装运雏鸡，装机时应注意在包装箱之间留有不少于20厘米的间隙，保持空气流通。雏鸭、鹅、雉的运输参照雏鸡运输的有关规定处理。他们的呼吸量也比较大，装运时一定要控制收运量。

雏鸡类运输的其他要求必须符合活体动物运输的一般规定。

（2）蛇类运输

大多数承运人原则上不接受蛇类运输，特殊情况下需要经单位领导批准，托运人必须提供包括省级以上林业主管部门签发的动物准运证明、动植物检疫部门出具的动物检疫证明等相关文件，才可予以承运。具体包装要求如下：

①使用坚固的胶合板或膨化的聚苯乙烯、泡沫苯乙烯包装。需用孔径不超过0.5厘米的网状铁笼盛装，外加麻包装。将袋口封好，然后吊放在胶合板制的外包装里。胶合板箱应坚固，应有足够的通气孔，通气孔应有罗纱或铁纱保护，防蛇逃逸。

②箱盖应能抽动。箱底和周围应用金属片加固。箱外再用木条加固。

③在内、外包装上，都应设有比动物体型小的通风孔。外包装上的通风孔应当用一定强度的双层细密金属网遮盖住，防止动物逃逸。

④运输时间超过72小时的，需要使用潮湿的吸附材料，以保持湿度。但此种吸附材料不应使动物的体温下降。

（3）鼠类运输

大多数承运人原则上不接受鼠类运输，特殊情况下需经单位领导批准的情况下，可以承运实验鼠类，但必须符合承运人运输总条件和国际航协《活体动物运输规则》的要求。具体包装要求如下：

①包装应由木材或具有类似强度的材料制成，以确保其具有可以安全装运并能经受运输途中任何搬运的强度。运输鼠类的容器需用孔径不超过0.5厘米的网状铁笼装盛。

②包装内外应有双层足以防止鼠类逃逸的金属丝网，包装接缝处必须密封。

③包装的底板不能透水，底部应放置足够的吸附材料。容器内加底垫。外包装需有便于装卸的把手。

④包装内至少应提供能够维持动物48小时需要的食物和水。

⑤包装应有足够的通风孔。

（4）鸟类

①运输鸟类容器的大小，应考虑鸟的生活习性，足够其在容器内自由活动。

②内设有盛装饲料和饮水的容器。可在水槽里放置小浮板，防止鸟跌落水槽溺死。

③爱争斗的鸟必须分装。

④容器应备有足够的通气孔。如用铁纱罩时，必须处理好，以免伤害鸟类。

五、贵重物品运输

1. 贵重物品范围

凡交运的货物，为下列物品中的一种或多种的，称为贵重物品：

（1）黄金（包括提炼或未提炼过的）、金锭、混合金、金币以及各种形状的黄金，如金粒、片、粉、棉、线条、管、环和黄金铸造物。

（2）白金（即铂）；白金类稀贵金属（包括钯、铱、钌、锇、铑）、稀贵金属和各种形状的铂合金，如箔、粒、棉、棒、锭、片、条、网、管、带等（以上金属及其合金的放射性同位素，还应按危险物品运输的有关规定办理）。

（3）各类宝石、钻石、玉器、珍珠及其制品。

（4）珍贵文物（包括书、画、古玩等）。

（5）现钞、旅行支票、有价证券、股票以及邮票。

（6）金、银、铂制作的首饰。

（7）金、银（不包括镀金、镀铂）制品。

（8）声明价值超过毛重每公斤2000元人民币的物品按贵重物品处理。

2. 收运的一般规定

（1）应是坚固、严密的包装箱包装，外面加"井"字铁质包装带交叉加固。

（2）包装箱接缝处必须有铅封或火漆封志，封志要完好，封志上要有托运人的特别印记。

（3）包装箱的长、宽、高之和不得小于40厘米。

（4）外包装上必须使用挂签，不得使用贴签或其他粘贴物。托运人应在外包装上清楚地写明收货人、托运人的姓名、地址、电话。货物外包装上不得有任何显示货物性质的标志。

（5）包装箱内必须放有衬垫物，保证箱内物品不致移动和相互碰撞。

（6）在货运单货物品名栏内详细填写贵重物品的具体名称、净重或内装数量以及包装件的尺寸。同时，在储运注意事项栏内注明"贵重物品"字样。

（7）贵重物品与其他货物使用同一份货运单托运时，整票货物按贵重物品处理。

（8）收运贵重物品的托运人必须出具能证明该货物的文件和装箱单。例如发票、签字证明等。

（9）运输贵重物品每一个环节都必须有严格的交接手续。

3. 订舱时托运人必须预先订妥全程航班、日期、舱位

4. 仓储与运输

（1）贵重物品必须存放在贵重物品仓库内。贵重物品仓库应设有专人负责，货物进出仓库应有严格的登记交接制度。

（2）总重量在45公斤以下，单件体积不超过 $45 \times 30 \times 20cm$ 的贵重物品，应放在机长指定的位置，有保险箱的应尽量放在保险箱内。超过上述重量和体积的应装在有金属门的集装箱内（装完后应加装铅封）或飞机散货舱内。贵重物品在装机或装集装箱过程中，至少有两人在场，其中一人必须是承运人的代表。

（3）贵重物品装机时，应填写贵重物品交接单，同贵重物品一起与机长认真签字交接。交接单一式6份。

（4）批量较大或价值较高的贵重物品，托运人应负责通知收货人到目的站机场等候提取。

（5）贵重物品运抵目的站后，承运人应立即通知收货人提取货物。交付货物时，应会同收货人严格查验货物的包装、封志。如发现包装破损或封志有异，应会同收货人复查，并按规定作出货物不正常运输事故记录。必要时应请商检和公安部门介入调查。

六、菌种、毒种及生物制品运输

1. 菌种、毒种

菌种、毒种是指用于研究、制造生物制品的细菌、病毒和其他病原微生物。此类物品在运输中如处理不当，会造成人、畜感染，对人、畜的健康有较大的影响。

（1）可承运的菌种、毒种

①乙类兽用菌种、毒种；

②丙类兽用菌种、毒种。

（2）不能承运的菌种、毒种

①除上述可承运的菌种、毒种以外的其他菌种毒；

②有传染性的毒品，如有菌培养基；

③接种动物的尸体解剖材料；

④带有病原微生物的人和动物躯体的病料（如脓汁、内脏、淋巴结、皮屑、分泌物、排泄物、血清、寄生虫卵及虫体等）；

⑤未经硝制的兽皮、未经药制的兽骨等。

（3）包装

可承运的乙、丙类兽用菌种、毒种，应使用严密封口的氨瓶盛装，并用塑料袋密封，再用棉花包裹好装在铁桶内严加密封，以木盒或冰瓶做外包装。如包装不符合此要求，应拒绝承运。

（4）注意事项

①托运人须凭单位介绍信办理托运手续，承运人应向其了解包装情况并检查包装是否符合规定的要求。

②承运乙、丙类兽用菌种、毒种时，应认真核对品名，如发现品名不符，即便一字之差也不承运。

③填开货运单时，在货运单"储运注意事项"栏内注明"菌种、毒种"字样。

④此类货物优先发运，只限直达航班运输。如发生航班延误或取消，不能按时运出时，应及时通知托运人，商定处理办法。

⑤储运期间应注意轻拿轻放，并放在阴凉通风的地方。

⑥装机装车时设法予以固定，防止在运输途中移动或翻滚。

⑦在运输过程中发生泄漏或污染，应立即通知卫生、防疫部门，进行处理。

⑧装机后，始发站应发报通知经停站和目的站。

2. 生物制品

生物制品是指经国家卫生主管部门批准制造、使用的，用微生物和动物的毒素、人和动物的血液组织等制成的，作为人、畜预防治疗及诊断疾病用的制品。

（1）包括的种类

①菌苗：用细菌菌体制成，分为死菌苗及活菌苗两种。

②疫苗：用病毒或立克次式体接种于动物、鸡胚或组织培养经处理而制成，分为死毒疫苗和减毒活毒疫苗两种。

③类毒素：用细菌所产生的外毒素加入甲醛变为无毒性而仍有免疫性的制剂。

④免疫血清：抗毒、抗菌、抗毒血清的总称，是用病毒或细菌毒素注射动物使之产生抗体后获得的血清。

⑤诊断用品：包括诊断血清、诊断菌液等，作为诊断某种传染病用的制品。

⑥除上述五类制品外，干燥健康的人血浆、人白蛋白、胎盘组织浆等也属生物制品。

（2）运输注意事项

①托运生物制品，托运人应预先订妥航班、吨位，并注明最长允许运输时限和有关注意事项。

②用冰瓶或冷藏箱包装的生物制品，如收运后 24 小时内不能运出，应通知托运人征求处理意见。

③生物制品在地面停留时，应放在温度适宜的地方，严禁烈日暴晒并防止怕冻制品冻结。

④批量较大或包机运输的生物制品，应请托运人或收货人到机场办理托运或提货手续，以减少在地面的停留时间。

⑤生物制品一般都有温度要求，因此生物制品的包装必须使用保温或冷藏材料制成，能够保证其在运输过程中不致因外界温度变化而导致货物受损。

⑥生物制品运输需凭有效检疫证明。

3. 其他药品

除生物制品以外的药品如片剂、注射剂、粉剂、酊剂、原料等，这类药品中对温度有特定要求的，承运时应按生物制品的注意事项处理，液体药品应注意防止冻结。

七、骨灰、灵柩运输

1. 骨灰

托运人应凭医院出具的死亡证明和殡仪馆出具的火化证明办理骨灰托运手续。骨灰应当装在密封的塑料袋或其他密封的内容器外加木盒，最外层用布包裹。承运人应按与托运人约定的航班或以最早的航班将骨灰运达目的站。

2. 灵柩

（1）一般规定

①国内运输灵柩必须符合国家的有关规定和持有有关部门同意运输的证明文件，无此文件的灵柩概不承运。

②托运人还须提供县级以上医院出具的死亡证明，殡仪馆出具的入殓证明、防腐证明和卫生防疫部门出具的准运证明。非正常死亡的灵柩，除应有上述证明文件外，还须有县级以上公安部门出具的准运证明或法医证明。

③灵柩内必须是非传染性疾病死亡的尸体。

④尸体经过防腐处理，并在防腐期内。

⑤尸体以木制棺材为内包装，外加铁皮箱，最外层加木制棺材，棺材上应有便于装卸的环扣。棺内敷设木屑或木炭等吸附材料。棺材应当订牢、焊封、无漏缝。确保气味及液体不致外漏。

⑥死者遗物和灵柩可以使用同一份货运单使用灵柩运价。其他货物不能和灵柩使用同一份货运单。

⑦托运人必须预先向承运人订妥航班、日期、吨位。

（2）储运

①托运人应在航班离港前，按约定的时间将灵柩送到机场办理托运手续。并负责通知收货人到目的站机场等候提取。

②灵柩必须在旅客登机前装机，在旅客下机后卸机。

③灵柩不能与动物、鲜活易腐物品、食品装在同一集装器内。

④散装时，灵柩不能与动物装在同一货舱内；分别装有灵柩和动物的集装器，装机时中间至少应有一个集装器间隔。

⑤灵柩的上面不能装木箱、铁箱以及单件重量较大的货物，需要在灵柩上面装货时，灵柩的表面与货物之间应使用塑料布或其他软材料间隔，以防损坏灵柩。

⑥航班离港后，承运人应电报通知目的站及其他有关航站。

⑦必要时，运送过灵柩的飞机或设备，应请机务和医务人员消毒。

⑧装机前或卸机后，灵柩应停放在僻静地点，如条件允许，应加盖苦布，与其他货物分开存放。

八、押运货物运输

根据货物的性质，由托运人派人押运，在运输过程中需要专门照料、监护的货物称为押运货物。

1. 以下货物要求托运人必须派人押运

（1）需要沿途饲喂、供水、浇水、保温等的鲜活动植物，如家畜、鱼苗、鱼介、新生家畜、花卉及树苗等（不需要照料者除外）。

（2）机密性强和价值很高的货物，如重要的文件、档案材料、简短保密产品和珍贵文物等。

（3）需要采取特殊防护措施和注意看管，以确保运输安全的货物，如凶猛动物、成批货物和证券以及包机运输的危险品等。

（4）必须专人照料和护送的其他货物。

（5）托运人认为需要派人照料和护送的货物。

2. 收运

（1）托运人托运押运货物之前应订妥承运人的全程航班、日期、吨位。

（2）托运人应在航班起飞当天按双方约定的时间在机场办理托运手续。

（3）在货运单"储运注意事项"栏注明航班号、客票号码和"押运货物"字样。

（4）承运人应按货运单上所注明的航班、日期安排押运货物发运。特殊情况下如需变更，必须经押运员同意。

（5）各生产环节应随时保持与押运员的联系。

3. 押运员职责

（1）负责货物在地面停留期间的照料和地面运输时的护送工作。

（2）指导所押运货物的装卸工作。

（3）负责在飞行途中或飞机停站时对押运货物的照料。

（4）遇飞行不正常、货物发生损坏或其他事故时决定处理办法。

（5）允许了解所押运货物的性质和运输要求。

4. 装卸与交付

（1）承运人应在押运员在场的情况下将押运的货物出库、装机。押运员在飞机舱门关闭后方能离开。

（2）飞机到达目的站后，应由押运员指导卸机并监护货物直至提取完毕。

（3）押运货物如发生遗失或损坏，除因承运人或其代理人的过失造成之外，均由押运员负责。

（4）押运货物，由押运员办理提取手续，提取货物。

九、烟草运输

1. 烤烟、名晾（晒）烟、卷烟、雪茄烟和过滤嘴、丝束、卷烟纸、卷烟机械的运输必须持有烟草专卖局证明，方可办理托运手续。

2. 省际间运输，托运人须出示省、直辖市或自治区所属烟草专卖公司出具的《烟草专卖品准运证》，一式两份，一份留存，一份随同货物运输。

3. 省内运输，托运人须出示省、自治区所属烟草专卖公司或省、自治区人民政府指定的承办单位出具的调运单，不另需准运证明。

第九章　包机、包舱运输

第一节　包机运输

凡包用民航飞机，在民航固定航线上或者非固定航线上飞行，不论用以载运旅客、货物或者客货兼载，均称为包机运输。

国家机关、企事业单位或团体、个人为一定的目的包用承运人的飞机，把货物从始发机场运输到目的地机场的一种货物运输形式称为货物包机运输。

一、包机的管理组织

1. 承运人在组织包机运输时，必须根据客观实际需要妥善安排。对包机单位提出的包机要求，一般应该在对方任务性质重要、时间紧迫而班机又无法解决时予以承担。对有重大政治影响的紧急包机任务，必须优先尽力承担。

承运人根据申请和运力安排，以及可行性，初步同意接受后，双方就包机费和运输条件进行商定并报主管部门批准。

2. 担任包机的机型和包机飞行的路线，必须经济合理，以减轻包机单位的负担和避免运力的浪费。

二、包机的组织实施

遵守包机运输的有关规定，严格履行包机合同，开据运输凭证，按包机双方协议收取费用。其形式多种多样：如社团包机、包价旅游包机、预购包机、专项活动包机、公共包机、拼台包机、混合包机、部分包机、航路包机与非航路包机、货运包机如包舱、包集装板（箱）等。

此处仅介绍公共包机。它不规定团体的规模，不要求预先购票，不要求提供食宿，不限在目的地停留期限，而且还允许将定期航班中某些优待折扣办法，如对小孩、老人打折扣及"等待票"等在包机中实行。这种公共包机与定期航班之间的差别，除班期表外，还须遵循：

（1）包机的座位只能由包机经营人出售而不能由航空公司直接推销。

（2）一旦购买包机运力，就不能变更或取消订票，否则要冒罚款或没收定金的风险。

（3）凡属往返程者，必须事先确定返程日期。

三、我国货运包机流程（以俄罗斯包机业务为例）

货运包机是一种特殊的运输方式，目前我国货运包机主要业务是俄罗斯包机业务，主要分布在太原、天津、石家庄等机场。

俄罗斯的客货包机兴起于1993年。当时乘坐包机的旅游者进入俄海关除正常申报纳税外，可以免税携带2000美元以下的货物或钱款。1994年俄罗斯海关关税增加，俄方为了减少纳税量，于是将包机改成"包机包税"，即运费中含有税金，由俄包机公司负责通关。由于通过"包机"运输的货物均打成大包，所以又俗称"倒包"。我国一般称其为"客货包机"，简称"包机"。

货运包机与客运包机的区别，不仅在于运输工具从客机变成专门的货运飞机，更重要的是采取了"包税"方式，即由发货人按整架飞机的载货量向"清关公司"交纳一笔"一揽子"费用，后者全程代办报关、纳税、商检手续。

货运包机的操作流程同国际货物运输基本相同，但其操作形式可能更灵活多样。在操作上，航班的保障活动主要由机场承担，而不是航空公司。为了提高服务水平，增强市场竞争力，机场当局还可以为包机人提供"绿色通道"服务，将原先应该由包机人完成的部分工作由机场代为完成，代理人只要把货物送到机场即可，这样简化了包机人的手续流程，加速了手续办理速度，降低了包机人的经营成本。同时，由于采用包机运输的方式，货运代理不用向航空公司预订舱位。

1. 包机人业务流程

（1）市场营销

作为包机商，不管其包机装载多少货物，货包机一个航次的租金是一定的。因此，为获得最大的利润，同时降低经营风险，包机商应当事先做好广泛的宣传、联络和市场营销等工作，保证航班舱位的销售。

包机人与发货人就出口货物运输事宜达成意向后，可以向发货人提供中国民航的"国内、国际货物托运书"。发货人发货时，首先填写托运书，并加盖公章，作为货主委托代理承办航空货运的依据。航空货运代理公司根据委托书要求办理相关手续，并据以结算费用。

（2）接受委托

货运单应由托运人填写，也可由包机商或其代理人代为填写。托运书是托运人用于委托代理人填开航空货运单的一种表格，表单上列有填制货运单所需的各项内容，并应印有授权包机商或其代理人代其在货运单上签字的文字说明。

（3）审核单证

所需的单证有：发票、装箱单、托运书、报关单、外汇核销单（国际货）、许可证、商检单、进料/来料加工核销本、索赔/返修协议、到付保函、关封等（货运包机可以采用包税的方式，由清关公司统一代为完成）。以上单证国内货运可视具体情况酌减。

（4）接单

接受托运人或其代理人送交的已经审核确认的托运书及报关单证和收货凭证。将电脑中的收货记录与收货凭证核对。制作交接单，填上所收到的各种报关单证份数，给每份交接单配一份总运单或分运单。将制作好的交接单、配好的总运单或分运单、报关单证移交制单。如此时货未到或未全到的话，可以按照托运书上数据填入交接单并注明，货到齐后再进行修改。

（5）制单

制单，就是填开航空货运单，包括总运单和分运单。填开航空货运单是空运出口业务中最重要的环节，运单填写的准确与否直接关系到货物能否及时、准确地运达目的地，航空货运单的填写必须详细、准确、严格，符合单货一致、单单一致的要求。托运书上的各项内容都应该体现在航空货运单上，如发货人和收货人的全称、详细地址、电话、电传、传真和账号；出口货物的名称、件数、数量、体积、包装方式；代理人的名称和城市名称；始发港和目的港等等。

（6）接货

接货，指包机人把即将发运的货物从发货人手中接过来并运到自己的仓库中。接货一般与接单同时进行。对于通过空运或铁路从内地运往外境地的出口货物，包机人按照发货人提供的运单号、接货地点和接货日期，代其提取货物。

（7）出舱单

出舱单交给包机人的出口仓库，用于出库计划，出库时点数并向运输部门交接。

（8）交接发运

交接，就是向机场当局交单交货，由机场代为负责货物的继续运输和完成地面保障活动，保证货物的正常发运。

（9）航班跟踪

2. 机场当局流程

（1）接机

当包机落地，机场当局和机长签署飞行单据，同时协助边检对飞机及机组人员进行入境检查。

（2）接货（入库）

当包机人的货车进入机场库区，机场当局组织人员将货物装卸到指定的货台后进行货物的件数清点及按照国家的有关规定对货物进行安全检查，同时要检查货物有无破损、丢失，如破损或丢失应开据相关文本说明，由运输方（货车司机）、机场包机部，货物所有人（货代）三方签字。

（3）提箱板

机场当局按照包机人发来的出库计划申领板箱并办理相应的手续，提取板箱时，应领取相应的塑料薄膜和网。对所使用的板箱要登记型号。这一环节应由包机人完成，但由机场当局代为办理。

（4）货物装箱装板

（5）一关三检

货物只有在完成了一关三检后才能出库。机场当局按照包机人的要求将要发运的货物提取出来，由包机人委托的报关行协助进行海关报关，并且动物、植物、卫生、检查合格后，货物才可以出库、装机。

（6）装机出港

按照本次航班机型规定，对要装机的飞行器进行合理科学的配载平衡，计算出最大的载量，按照装机单将指定的货物装载到拖板，由拖头拖带到计量器进行计量称重后拖至飞行器装机，并制作起飞数据表和舱单。

（7）库存

出库全部结束后对存货进行全面的清点核查。

3. 典型的机场货包机组织结构图

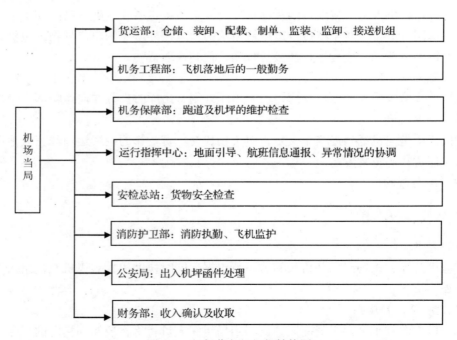

图 9.1　机场货包机组织结构图

4. 典型货包机机场各保障部门关系图

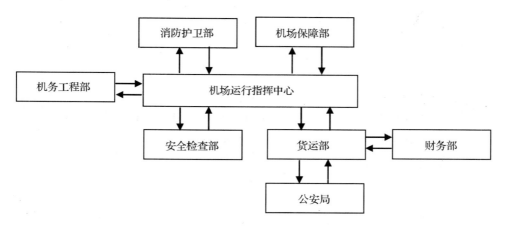

图 9.2　货包机机场各保障部门关系图

四、相关单据（以太原机场为例）

太原机场独联体包机收费通知单

一、飞机起降记录登记		
1. 航班号	2. 机号	3. 机型
4. 到场时间：　　　年　　月　　日　　时　　分		
5. 起飞时间：　　　年　　月　　日　　时　　分		
6. 航线：		
二、**机场收费项目**（单位：美元）		
1. 起降费：		
2. 夜航附加费：		
3. 灯光：		
4. 停场：		
5. 航路费：		
6. 地面服务基本费率：		
7. 地面服务额外收费合计（附表）		
合计		
三、**执行协议收费**（单位：美元）		
四、**收费合计**：	汇率：	
合计人民币：		
五、**双方签字**		
1. 承运人代理签字：		
2. 机场货运签字（章）：		

图 9.3　包机收费通知单

航空器起飞数据表

AIRCRAFT TAKE OFF TABLE

航班号 日期

FLIGHT _____ **DATE** _____

航空器号码 机型

AIRCRAFT NO _____ **TYPE OF AIRCRAFT** _____

起飞机场 降落机场

T/O AIRPORT _____ **L/D AIRPORT** _____

航程

ROUTE _____

最大起飞重量(公斤)

MAX TAKE OFF WEIGHT(KG) _____

最大无油重量(公斤)

MAX ZERO FUEL WEIGHT(KG) _____

起飞油量

TAKE OFF FUFL _____

飞机基本重量

DRY OPERATING WEIGHT _____

最大允许业载

ALLOWED PAY LOAD _____

实际业载

TOTAL PAY LOAD _____

起飞环境温度限制 预计起飞时间

T/LIMITED(℃) _____ **ETD** _____

机长签字

图 9.4 航空器起飞数据表

太原机场国际货物托运书

TAIYUAN AIRPORT SHIPPER'S LETTER OF INSTRUCTION

托运人名称及地址 Shipper's Name and Address		供承运人使用 for carrier only	
		航班 /flight	日期 /date
收货人名称及地址 Consignee's Name and Address		货物运费 Charges	
代理人名称及地址 Issuing Carrier's Agent Name and Address		另请通知 Also Notify	
始发站 Airport of Departure			
目的站 Airport of destination			
声明价值 Shipper's Declared Value	保险价值 Amount of Insurance	随附文件 Documents to Accompany Air Waybill	
供运输用 for Carriage	供海关用 for Customs		
储运注意事项及其他 Handling Information			

件数 No. of pieces	毛重（千克） Gross Weight	运价类别 Rate Class	计费重量（千克） Chargeable Weight	费率 Rate	货物品名及数量 Nature and Quantity

托运人证实以上所填内容全部属实并愿意遵守承运人的一切运输章程 The shipper certifies that the particulars on the face hereof are correct and agrees to the conditions of carriage of the carrier	经办人 Agent
托运人签字　　　　　　　　　日期 Signature of shipper　　　　　Date	日期 Date

图 9.5　国际货物托运书

太原机场国际包机装机单
Taiyuan Airport Loading Sheet

航班号 Flight No.		飞机号 Aircraft No.	
始发站 Airport of Departure		目的站 Airport of Destination	
件　数 No. of pieces	业　载 Total traffic load		货物品名 Nature

1. 本架飞机业载依据承运方提供的飞行数据和性能参数进行配载。

Operating loadig for this aircraft will be in accordance with flight data and performance parameter provided by the Carrier.

2. 本架飞机业载符合《不同温度下的业务载量限制表》的要求。

This aircraft is in accordance with requirements of 《Operating Loading Specification in Various Temperature.》

3. 整个装机过程根据承运方填制的载重平衡图和在承运方代表指挥下进行装载。

All loading procedure shall be according to weight And Balance Manifest filled by the Carrier and under the direction of the Carrier's representative.

4. 货物与货舱顶部的间隔限制及在货舱内的装载方法符合承运方提出的装机要求和规定。

The space limitation of the cargo height and the loading procedure inside the cargo hold shall be in accordance with requirements and specification of the Carrier.

5. 本架飞机所装载的货物没有承运方界定的压缩包。

The cargo loaded in this aircraft excludes compacted package restricted by the Carrier.

6. 机组行李件数、重量及在货舱内装载和摆放的位置符合承运方提出的规定。

The luggage items and weights shall meet with requirements by the Carrier,also the same with loading location inside cargo hold .

7. 装机完毕，由承运方机长做最后检查，并确认符合所有规定。

With the accomplishment of the loading ,final check shall be conducted by the captain of the Carrier to ensure that all requirements have been met .

机长签字：

Signature of Captain

货运签字：

Signature of Agent

图 9.6　国际包机装机单

太原机场货邮舱单
Taiyuan Airport Cargo and Mail Manifest

航班号：　　　　飞机号：　　　　飞行日期：　　　　编号：
Flight No:　　　Aircraft:　　　　Date:　　　　　　No:

货运单号 TWB No.	品　名 Nature	件数 Pieces	重量 Weight	始发站 Departure	到达站 Destination	备注 Information

总计：货物：
Cargo:
邮件：　　　　　　　　　　值机：
Mail:　　　　　　　　　　 Checkin:
公邮：　　　　　　　　　　复核：
Free mail:　　　　　　　　Check:

图9.7　货邮舱单

太原机场包机货物安检记录

航 班 号	飞 机 号	装机时间	装机件数	备 注
已 过 安 检 件 数		检查人员签字	货运人员签字	

图 9.8 货物安检记录

五、包机运费计算

承运人按包机合同中的规定收取包机费用。包机运价一般情况下以每公里和每小时所需费用公布，可在协商情况下在一定的范围内上下浮动。

包机运费包括包机费、调机费等各项费用。包机飞行收费按飞机最大起飞全重计费，每天飞行不足 2 小时按飞行 2 小时计收最低飞行费。包机调机费每飞行小时按包机飞行小时标准费率的 50% 计算。包机留机费，包机人要求包机停留，在一个小时内不收留机费，凡超过 1 个小时，从第 2 小时起每停留 1 小时按包机飞行小时费率的 20% 计算并收取留机费，不是包机人原因需要停留的，不收留机费。

包机人提出变更包机合同前，承运人因执行包机合同已发生的调机的有关费用应当由包机人承担。在合同中应对退包费和违约金作出规定。

表 9-1　各型运输机国内包机收费标准

机型	每公里费率 （元/公里）	每飞行小时费率 （元/小时）	每小时急救费率 （元/小时）
B747CMB	63	52668	45017
B747SP	59	49140	31557
B767	46	34884	24289
B757	43	30413	17817
B737-300	29	20732	10970
B737-200	27	19302	10955
B707	32	23562	12819
A310	50	35745	26884
MD-82	32	22877	10911

续表

机型	每公里费率 （元/公里）	每飞行小时费率 （元/小时）	每小时急救费率 （元/小时）
TU-154	35	26500	10269
三叉戟	22	17528	9369
AN-24	11	3861	2513
Y-7	12	4259	2513
肖特360	8	2475	2000
BAE	20	11633	8340
伊尔18	21	10194	5216
L-100-3	31	18031	12597
双水獭	7	1908	1834
安12	14	6312	3800

包机申请书

_____年_____月_____日

包机单位名称	
联 系 人	电话
本市地址	
包 机 事 宜	
包机飞行日期	
包机航程	
旅客团体名称或货物品名	从_____经_____经_____到_____
旅客人数或货物总件数、总重量	
包机其他有关事项 1. 客运包机填写旅客身份、要求 2. 货运包机填写包机原因、货物单件 重量、体积及储运注意事项等	

申请单位经手人_____

包机处理记录（由民航工作人员填写）					
上报及批准文电记录					
包机运输协议书编号			运输凭证号码		
座位数或载重量			飞行日期及机号		
包机费用	费率	里程	费用	留机费	合计
1. 包机					
2. 调机					
				经手人_____	

颁布单位：国家工商管理局经济合同司

包机运输合同

包 机 人：_____

地　　址：_____邮码：_____电话：_____

法定代表人：_____职务：_____

承 运 人：_____

地　　址：_____邮码：_____电话：_____

法定代表人：_____职务：_____

1. 包机人于____年____月____日起包用_____型飞机_____架次担任（旅客、货物、客货）包机运输，其航程如下；

____年____月____日____自____至_____，停留_____日；

____年____月____日____自____至_____，停留_____日；

____年____月____日____自____至_____，停留_____日；

包机费总共人民币_____元。

2. 根据包机航程及经停站，可供包机人使用的最大载量为_____公斤（内含客座）。如因天气或其他特殊原因需增加空勤人员或燃油时，载量照减。

3. 包机吨位如包机人未充分利用时，空余吨位得由民航利用；包机人不能利用空余吨位载运非本单位的客货。

4. 承运人除因气象、政府禁令等原因外，应依期飞行。

5. 包机人签订本协议书后要求取消包机，应交付退包费_____元。如在包机人退包前，承运人为执行本合同已发生调机等费用时，应由包机人负责交付此项费用。

6. 在执行本合同的飞行途中，包机人要求停留应按规定交纳留机费。

7. 其他未尽事项按承运人客货运输规则办理。

包机人：_____

代表人：_____　　　　　　____年____月____日

承运人：_____

代表人：_____　　　　　　____年____月____日

第二节　包舱运输、包板/箱运输

包舱或包板/箱运输，是指托运人根据所托运的货物，在一定时间内需要单独占用飞机货舱、集装板/箱，而承运人需要采取专门措施给予保证的一种运输方式（不含正常运输中的集装板/箱运输）。

一、包舱申请

申请人凭介绍信或个人有效身份证件向承运人申请包舱、包板/箱同时提供托运货物的始发站及目的站以及需包用时间，承运人根据以上信息、舱位情况决定是否接受申请。接受申请后，承运人应即向申请人提供包舱、包板/箱的价格。

二、合同和运输凭证

经双方协商同意，并报主管部门批准后签订合同（如下所示）。航空公司货物包舱运输合同有统一的格式，必须如实、认真填写。

合同编号：＿＿＿＿＿＿

货物包舱运输销售合同

甲方：＿＿＿＿＿＿＿＿＿＿＿（以下简称承运人）

乙方：＿＿＿＿＿＿＿＿＿＿＿（以下简称包舱人）

包舱人为包用中国××航空股份有限公司的飞机货舱载运货物，经双方友好协商，与承运人签订货运包舱运输合同，双方同意遵守下列条款：

一、包舱人包用的飞机机型：＿＿＿＿＿＿＿＿＿＿＿

二、包舱执行日期：＿＿＿＿＿＿＿＿＿＿＿，每周航班：＿＿＿＿＿＿＿＿＿＿＿。

三、包舱飞行航班号、飞行航线及时刻

＿＿＿＿＿＿＿＿＿＿＿＿＿＿＿＿＿＿＿＿＿＿＿＿＿＿＿＿＿＿＿＿＿＿＿＿＿＿＿

＿＿＿＿＿＿＿＿＿＿＿＿＿＿＿＿＿＿＿＿＿＿＿＿＿＿＿＿＿＿＿＿＿＿＿＿＿＿＿

以上均为当地时间，时刻以各地空管批复为准。

四、包舱每班次可供使用的舱位载量为＿＿＿＿＿＿＿＿＿＿公斤，若因天气或其他条件变化时，载量相应调整。

五、包舱执行期内共执行＿＿＿＿＿＿＿＿＿＿班，每月共执行＿＿＿＿＿＿＿＿＿＿班，每班包舱费为＿＿＿＿＿＿＿＿＿＿元（大写），每月合计包舱费为＿＿＿＿＿＿＿＿＿＿元（大写）。

1. 此项费用不包括货物机场与市区间的地面运输费和当地政府、机场收取的其他费用。

2. 此项费用不包括航空保险费。

3. 此项费用不包括承运人支付向包舱人收取的超出载量部分的运费。

4. 此项费用承运人不再支付任何代理费。

5. 该包舱航班的逾重行李收入、邮件收入归承运人所有。

6. 如因包舱人原因造成空舱,包舱费亦需缴纳。

7. 包舱付款方式为支票或汇票。

8. 承运人账号:

六、包舱人必须严格遵守包舱每班可提供的载重的限制。如包舱人所交运货物的吨位超出载量,应提前一天向承运人申请并经批准后方能发运,每班超出部分承运人将按_____元/公斤向包舱人收取。

七、包舱定金和包舱费付款时限:包舱人必须按月包舱费的50%交付给承运人作为包舱定金。包舱费每月结算二次,结算日期为每月1日、16日,逾期付款,包舱人必须每日按应收款的0.5%支付滞纳金;如包舱人拖欠货款,承运人有权终止本合同,定金不返还。

八、包舱人在本合同签字后,要求取消包舱时,应以包舱取消文件送达承运人之时起计算时限,并按下列规定向承运人交付退包费:

1. 所包飞机起飞前7天以上,按一班包舱费的5%交付退包费。

2. 所包飞机起飞前7~5天,按一班包舱费的10%交付退包费。

3. 所包飞机起飞前4~3天,按一班包舱费的15%交付退包费。

4. 所包飞机起飞前2~1天以上,按一班包舱费的50%交付退包费。

5. 所包飞机起飞前24小时以内,按100%收取包舱费。

九、包舱的货运单的领取、填开和销售:本合同生效后,包舱人可到承运人收入结算部门领取货运单,包舱的货运单押金按国内每单人民币5000元、国际地区每单人民币10000元收取;包舱货单由_____填开,除此之外,经任何单位填开的货运单均应视为无效;货运单需在"储运注意事项及其他"栏内注明"包舱运输",否则该货单亦视为无效。包舱人应对上述无效货单的一切后果负责。

十、包舱人应对货物的真实负责,货物内不得夹带贵重物品、危险物品、禁运物品和国家政府限制运输的物品。

十一、由于包舱人的故意或过失致使所包航班延误或使承运人遭受损失时,包舱人应负责补偿承运人的经济损失。

十二、承运人应按合同约定的航线、时刻、机型飞行,但因天气、政府禁令或其他不可抗拒的原因不能按合同上的航线、时刻、机型飞行时,承运人不负责任。遇航班取消、改变机型,承运人应及时通知包舱人。双方协商解决。

十三、包舱合同签字以后,包舱人要求变更合同中任何条款时,应以书面形式向承运人提出,并经承运人认可以后方能按新的变更执行,并重新计算包舱费。本合同的任何变更均需双方协商并书面确认方为有效。

十四、本合同未尽事宜,按民航总局客货运输有关规定办理。

十五、本合同一式二份,包舱人及承运人各执一份,具有同等法律效力。

十六、本合同在执行过程中如发生争议，双方应友好解决；如协商不成，任何一方可向法院起诉。

十七、本合同于＿＿＿＿年＿＿＿＿月＿＿＿＿日在签＿＿＿＿字。

包舱人（签字、盖章）　　　　　　　　承运人（签字、盖章）

履行合同时，每架次货运包舱、包板/箱合同应当填制一份或几份托运书和货运单，货运单作为包舱的运输凭证。在货运单"运费"栏内填写"包舱、包板/箱"及合同约定的相关费用。在货物品各栏内，除原规定应填写的内容外，还需把包舱、包板/箱的合同号填入该栏内。每次运输需填制一份或几份货运单，包舱、包板/箱合同随货运单财务联一并交财务部门。

三、包舱运输注意事项

1. 除不可抗力原因外，包机人与承运人应当履行合同规定的各自应承担的责任和义务。

2. 因不可抗力原因，不能履行合同，承运人不承担责任，但应配合包舱人处理包舱、包板/箱的货物。

3. 包舱人在飞机起飞前取消、变更包舱、包板/箱计划，造成航空公司损失的，应承担赔偿责任。

4. 包舱、包板/箱应保证托运的货物内没有夹带危险品或政府禁止运输或限制运输的物品。

5. 包舱、包板/箱合同中未尽事项，按航空公司相关业务规定办理。

四、包舱运输合同签订程序

为规范货运包舱过程的控制和管理，确保货运包舱运输工作系统化、规范化、透明化，满足包舱人要求，减少合同纠纷，提高经济效益。提出了航空公司包机运输合同签订程序（如图 9.9 所示）。合同签订主要工作流程如下：

1. 货运部市场开发部根据往年数据、现今市场调研结果及可行性研究，提出建议和包舱情况说明报货运部。

2. 货运部综合评审通过后由货运部市场开发部对所有符合包舱条件的货运销售代理人、独立法人组织或投标联合体，发布《竞争性谈判邀请函》。

3. 所有包舱都要经过竞争性谈判过程，以公开的方式进行。

4. 货运部按《合同管理程序》执行，签署"送审部门"意见并送报公司各职能部门。

5. 公司各职能部门按《中国××航空公司合同审核意见书》要求审核合同，进行会签。

6. 办理本单位、本部门职权范围内的《法定代表人授权委托书》、《被授权人责任书》，按航空公司相关规定执行。

7. 签订正式《中国××航空公司货运包舱经营合同》。

8. 签订的正式合同下发财务部货运室，货运部市场开发部协议管理室存档。

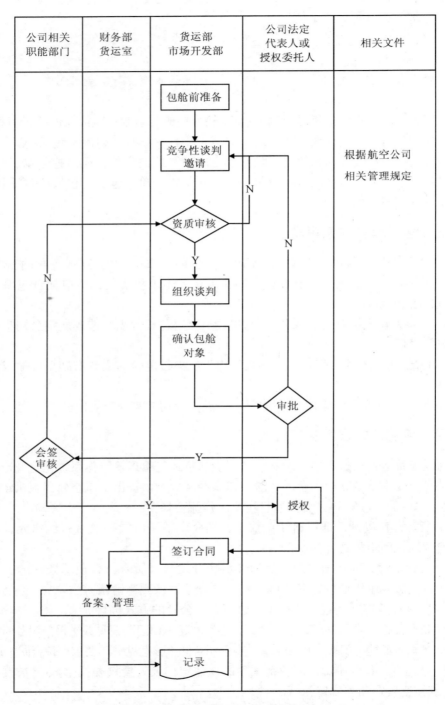

图 9.9　货运包舱运输合同签订程序流程图

第十章　国内航空货物快递

第一节　概　述

一、航空快递的产生

在现代经济和信息高度发达的社会中，时间已成为产品价格和企业资本的实际构成部分，快递业务紧紧抓住"迅速"、"安全"这两大要素来换取客户付出的较高运费。在经济和信息发达的国家内，越来越多的人和公众清楚地意识到，空运运费的相对增加与货物运输的及时性和安全性以及因此而实现的经济价值和社会效益相比已变得微不足道。从20世纪70年代开始，特快专递业务以门到门服务的形式，为客户提供快速递送各类文件资料、物品、机器零件等服务，作为社会经济发展和文明进步的反映，它的高时效性和高服务质量的特点广受用户的欢迎，至今这项业务在我国已相当普及，并成为航空运输业的一项重要业务。

二、航空快递的定义及分类

航空快递（Air Courier）是指具有独立法人资格的企业将进出境货物或物品从发件人（Consignor）所在地通过自身或代理的网络运达收件人（Consignee）的一种快速运输方式。采用上述运输方式的进出境货物、物品叫快件。从一定程度上说，航空快递企业就是货代的一种形式。

快件货物除了航空公司飞行承运之外，其全程运行必须置于快件公司的操作和控制之下。这样才能提高运送速率，减少差错，为跟踪查询提供了条件，使快件运输较之于普通空运在服务水准上有了质的提高。

快递运输方式从大类上分主要有三种：国际快递、国内快递和同城快递。

三、中国目前快递业务概况

我国自改革开放后，首先面临的是国际间对外贸易、对外经济和文化等方面的交流。中外双方都急需把商业文件、银行票据、其他文件和小件包裹互相快速交流。国内、国外都急需使用这个已经诞生的新型运送方式，特别是国外用户极力鼓励国际快递公司进入中国。

时至今日，国内已有大大小小数千家快递公司参与竞争，快递市场呈现出激烈的竞争局面。我国快递业务市场有较大的发展潜力，这已成为国内外同行业的共识。同时作为第一家在中国合资兴办的中外运-DHL 公司近几年在中国的发展，也可谓相当迅速。

近两年，我国快递行业发展迅速，随着中国加入 WTO 后中国的经济平稳快速发展，中国目前快递市场规模已经达到 200 多亿元，而且每年还在以超过 30% 的速度增长。中国快递市场丰厚的利润回报率、庞大的市场潜力、较低的进入壁垒，吸引了国内外众多同行业企业和行业外潜在进入者的目光。外资快递企业不断进入中国，尤其是全球快递行业的四大巨头——联邦快递、敦豪、天地快运、联合包裹等在中国不断参与合资、并购或独资，给我国现有的快递企业前所未有的挑战。

民航系统的快递业务由 1988 年开始，由广州发起，走过了十年多的艰辛历程。至 1996 年，按照民航总局组建民航快递企业的原则，由北京、上海、广州、成都、西安、沈阳、深圳和厦门等八个地区和十五家股东参股成立了"民航快递有限责任公司"。民航快递有限责任公司作为民航的内部企业，与航空公司和机场之间存在的千丝万缕的关系，有着民航系统网络和航空运输业务的基础条件，这是民航快递企业优越于国内外其他企业和公司的重要优势，这种关系保证了快递货品的运输舱位、配载和按时运输等，推动着民航快递业务的发展，使民航快递企业成为继邮政速递、中外运速递之后中国市场中的又一支劲旅。

目前，我国快递业出现了国营、民营、外资多经济主体、多运输方式相互竞争的市场状况。Heading-century 指出分布于我国的快递公司主要有四个层次，第一就是外资快递行业，包括联邦快递、敦豪、天地快运、联合包裹等大跨国公司，对于这些企业来说，丰富的经验、雄厚的资金以及完善的全球网络使其拥有强大的竞争实力，目前这四家公司已经占据了中国国际快递业务 80% 的市场份额；第二就是我国一些国有大快递公司，包括中国邮政、民航快递（CAE）、中铁快运（CRE）、中外运等，这些企业以其背景优势和完善的网络而在中国的快运行业处于优势地位；第三层次就是大通快递（EAS）、北京的宅急送，上海的申通快递公司、深圳顺丰等一些民营大中型快递公司，这些公司占据着一些地方市场，同时以一些城市为中心向其他地区渗透；第四就是一些小型民营企业，目前管理比较混乱，这些速递公司以其规模小、成本低、体制灵活、对市场需求的快速反应，而占据了当地一定的市场份额，往往以同城快递和省内快递为主要营利方式。

第二节　中国航空货物快递企业

一、概述

目前国内的快递企业较多，主要分为全国派送和市内派送两种速递公司，全国范围比较知名的公司有中国民航快递、中铁、大通、宅急送等；市内速递公司主要有久久星、小红马、全日通等等。市内快递公司数量特别大，速度也比较快，但是主要局限在同城。

因此，无论是全国范围还是由同城准备向全国范围方向发展的速递公司，都要依靠以下几点才能达到快速的目的。

1. 快递必须建立在航空运输的基础上

我国地域辽阔，要实现最快速度的运输，1000 公里以内的区域可以凭借公路、铁路进行，1000 公里以外的区域必须依靠飞机才能完成。2001 年 3 月，中国邮政租用 5 架飞机来提高运输包裹的速度；UPS 获得美国至中国的直航权后，从美国到北京、上海等城市的文件运送时间由 3 天缩短为 2 天，包裹则由 4 天缩短为 3 天。由此可见，要实现最快速度的运输，就要凭借飞机来完成。目前，我国快递业 80% 的急件都是通过飞机来运送的，如宅急送在北京、上海、广州等大城市的直属公司都可实现向全国绝大多数省会城市的 24 小时门到门服务，特殊情况下甚至可以实现 ±2 小时到门。

2. 航空运输必须与基地的地面中转相配合

由于条件限制，飞机在运送货物时，只能选择大城市降落。中小城市尽管有机场，但由于货物比较零散，而且飞机不能像火车一样做到站站停，所以要求快递公司必须根据自己的网络结构选择几个点，以集散南来北往的货物，然后再统一分拨、派送，达到提高物流速度、节约成本的目的。选择的这几个点则被称为物流基地，所以，快递公司进行航空运输时，必须以基地的地面中转相配合。宅急送快运公司为下一步实现用自己的飞机运送货物，于 2001 年 12 月末成立了华北、华东、华南三大物流基地，以连接北京、上海、广州等地区的网络。三大物流基地的成立，是在宅急送业务飞速发展、市场份额逐渐加大、全国网点逐渐增多的时候成立的。以华北物流基地为例，它可以使哈尔滨、长春、沈阳、济南、青岛、太原、石家庄等公司的货物一同汇集到华北物流基地，进行统一分拣后，通过飞机向华南、华东物流基地发送，并可在北京接受全国发送过来的进港货物。

3. 快送服务必须做到门到门

只有做到门到门服务，才能更贴近客户，才能更好地满足客户的个性化需求。航空公司不能做速递服务，是因为航空公司不能满足客户对速度的要求。这里的速度指的是发到全国的每一个城市或客户指定的某一个区域的门到门服务。目前，航空公司提供的只是港到港的服务方式，而绝大多数快递公司则用航空公司承运货物的便利及体制上的弱点，实现和满足客户对货物快速递送的目的。

二、我国国内部分快递企业简介

1. 中国民航快递有限责任公司

民航快递有限责任公司（China Air Express）于1996年11月8日在国家工商行政管理总局正式注册成立。公司是由民航多家航空公司和机场共同出资组建的，唯一具有全国民航快递网络和航空快递时效品牌的公司。公司依托民航系统国内900多条航线和129个机场的独特优势，坚持"高标准、严要求、讲效益、上水平"的工作方针，以时效产品为龙头、以网络建设为重点、以信息管理为导向，面对激烈的市场竞争，打基础，建功能，创品牌，立足国内，发展国际。目前，公司在国内的发展已初具规模。民航快递有限责任公司总部设在北京。

建立了全国地面网络和若干区域集散中心。已先后设立北京、上海、广州、深圳、成都、沈阳、厦门、西安、哈尔滨、山东、青岛、烟台、郑州、湖北、海南、安徽、江苏、宁夏、三亚、福建、重庆、河北、江西、湖南、东莞、佛山、顺德、番禺、大连、雅思柏、六通、珠海、宁波、贵州、呼和浩特、杭州、拉萨、兰州、长春、香港、新疆等分支机构或控股子公司41个，设立营业部142个，并有经营统一品牌和运作规章的网络成员单位22个。目前，民航快递在全国大中城市的覆盖网点已达287个，基本形成了民航快递全国网络体系。并逐步形成了以北京、上海、广州、香港为主体的区域集散中心。

民航快递首创国内快递时效服务品牌，国际货件通达全球。公司于1996年率先向社会公开推出8、12、24、36、48小时五个时间档次的门到门服务品牌，并向社会承诺"超时送达、退还运费"。建立了北京、上海、厦门、广州（香港）、珠海（澳门）、青岛、大连七个国际快递业务通道，在广州等地建立了海关快件监管中心，并开通了粤—港直通车，国际业务通达全球。几年来，公司业务量和收入以较大幅度逐年递增，准时送达率保持全国领先地位，对外树立了良好形象和信誉。

通过了ISO9000－2000航空快件、货物、物流全过程服务的国际质量认证。公司坚持以客户为中心，以 ISO9000－2000 国际质量体系为标准，重新修订了航空快递时效品牌、货物和物流全过程的服务标准，加强了基础工作，强化了计算机的应用，设立了运作质量监管部门。经过国际质量认证机构的认证，公司于 2001 年 7 月通过了 ISO9000－2000 国际质量认证

建立了联接总部和分支机构的企业内部网络。公司建立的综合管理信息系统，实现了快件全过程的状态跟踪和信息管理。公司现有的网上快件状态查询系统可以提供方便快捷的互联网快件状态查询功能。在部分公司建立的 GPS 车辆定位系统和自动语音查询系统，提供了更进一步的信息反馈和查询功能。公司同时也具备了 EDI 电子报关的能力，可以提供高效快捷的报关服务。

形成了以全国各民用机场为主体的物流运输能力。公司以为客户提供全方位服务为出发点，不断完善运输和配送功能，扩展运输能力，已有各种运输车辆及海关监管运输车辆。根据客户不同需求，可提供空运、陆运运输服务。现已形成了珠江三角洲、长江三角洲及华北地区的地面运输网络中心。各省、市（区）间及相邻省、市间地面运输网络也基本形成。国际、国内知名企业的物流服务不断扩展。

2. 中铁快运有限公司

中铁快运股份有限公司（China Railway Express Co.，Ltd），简称中铁快运（CRE），是中铁行包快递有限责任公司与原中铁快运股份有限公司合并重组后的铁道部直属专业运输企业，新公司于 2006 年 1 月 1 日，在国家工商行政管理总局办理变更注册手续，注册资本 19.5 亿元。公司股东共 21 家，中国铁路建设投资公司占总股份的 52.6%，新公司净资产为 24.3 亿元。

（1）组织结构

公司在全国 18 个铁路局（公司）所在地（青藏公司除外）和 15 个省会或主要大中城市设立 32 个分公司，拥有 7 个控股子公司和 1 个参股公司。公司总部下设 10 个部门和 2 个附属机构。

（2）经营范围

经营网络遍及全国 31 个省、自治区和直辖市，在国内 275 个城市设立 736 个经营网点，门到门服务网络覆盖国内 380 多个大中城市。主要经营行李、包裹、邮件、小件等货物铁路快捷运输；仓储、装卸、搬运、包装、加工、配送等物流服务；办理铁路小件货物特快专递、铁路票据特快专递；国际快递业务（信件和具有信件性质的物品除外）；海上、航空、陆路国际货物运输代理业务及相关运输咨询业务；进出口业务；国内航空代理；公路运输；铁路运输设备、铁路配件、专业器材等法律法规允许销售物品的销售；电子商务；设备租赁；经济信息咨询、解决方案及与上述业务相关的技术咨询、服务等；法律法规允许的其他业务。

（3）网络资源

公司具有铁路运输网、快捷货运网、公路运输网、空中走廊、配送网、经营网、信息网"七网合一"的网络资源优势。拥有 2448 辆编挂在铁路旅客列车上的行李车和行邮专列车辆，3580 辆短途分拨、公路线路运营和配送运输汽车车辆，9000 多辆拖车、牵引车、叉车等装卸机具；在主要城市间开行了 5 对时速 160～120 公里特快、快速行邮专列和 14 对行包专列；公路运输共计开行 49 条干线、区域及省内运营线路；航空运输开办 46 条国内、国际航线代理业务，办理到达 70 多个国家或地区的货运代理业务；公司建有 17 座大型仓储、分拨中心，23.6 万平方米的库房和 6.4 万平方米的营业厅，以及现代化的配套设备。公司年办理货物能力：铁路 4.3 亿件 870 万吨，公路 397 万件 6 万吨，航空 270 万件 7.3 万吨，海运 3 千多 TEU。

（4）经营模式

公司形成了服务增值、业务延伸、战略结盟、合作链接、基地运作、区域经营、网络合一、信息增值、供应链管理和产品组合等多种经营模式，具有强大的服务客户、为客户创造增值效益的能力。

（5）核心产品

公司确定包裹快递、快捷货运、合约物流、国际货代四项核心业务，建立了集运到时间、服务标准和产品价格（TSP）为一体的梯次产品，推出次日达时限快递、包裹快递、行李及包裹运输等快递主打产品，为客户提供准确、明晰、承诺运到时限的中铁快运系列组合产品服务。

（6）合作伙伴

实行大客户战略，与具有网络服务需求的制造商、供应商、物流商之间建立战略合作伙伴关系。

（7）客户服务

公司秉承"安全、准时、快捷、经济"服务理念和"为客户创造价值，实现企业资源价值最大化"的经营宗旨，为客户提供运输咨询、上门取货、包装、货物承运、货物查询、到达交付全过程、"一站式"门到门的便捷服务。

（8）链接式方案

通过内部相关业务单元间的链接和分工合作，建立了产品、服务、流程和信息等系统链接，形成了公铁、铁航、铁海等多式联运体系，制定了 2212 条链接式方案，为客户提供综合解决方案。

（9）发展战略

公司以"加快推进市场化进程、加快发展、做大做强"为目标，实施区域经营、协同链接、客户细分、网络统一战略，打造全程服务链条，提供端到端的物流服务，把公司建设成为网络化、集约化、专业化、信息化、国际化的快捷运输企业和现代物流服务集成供应商。

到 2010 年，在全国建成 12 个快运专列基地，20 余个分拨中心，覆盖全国 400 多个城市的经营网络，形成以快递和解决方案为产品的新的核心业务，以物流服务为特征的新的增长点，以行邮、快运专列为品牌的南北、东西"三纵四横"的行包快捷货运大通道，实现年运输收入100亿元目标。

第三节　外国在中国境内设立的货物快递企业

到现在为止，在全世界形成规模的，即能在200个以上国家和地区有网络并能作业的，共有六家公司，即 DHL、FedEx、UPS、TNT、OCS 和依靠万国邮政联盟为基础的各国邮局，即 EMS。这六家快递企业的简要情况如下。

一、FedEx

联邦快递（FedEx）是典型的美国公司，靠国内快递起家，美国的国内快件，80%以上由 FedEx 运作。现在它兼营国际快件，双管齐下。它现有约143500名员工，640架飞机和45000辆货车。它的业务重点在亚洲和美洲之间。今年3月，FedEx 荣获了由 *Cargonews Asia* 发起的在新加坡举行的第16届亚洲货运及供应链颁奖典礼颁发的四项大奖：北美洲最佳航空货运公司、最佳全货运公司、亚洲最佳公路运输公司和最佳物流管理公司。

二、UPS

联合包裹公司（United Parcel Service，UPS），1907年8月28日在美国西雅图市成立。在二战前后，主要是帮助商店做购物递送和宅急送，目前已成为美国国内最大的包裹投递商和全球最著名的包裹运送快递公司。2001年全球营业额达306亿美元。它拥有700多架飞机和88000辆货车，论实力，在六大快递公司中占第一位，它还为自己的客户提供金融贷款服务。

三、DHL

DHL，起源于美国，几年前公司的业务构成为三部分：美洲、亚洲和欧洲。现在公司被德国邮局收购，成为德国邮局控股的国际快递公司，总部设在布鲁塞尔。公司业务从一开始就是国际业务。目前在国际业务中仍占有领先地位，重点逐渐转向亚洲与欧洲之间。

四、TNT

TNT（Thomas National Transport）于1946年由澳大利亚人托马斯成立于悉尼，开始只限于国内业务，1997年被荷兰邮局兼并，总部的名称叫 TPG（TNT Post Group），其快递业务仍叫 TNT。TPG 的业务分三部分：国际快递、邮件和物流。TNT 现有36架飞机、17200 辆车，以欧洲业务为主；TNT 的物流很发达，特别是有关汽车、轮胎、高科技的产品和易消耗品的物流方面，它现在是世界上最大的汽车物流供应商。

五、OCS

OCS（Overseas Courier Service）中文叫日本新闻普及株式会社。1957 年由日本东京的几家主要报纸出版人组建而成，其业务是为这些报社的国外订户发送报纸，到了 20 世纪 70 年代以后才开始做文件、包裹的国际快递业务。总部设在日本东京，业务以亚洲为中心，是和中国在快递方面合作最早的公司。

六、EMS

EMS 即 "Express Mail Service"，邮政特快专递服务。它是由万国邮联管理下的国际邮件快递服务，是中国邮政提供的一种快递服务，主要是采取空运方式，加快递送速度，一般来说，根据地区远近，一般 1～8 天到达。该业务在海关、航空等部门均享有优先处理权，它以高速度、高质量为用户传递国际、国内紧急信函、文件资料、金融票据、商品货样等各类文件资料和物品。目前，我国邮政的 EMS 业务已与世界上 200 多个国家和地区建立了业务关系；国内已有近 2000 个大、中、小城市办理 EMS 业务。

第十一章　不正常运输及业务电报

第一节　货物不正常运输的几种情况

货物不正常运输是指在货物运输过程中发生的货物少收、多收、漏装、漏卸、错装、错卸、拉货、丢失、破损、错贴（挂）标签和延误等不正常情况。对此，承运人应及时采取措施，妥善处理，避免造成或扩大损失。

一、少收货物（SHORTLANDED CARGO）

少收货物是指卸机站未收到或未收齐货邮舱单上已列明的货物的情况，有时也称为短收货物。常用电报简语为 S/L。少收货物的处理程序如下：

1. 在货邮舱单上注明不正常情况，并做好少收货物情况的详细记录。

2. 拍发查询电报。如本航站为中转站，经证实少收的货物已由其他航班转运至目的站，则应将货运单和已收到的货物转运至目的站，并将有关信息通知相关站。

3. 少收贵重物品、外交信袋或其他特殊货物时，查询部门除按一般程序处理外，还应立即向上级报告。

4. 少收的货物经 30 日查询仍无下落，视为货物丢失。

二、多收货物（FOUND CARGO）

多收货物是指卸机站收到货邮舱单上未列明的货物或货物件数多于货邮舱单或货运单上列明的件数的情况。常用电报简语为 FDCA。多收货物的处理程序如下：

1. 根据货物标记或货物标签上的内容，将多收货物的详细情况发报通知有关航站，征求处理意见。

2. 多收外航站的货物，应尽快将货物运至正确的卸机站或目的站并通知有关航站。

3. 多收目的站为本站的货物，应将货物进行登记并放入指定位置保存，按本站有关规定处理。

三、漏装货物 （SHORT SHIPPED CARGO）

漏装货物是指航班起飞后，装机站发现货邮舱单上的全部或部分货物未装机，而货运单已随飞机带走的情况。常用电报简语为 SSPD。此种情况对于货物目的站来说是有单无货或货物丢失的情况。漏装货物的处理程序如下：

1. 立即通知货物的卸机站和目的站。如使用电报，应说明漏装货物的货运单号码、件数、重量、始发站、目的站。同时告知续运的航班、日期。

2. 修改货邮舱单，注明漏装情况。

3. 使用货运单复印件或货运代单，安排最早的航班将漏装的货物运出，并在货邮舱单上注明。

4. 漏装货物一般应由原承运人航班运送。

四、漏卸货物 （OVERCARRIED CARGO）

漏卸货物是指卸机站未按照货邮舱单卸下该站应卸下的货物的情况。常用电报简语为 OVCD。此种情况对于收到货物的航站来说是多收货物。漏卸货物的处理程序如下：

1. 漏卸站发现货物漏卸应立即向有关航站发报查询。各有关航站应及时查找，并将查找结果通知漏卸航站和装机站。

2. 收到漏卸货物的航站应立即通知漏卸站、装机站，并填开货物代运单，将漏卸货物尽快退运至漏卸站或直接转运至目的站。

五、临时拉货 （OFFLOADED CARGO）

临时拉货是指由于各种原因临时从航班上部分或全部卸下货物的情况。常用电报简语为 OFLD。临时拉货的处理程序如下：

1. 应严格按照拉卸货物的顺序拉卸货物，一般情况下应按照配货顺序的相反次序拉卸货物，避免分批拉卸和重复拉卸。特殊情况下请示值班领导。

2. 在时间允许的情况下，应将拉卸货物的货运单留下，在货邮舱单上注明拉卸情况。

3. 立即通知货物卸机站和装机站，并抄报有关航站。

4. 所有拉货都必须修改有关记录。

5. 尽快将拉卸的货物运至目的站。

六、货物丢失 （MISSING CARGO）

货物丢失是指航站只持有货运单，而货物部分或全部下落不明的情况。常用电报简语为 MSCA。货物丢失的处理程序如下：

1. 核对运输文件，分析可能丢失的原因。查找货物可能放置的地方。

2. 向各有关航站发出查询电报。

3. 找到丢失货物的航站，应立即通知货物丢失站及各有关航站，并安排最早航班将货物运至目的站。

4. 经查询超过 30 日仍无结果时，视为货物丢失，写出查询情况报告。

5. 发现贵重物品、枪械、弹药、危险物品、外交信袋等丢失，应立即按规定的程序上报。

6. 已赔偿的丢失货物找到后，应及时与货主联系，并按双方商定的意见处理。

七、破损货物（DAMAGED CARGO）

破损货物是指货物的外包装变形或破裂，致使包装内的货物可能或已经受到损坏的情况。常用电报简语为 DMG。破损货物的处理程序如下：

1. 货物发运前包装轻微破损，应修复货物包装后发运，破损严重的，应与托运人联系。

2. 在中转站发现货物破损，应发报通知有关航站，填制货物不正常运输记录，将货物包装修复或重新包装后，继续运输。

3. 在目的站发现货物破损，应填制货物不正常运输记录并发报通知有关航站。

八、错贴（挂）标签货物（MISLABELED CARGO）

错贴标签货物是指在货物收运过程中，货物的标签被错误贴挂，致使货物标签的内容与货运单不符。常用电报简语为 MISLBL。错贴标签货物的处理程序如下：

1. 在始发站发现，应根据货运单更换货物标签。

2. 在中途站或目的站发现，应核对货运单和货物外包装上的收货人，复查货物重量。

3. 错贴标签的航站收到电报后，应立即查明原因，并答复处理办法。

第二节　航班不正常运输货物处理

一、航班在始发站延误的货物处理

1. 如果飞机上装有活体动物或者鲜活易腐货物，应当立即通知机组保持货舱内的温度和通风。在飞机发动机已经关闭，空调和通风设备停止运转的情况下，应到飞机上检查货物，并根据货舱内的温度和通风情况，打开舱门进行通风。要求采取以下办法：

（1）要求电源车、空调车等地面车辆支援；

（2）将活体动物或鲜活易腐货物拉下飞机进行通风，按托运人指示给予喂水或者冷藏。

2. 如果确认航班在短时间无法离开始发站，在征得托运人的同意下，且始发站又有飞往同一目的地的其他航班，在可能的条件下，应将延误航班上的活体动物和时间性较强的货物安排在其他航班上，如果改用其他承运人的航班，应事先与该承运人驻当地办事机构进行协商。

3. 始发站代理人应当及时和托运人联系，征求托运人处理意见的同时要求托运人通知收货人。

二、航班在经停站延误的货物处理

1. 航班经停站应检查货邮舱单，根据飞机上所装载货物、邮件的性质和数量，采取有效措施进行处理。

2. 当飞机上装有活体动物时，应保持通风，并按照储运操作指南给予喂水或进食，货舱中应保持适当温度。

3. 飞机上装有贵重物品和枪械、弹药时，应派专人监护，防止货物失控。

4. 立即通知航班始发站，始发站提出处理意见的，应按照始发站的意见对货物进行处理。

5. 在可能的情况下，应将有时限的货物转到其他航班上尽早运送目的站，并通知货物始发站和目的站。

6. 始发站得知航班延误后，如果有需要特别关照的货物，应及时与经停站联系，充分了解货物现状，提出处理意见，协助经停站做好货物的处理工作，必要时通知托运人。

三、航班在始发站取消的货物处理

1. 在始发站，应将业务袋从飞机上取回，将货物和邮件卸回仓库，对于特种货物应重新登记，分别入库。如果当天有其他航班，尽量选择航班运出货物。

2. 急救药品、鲜活易腐货物、活体动物以及冷藏货物和其他有时间要求的货物，应采取必要的防护措施，并通知托运人，征求对方处理意见。

第三节　货物查询

货物查询一般分为外部查询和内部查询两种形式。外部查询是指托运人、收货人或代理人对托运货物的运输情况向承运人的货运查询部门所作的查询；内部查询是指民航各站、办事处、营业部、分（子）公司货运部门、机场、货运代理人等之间为了相互了解货物运输情况所作的查询。查询部门既是一个对外的服务窗口，又是一个理顺内部和环节运输状况的职能部门。查询工作特别是外部查询服务质量的好坏直接影响到货主或货运代理人对本航空公司的各项评价，所以必须以认真负责的态度对待查询工作，及时、妥善地处理好各项查询工作。

一、外部查询

1. 货物查询的一般规定

（1）托运人或收货人查询货物情况，应凭货物托运人联或单位介绍信，提供货运单号码、货物名称、出发站、托运日期等事项。

（2）受理查询人员，应根据查询信息，认真处理，避免采取类似踢皮球的不负责做法，尽量做到当时查询、当时答复。对货主寄来的查询信函应在 3 天内将查询及处理情况回信或传真给查询人。

（3）查询出发、联程、到达货物的运输情况，应分别根据进出港货邮舱单或货运单等查询。

2. 货物查询可用的方式

（1）寄发货物查询单或查询信函：内容比较复杂或时间不太紧迫的查询可采用这一方式。

（2）拍发查询电报：对于时间比较紧迫的查询一般都用此方式。电报内容要求全面、简明扼要。民航电传系统采用的是国际通信协会 SITA 线路，拍发电报的格式、英文简语、代号等应符合民航系统通用的电报标准。

（3）电话查询：对查询电话要详细记录、立即答复。对不能马上答复的电话，待查明情况主动电话答复查询人。

（4）现场查询：即派人员到有关航站查询。

二、内部查询

各机场、航站如发生货、邮少收、多收、短少、错装错卸、漏装漏卸、破损、丢失、单货不符等不正常运输情况，应在飞机到达后 2 小时，最迟不得超过 4 小时向各有关站查询，并做好不正常运输记录。由装运站负责查明情况，并答复查询站。内部查询一般采用的方法有：寄发货物查询单、拍发查询电报。各航站在发出查询单或查询电报前，应先在本站认真查找和核实，如确有必要发报的，应及时发出。

货物、邮件发生错运或错卸，责任站应立即通知有关站查处。发现错收、多收货、邮的航站应主动采取措施及时纠正，并发电报通知有关各站。来往的查询电报要认真查核，及时处理，查询电报应在 24 小时内答复；信函查询的，在 3 天内答复。

对每一例不正常运输货邮的处理，结案后都应进行详细登记并留档。（货物运输工作中，各类单据的保存期限一般为两年。）

三、货物查询电报

1. 电报的基础知识

（1）电报等级

QU：急报。多用于飞行动态方面的电报。如起飞报、延误报、载重电报等。

QK：快报。

QD：平报。用于一般业务的电报。收费较低，货运电报都使用这一等级。

（2）收、发电报地址

收、发报地址由七个字母组成，如 SHAFDMU。SHA 表示城市（上海）的三字代码，FD 表示空运企业的部门（国内货运部门）两字代码，MU 表示收/发报的空运企业（东航）两字代码。

（3）发报时间

发报时间由 6 位数字组成，如 021530。02 代表日期（2 日），15 代表小时（15点），30 代表分钟（30 分）。国内运输使用北京时间，国际运输使用 GMT 时间。

（4）常用的几种符号

"/"是在货运电报中表示成份分开的符号。在一行的开头如有此符号时，则表示紧接其后的内容是衔接上一行的内容。电文中每一行有其最大允许字符数，超过时就需用此符号分行拍发电文。

"."表示数据时是小数点。如在发电地址前则表示收电地址的结束、发电地址的开始。

"="是表示电文结束的符号。与"NNNN"组成电文之间的分隔符号。

2. 常见货运电报简语

（1）常用电报识别代码

LDM	载重电报	FSR	情况查询电报
FFH	货物不正常运输处理电报	FSA	情况答复电报
FFT	货物不正常运输查询电报	FCC	费用更改电报
FFR	吨位申请（预订）电报	CCA	更改货运单内容、付款方式、
FFA	吨位预定答复电报		运费电报
UCM	集装设备控制报		

（2）部门代号

FT	市内国内货运	FS	出口制单
FD	国内货运部门	FC	吨控
LD	机场国内货运查询	LI	配载
FI	进口抽单	FU	集控

（3）不正常运输电报简语

ERROR	错	MSAW	有货无单
OVCD	漏卸	FDAW	多收货运单
OFLD	拉卸	MSCA	有单无货
MSMFST	少收舱单	FDMB	多收邮袋
MSAV	少收邮件路单	FDAV	多收邮件路单
MSMB	少收邮袋	STLD	短收
SSPD	漏装	DFLD	确已装机
FDCA	多收	DMG	破损
MISLBL	贴错标签		

（4）几种特种货物的名称简语

AVI	活动物	EAT	食品
VAL	贵重物品	LHO	活的人体器官和血液
FRZ	冷冻货物	URG	急件
HEG	种蛋	AOG	紧急航材
HUM	尸体	BIG	超大货物
ICE	干冰	HEA	超重货物
PER	鲜货易腐	CAO	仅限货机

（5）报文中常用的电报简语

CMOD	商品名称	RQST	请回答
CNEE	收货人	RYT	参阅你电
DIMS	体积	RMK	备注
FRAV	最早航班	SHPT	一票货
MFST	舱单	SHPR	托运人
RCVD	收到		

3. 货运查询电报实例

（1）漏装 SSPD

QD CANFFC2 CANFDCZ

. SHAFFMU ××××××/××

FFA

781－54321351 2PC35KG MU5379/30MAR SSPD

HLD AWB STP

WL FWD SHPT MU5305/30MAR STP

```
   =
NNNN
（2）漏卸 OVCD
QD XIYFDMU
. SHAFFMU ××××／××
FFH
SHPT CN781－×××××  10PC200KG  MU2928／01MAR
OVCD FWD XIY MU2928／02MAR STP
   =
NNNN
```

第四节　货物不正常运输时的赔偿处理

在航空货物运输过程中，由于运输服务人员工作的过失或其他原因而发生差错事故，必然会使运输服务质量受到不同程度的影响。严重的事故会造成重大的政治影响和巨大的经济损失，有损相关承运人的声誉，对公司的发展产生不利的影响。因此，对于每个货运工作人员来说，尽量减少人为因素的运输事故至为重要。而当发生了货物不正常运输后，应尽快按各种情况的程序进行处理，以尽量避免或扩大各种损失。如某些损失不可避免，则在明确了各方责任的前提下，按国内货规及各承运人的运输总条件中所规定的赔偿规定办理。

一、航空承运人运输责任的确定

根据《中华人民共和国民用航空法》的规定，承运人的责任如下：因发生在航空运输期间的事件，造成货物毁灭、遗失或者损坏的，承运人应当承担责任；但是，承运人证明货物的毁灭、遗失或者损坏完全是由于下列原因之一造成的，不承担责任：

1. 货物本身的自然属性、质量或者缺陷；
2. 承运人或者其受雇人、代理人以外的人包装货物的，货物包装不良；
3. 战争或者武装冲突；
4. 政府有关部门实施的与货物入境、出境或者过境有关的行为。

航空运输期间，是指在机场内、民用航空器上或者机场外降落的任何地点，托运行李、货物处于承运人掌管之下的全部期间。航空运输期间，不包括机场外的任何陆路运输、海上运输、内河运输过程；但是，此种陆路运输、海上运输、内河运输是为了履行航空运输合同而装载、交付或者转运，在没有相反证据的情况下，所发生的损失视为在航空运输期间发生的损失。

货物在航空运输中因延误造成的损失，承运人应当承担责任；但是，承运人证明本承运人或者代理人或者其授权人，为了避免损失的发生，已经采取一切必要措施或者不可能采取此种措施的，此承运人则不承担责任。对动物因自然而死去，或者由于动物本身或其他动物的行为，如咬、踢、抵或窒息而致死亡或受伤，或由于动物本身的状况、性质、习性或由于动物的包装不良，或由于动物不能承受运输途中不可避免的物理环境变化，而造成损失、损坏及费用，承运人不承担责任。

二、航空承运人的赔偿限额

为了维护国内航空运输各方当事人的合法权益，根据《中华人民共和国民用航空法》（以下简称《民用航空法》）第 128 条制定的《国内航空运输承运人赔偿责任限额规定》中指出：国内航空运输承运人（以下简称承运人）应当在下列规定的赔偿责任限额内按照实际损害承担赔偿责任，但是《民用航空法》另有规定的除外：对旅客托运的行李和对运输的货物的赔偿责任限额，为每公斤人民币 100 元。没有办理声明价值的货物，航空公司按照下面较低的一个价值赔偿：

（a）货物的实际价值。

（b）最高责任限额。

托运人办理了货物声明价值，并交付了声明价值附加费，其声明价值为承运人的赔偿限额；如承运人能够证明托运人的声明价值高于货物的实际价值时，按实际价值赔偿。

三、索赔及赔偿的处理

货物索赔是指托运人、收货人或者代理人对承运人在货物运输组织的全过程中，所造成的货物毁灭、破损、遗失、变质、污染、延误、内容短缺等，向承运人提出赔偿的要求。

1. 索赔的六点要素

（1）索赔人

①索赔人是指在航空运输合同实施过程中有权向承运人或其代理人提出索赔要求的人。

②索赔人包括：

A. 货运单上的托运人或收货人。

B. 持有货运单上托运人或收货人签署的权益转让书或授权委托书的保险公司、律师事务所、托运人或收货人的亲属或其他有关人员。

C. 保险公司授权的律师事务所。

（2）索赔地点

①托运人、收货人或其代理人均可在货物的始发站、目的站、损失事故发生的经停站向承运人提出索赔。

②赔偿要求一般由目的站负责受理，遇特殊情况也可由始发站受理。

（3）索赔时限

因货物损失发生索赔，索赔人应在下列期限内以书面形式向承运人提出：

①提货时发现货物有明显损失或部分丢失，至迟应自收到货物之日起14日内提出。

②延误运输的货物自货物处置权交给指定收货人之日起21日内提出。

③收货人提不到货物，应当自航空货运单填开之日起120日内提出。

除承运人有欺诈行为外，索赔人未在上述期限内提出异议的，不能向承运人提出索赔诉讼。

（4）索赔诉讼有效期间

航空运输纠纷的诉讼时效期间为2年，自飞机到达目的地点、应当到达目的地点或者运输终止之日起计算。

（5）索赔人应提供的文件资料

①索赔人应在规定时限内以书面形式向承运人或其地面代理人提出索赔要求，并随附下列资料：

A. 货运单正本或副本；

B. 货物运输事故记录；

C. 货物商业发票、修复货物所产生费用的发票、装箱清单和其他必要资料；

D. 货物损失的详细情况和索赔金额；

E. 商检报告或其他有效损失证明。

②承运人对索赔人提出的赔偿要求，应在30日内作出答复。对延误运输的赔偿要求，应在10日内作出答复。

（6）书面异议和索赔形式

①书面异议

托运人或收货人发现货物运输不正常情况，应在规定时限内向承运人提出书面异议。书面异议一般有以下几种：

A. 索赔意向书

a. 索赔意向书是索赔人向承运人提出异议的书面形式之一。索赔意向书应在收货人收到货物后14日内提出。

b. 承运人收到索赔意向书后，应在索赔意向书上注明收到日期，将索赔意向书内容及收到时间进行登记，并在3日内将索赔意向书正本留存，复印件退索赔人。

c. 通知索赔人在法定时间内递交正式索赔函及有关资料。

B. 货物运输事故记录

货物运输事故记录作为书面异议的形式之一，索赔人可以凭此向承运人提出索赔。

注有货物异常状况的货运单提货人联。提货人提取货物时发现货物不正常情况，经承运人认可并将此情况注明在货运单货物交付联和收货人联上，此收货人联可以作为提出书面异议的形式之一。索赔人可以凭此向承运人提出索赔。

②索赔形式

A. 索赔函

索赔人向承运人提出正式索赔的书面文件。

a. 收到索赔函后，应进行编号和登记备案。在索赔函上注明收到日期。收到索赔函后的 3 个工作日内，回函确认索赔函已收到。

b. 如正式索赔函超过索赔时限，应检查是否附有索赔意向书、货物运输事故记录或是否在货运单交付联和提货人联上注明异议。

B. 货物索赔单

索赔人可使用承运人的货物索赔单进行正式索赔。

货物索赔单一式三份，一份交索赔人，一份本航站留存，一份处理赔偿完毕后交财务部门。

2. 索赔的受理

（1）多重索赔的受理

一票货物只能有一个索赔人，因此当出现两个或两个以上的索赔人时，只能接受一个索赔人的索赔要求，其他人的索赔要求必须撤销。因此，索赔受理人应当检查是否出现多重索赔，并对多重索赔进行处理。

（2）不受理和不承担责任的索赔

①不受理的索赔

A. 各航空公司货物国内运输总条件中规定的所有免除承运人责任的情况下发生的货物损失；

B. 无货物运输事故记录和收货人签收的货运单交付联；无货物运输事故记录或收货人联上未注明任何异议的；

C. 超过规定的索赔时限的；

D. 超过规定的诉讼时效的；

E. 无货物损失证据或证据无效的；

F. 索赔的货物品名与货运单不符。

②不承担责任的索赔

A. 非本承运人承运的货物；

B. 非本承运人责任原因造成的货物损失；

C. 不受理及不承担责任的索赔应以书面形式回复索赔人，复函中应详细说明不受理或不承担责任的理由、原因以及所依据的法律或运输合同的条款。

（3）赔偿处理所需要的文件

①收货人签字的货运单交付联或其他副本；

②运输事故记录和事故调查报告；

③货邮舱单；

④中转舱单；

⑤货物保管记录；

⑥往来查询电报、信函；

⑦始发站、中转站、目的站的有关记录；

⑧索赔人提供的所有资料（包括商业发票、商检证明、损失定价等）；

⑨其他有关资料、照片等。

（4）赔偿限额

根据《中国民用航空货物国内运输规则》，对国内货物赔偿的最高责任限额为毛重每公斤人民币100元。

①没有办理声明价值的货物，按照下面较低的一个价值赔偿：

A. 货物的实际价值。

B. 最高责任限额。

②托运人办理了货物声明价值，并交付了声明价值附加费，将其声明价值作为赔偿限额；如承运人能够证明托运人的声明价值高于货物的实际价值时，按实际价值赔偿。

（5）审批程序

①当地审批程序

A. 赔偿经办人在责任调查清楚后，写出货物赔偿报告。报告一式三份，详细、具体地说明货物损失的原因、责任、货物的实际损失情况、索赔金额、最终赔偿金额等。

B. 将索赔人递交的所有文件资料和承运人内部的运输文件等连同货物赔偿报告一并交主管领导审批。

②总部审批程序

A. 凡超过当地审批权限的承运人最高责任限额的赔偿，均报公司货运主管部门。报批文件包括当地主管领导在"主办单位意见"栏内签署意见后的（货物赔偿处理报告）和有关索赔的全部资料。

B. 公司货运主管部门收到赔偿报告后应立即进行调查核实。核查清楚后报货运主管领导审批。

（6）赔偿付款

①赔偿处理报告经主管领导审批后，填制《赔偿付款通知单》，随附所有调查材料，报财务部门划拨赔偿款。

②通知索赔人办理赔偿手续。如不能全额赔偿的，应向索赔人说明原因和法律依据。

赔偿款应在索赔人签署《赔偿责任解除书》后支付。《赔偿责任解除书》一式三份，一份交索赔人，一份交财务部门，一份主办单位留存。

（7）几种不同情况的赔偿处理

①破损货物（外包装明显破损的）

A. 部分赔偿的货物。可以修复的，应到航空公司指定的维修部门估价并修复，维修费用由航空公司承担，实际维修费用不得超过最高责任限额。

B. 全额赔偿的货物。航空公司收回货物处置权；在办理有关手续后拍卖，拍卖所得货款冲抵赔偿款，余额上缴。

②内损货物

对外包装完好而内物损坏的货物，航空公司不承担赔偿责任，除非索赔人有足够证据证明是由航空公司原因造成的损坏。

③丢失或短少货物

A. 货物全部丢失的，应按照货物的实际价值赔偿，但不得超过最高责任限额。

B. 部分货物或货物中的任何包装件发生损失或延误时，确定赔偿限额应以有关包装件的重量为限。当托运货物中的任何物件的损失或延误影响到同一份航空货运单上其他包装件的价值时，确定赔偿责任时，应考虑其他包装件的重量。在没有相反的证据时，损失或延误货物的价值在全部货物总价值中的比例，按损失或延误货物的重量在全部货物总重量中的比例确定。

④延误运输

A. 航空公司对其承运的货物在运输期间因延误而产生的损失应承担责任。但航空公司如果证明自己及其受雇人为了避免损失的发生已经采取一切必要的措施，或不可能采取这种措施的，以及法律、法规另有规定的，则不承担责任。

B. 在处理延误赔偿时，应对延误的原因和航空公司所采取的措施等情况作详细了解。

C. 航空公司对因延误造成的间接损失（如丧失市场销售、买卖协议机会等）不承担责任。

D. 由于航空公司的原因货物超过约定或规定的时限运出，应当适当赔偿，但每延误1天赔偿额不超过该票货物实付运费的5%，赔偿总额以全部运费为限。

⑤集装货物

非航空公司组装和拆卸的集装货物的短少或破损，航空公司不承担责任，除非证明此种短少或破损是航空公司故意或过失行为造成的。

⑥折扣运价货物

折扣运价运输的货物发生索赔按付全费的普通货物处理方法进行处理。

货物索赔单
CARGO CLAIM FORM

Serial NO. _____

收货人姓名
Consingnee _____

地址
Address _____

工作单位
Profession/servie _____

货运单号码   分运单号码
Air Waybill No. _____ HAWB NO. _____

航班号/日期   飞机号
FLIGHT No/Date _____ Aircraft No. _____

件数   重量
No. of Pieces _____ Weight _____

货物品名
Nature and Quantity of Goods _____

声明价值   保险总额
Declared Value _____ Amount of Insurance _____

发生事故的日期和地点
Date and Place of Occurrence

_____

_____

损失或遗失的主要情况
Details of Damage or Loss

_____

损失或遗失的内容
Contents of Damage or Loss _____

损失或遗失的件数/重量
No. of Pieces and Weight of Damage or Loss _____

索赔金额
Amount Claimed _____

索赔人签字盖章   日期   地点
Signature of Claimant _____ Date _____ Place _____

货物赔偿处理报告
CLAIM REPORT FOR CARGO DAMAGE AND LOST

Issue No.

收货人地址名称 Name and Address Consignee			电话 Telephone No.	
发货人地址名称 Name and Address of Shipper			声明价值 Declared Value	
货物品名 Nature of Goods		包装 Pack- age		货物价值 Goods Value for Amount	
货运单号码 Air Waybill No.		件数 No. of Pieces		重量 Weight	
货物情况 Goods of Condition					

事情发生经过：
Cause

索赔意见：
From Consignee Instruction for Claimed

索赔金额：
Amount Claimed

主办单位：
In Charge of Officer

领导审批意见：
Signature of Director

随附文件资料：
The Documents was Attached

Date: 年 月 日

赔偿责任解除书

No.

本人，公司同意并愿意接受××航空公司对货运单_____项下货物丢失、破损，延误的赔偿。赔偿金额为_____元人民币。在收到上述赔款的同时放弃对××航空公司及其相关的航空承运人、代理人、工作人员和其他相关利益方的追索权。同时同意不再就与以上货物有关的事项对××航空公司提起法律诉讼。

索赔人：

姓名：

地点：

日期：

四、货物赔偿工作程序

为规范航空货运中的赔偿工作，确保货运赔偿工作系统化、规范化、透明化，确保承运人、托运人和代理人的合法权益，减少合同纠纷，提高办事效率。提出了航空公司货物运输赔偿工作程序（如图11.1所示）。货物赔偿主要工作流程如下。

1. 索赔时所需资料

综合业务部在接到客户的索赔要求后须进行登记、备案，要求客户以书面形式提出索赔要求，并随附下列资料：

（1）《货运单》正本或副本；

（2）《货物不正常运输记录》；

（3）货物的商业发票、移交货物所产生的费用的发票、装箱清单和其他必要资料；

（4）商检报告或其他有效损失证明。

2. 汇报索赔情况所需资料

综合业务部将索赔情况向主管领导汇报，根据货运部领导的批示组织相关部门对索赔事件进行深入调查；将调查情况及处理意见上报货运部领导，并随附下列资料：

（1）收货人签字的货运单交付联或其他副本；

（2）《运输不正常运输记录》和《事故调查报告》；

（3）《货邮舱单》、《中转舱单》；

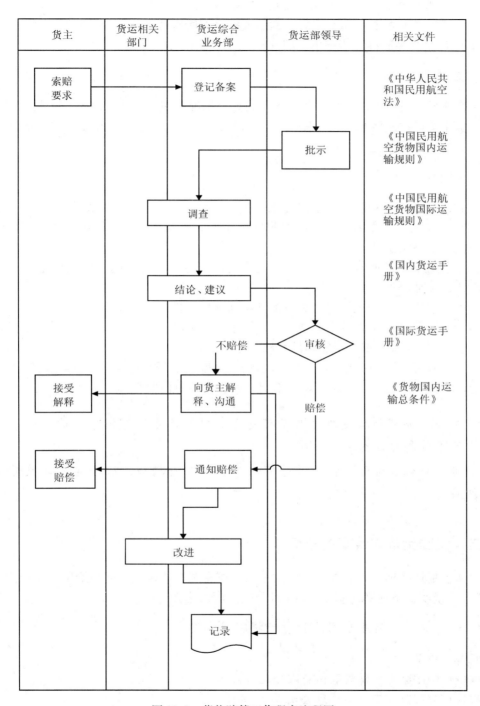

图 11.1　货物赔偿工作程序流程图

（4）往来查询电报、信函及有关业务电报（例如载重报、装舱报）；

（5）索赔货物的有关所有记录、索赔人提供的所有资料；

（6）其他有关资料（检查单、照片等）。

3. 反馈

综合业务部行政管理室根据领导批示将处理情况反馈给货主，对不属于赔偿范围内的，同货主进行沟通解释；属于赔偿范围内的，根据《国内货运手册》和《国际货运手册》的规定给予货主相应的赔偿。

4. 赔偿办理程序

（1）综合业务部行政管理室在责任调查清楚后，写出《货物赔偿报告》。《货物赔偿报告》一式三份，详细、具体地说明货物损失的原因、责任、货物的实际损失情况索赔余额、最终赔偿金额等。

（2）将索赔人的所有文件资料和承运人内部的运输文件连同《货物赔偿报告》一起交综合业务部经理审批。

（3）综合业务部经理签署意见后报货运部领导审批。

（4）把审批完的报告及资料复印一份，正本交财务部门办理赔偿支付，批准后的《货物赔偿报告》及所有资料复印件存档。

（5）赔偿款支付时，经办人须要求索赔人签署《责任解除书》。《责任解除书》一式三份，一份交索赔人，一份交财务部门，一份主办单位留存。

5. 综合业务部和相关部门根据有关规章制度或货运部领导的批示对索赔事件的责任单位和责任人进行处理

6. 责任单位和责任人提出并落实对工作的改进措施，综合业务部监督改进措施落实情况

五、货物运输赔偿案例分析

为让各货运代理人对航空货运中的赔偿工作有感性的认识，下面给出了几个货运赔偿案例。（说明：下述案例基于事件当时的赔偿规定执行。）

1. 诉××航空有限公司承担货物损害赔偿案

原告：程某

被告：中国某财产保险股份有限公司分公司

被告：成都某航空货运代理公司

被告：××航空有限公司

委托代理人：×××律师

原告诉称： 2005 年，××航空有限公司承运了我 3 万只鹅苗，成都某航空货运代理有限公司是××航空有限公司的代理公司。在目的地深圳机场，我的鹅苗死亡近25000 只。鹅苗已办理保险，承保人是中国某财产保险股份有限公司分公司。要求被告中国某财产保险股份有限公司分公司、成都某航空货运代理公司、××航空有限公司赔偿鹅苗损失。

航空公司代理人律师认为： 该航空公司按《中国民用航空货物国内运输规则》（以下简称《国内货规》）的规定，合理地将鹅苗装机，且该航班由波音 737 - 800 飞机执行，该机型货舱与客舱气流相同，通风、气压及温度均适合运输活体动物，该航班为直飞航班，准时起飞，按时降落，飞行期间一切正常，故该航空公司没有过错，不应承担责任；另外，托运人为了降低鹅苗运费，擅自更改鹅苗包装规格，将鹅苗包装箱由原来的 50 厘米高度改为 23 厘米高，由此造成包装箱内鹅苗密度过大，造成鹅苗死亡，因此，托运人对鹅苗死亡存在过错；此外，根据民航运输相关规定，货物发生损失的，收货人至迟应当自收到货物之日起 14 日内提出书面异议，原告超过上述索赔期限未提出赔偿要求，应视为自动放弃索赔权利。原告在庭审中没有对自己的主张举出相关有效的证据。

审理结果：

人民法院经审理，于 2005 年 7 月 22 日依法裁定驳回原告的起诉，案件受理费由原告承担。

2. 托运种鸭运输中种鸭发生死亡

四川某种鸭货主反映： 广州托运至泸州的鸭苗 12 件 130 公斤，内有鸭苗 1800 只，总价值 12600 元，当天由某航班（原航班机型对外公布为 B757，而实际载运该批货物的机型为 B737）运抵目的地，卸机时发现大部分（共 11 件 1700 只）鸭苗已死亡，泸州航站当场作了事故记录。该函中强调：（1）托运时货主要求办理航空运输保险被承运人拒绝（保险公司不承办小动物的航空运输险）；（2）托运书上写明"死亡自负"其目的是提醒承运人，承运人的代理人收货时未提出异议；（3）载货飞机的机舱内严重缺氧，致鸭苗在途中死亡根据是卸机时，机组人员说当天因货多，起飞前就关了舱门；（4）要求按实际损失进行赔偿。

评析：

对此案例的处理，其关键点是：（1）小动物的航空运输险；（2）"死亡自负"的责任者；（3）动物死亡的原因及责任；（4）赔偿的标准及额度。关于保险问题，小动物运输因死亡率较高，按理应办理航空运输险或声明价值，但当地保险公司不开办该项业务，而声明价值承运人尚无具体办法。关于在托运书上填写的"死亡自负"应是表示托运人愿意承担的责任，托运人在投诉中理解有误。根据《国内货规》第 33 条有关规定，承运人应当将动物装在适合载运动物的机舱内，动物在运输过程中死亡，除承运人的过错外，承运人不承担责任。本案例小动物死亡，是动物包装不合理还是装机舱位的因素，据机组人员说"当天货物多"，估计机舱内缺氧是主要原因，因此承运人对该死亡应承担一定责任。

运输过程中由于小动物的死亡要求赔偿的事时有发生，主要是各地对该类动物是否必须办理声明价值或投保运输险操作不一致。如承运人不办理声明价值或保险公司不办航空运输险，则一是不予收运，二是应托运人的要求办理收运，应与托运人有所约定明确责任。但从实际情况考虑有些地方该类运输需求较大，虽然承运人未办理声明价值而保险公司也不办航空运输险，但托运人仍愿按普通货物托运，则承运人应从健全规章制度方面建立一套严格的管理措施和装卸作业要求，尽可能地保证小动物的安全运输，把损失降到最低限度。本案例是小动物没有办理声明价值也没有办理航空运输险，因此按《国内货规》第45条规定赔偿的最高限额为毛重每公斤人民币20元。

3. 航班经停站拿错货运单引发延误提货

山东某公司代客户交A航航班运往新疆3件塑料薄膜，航班在郑州机场经停时，该批货物的货运单被机场货运部门误拿下飞机，也没有及时发现，致使收货人在一周后才提到货物。由于延误提货，影响了收货人科学实验的正常进行，现收货人对A航提出投诉，并要求索赔。

评析：

根据《国内货规》第47条规定，收货人对货物延误到达，应当场向承运人提出，承运人应当按规定填写运输事故记录并由双方签字或盖章。提出索赔要求是符合规定的。根据《国内货规》第48条规定，索赔要求一般在到达站处理，A航作为实际承运人，也是到达站处理索赔的承运人，可按其规定先进行赔偿。郑州机场作为承运人的代理方，也是造成货物延误交付的责任方，A航可按双方代理协议的有关条款追究与责任方的责任。但货物在A航的货运仓库内存放已一个星期，也应加强检查仓库的管理工作，从中吸取教训。

4. 经停站漏卸货物引发延误交付

河南省某模具厂托运上海至贵阳模具17件499公斤，该批货物已约定装次日由上海经贵阳至昆明的航班。由于贵阳机场在卸货时漏卸了该批货物，故核对货物时发现有单无货。收货人在上海运出后的第8天才取到货物。在这8天的时间里，发货单位、提货单位以及该批货物的实际承运人打了很多电话联系，因收货人未能及时提取到货物，使其受到直接经济损失5万元。

收货人当天没有提到货，误认是发货单位的欺骗行为，故没有及时与贵阳机场做任何延误提货的手续，事后是托运人提出投诉，要求赔偿损失。

评析：

本案例是该批货物在贵阳漏卸，错运至航班的目的地昆明，而贵阳机场当日就发现有单无货，其工作人员既不发电查询，没有按《国内货规》第15条规定进行操作，对收货人提出的查询也没有及时给予答复，因此，贵阳机场应是责任的主要一方。但昆明机场货运部门也有失职行为，有货无单的货物如何进仓，进仓后时隔一周该批货物才交给收货人，其也有不可推卸的责任。对承运人的延误交付，按《国内货规》第47条规定应填写运输事故记录并由双方签字，如有索赔要求，收货人或托运人应当于签发事故记录的次日起，按法定时限向承运人或其代理人提出索赔要求。

本案例虽由于收货人误认了托运人，没有（实际也是不可能）要求填写事故记录，货物也是完好交付了，但由于承运人没有按照《国内货规》第12条规定，在约定期限内将货物运送到目的站而引起收货人的经济损失，承运人及其代理人不能推卸责任。应该按《国内货规》第46条规定进行赔偿。

5. 收运的鲜花交付时折断毁损

某花木公司在广州白云机场经A航的货运代理公司托运蝴蝶兰盆花8件共228公斤至上海。货物托运书上收货人为上海某公司林先生，并声明该批货物不得转让，运输时必须小心轻放，并以金额人民币5000元办理了航空货运险。当日A航航班运至上海时林先生没有到机场提取，经与始发地该代理公司联系，得知必须由货运单上指定的实际收货人取货，第2天实际收货人张先生在提取货物时，发现蝴蝶兰盆花已全部折断毁损即向A航提出赔偿要求。

评析：

货物运至目的地，除另有约定外，按《国内货规》第18条规定，承运人或其代理人应当通知货运单上所载明的收货人提货，对特殊货物以及其他指定日期和航班运输的货物，托运人应负责通知收货人在到达地机场等候提取。货物托运书应该是托运人填写的，货运单是承运人按照托运书代为填写的，按正常操作不应该出现本案例实际收货人不一致的问题，是谁的责任必须查明，由于货物已经办理了航空运输险，作为承运人的A航空公司仍应按照《国内货规》第45条第（2）款规定承担赔偿责任。

6. 延误提货急件鲜活海产品变质

南京某美食公司某日晚9:50接大连托运人通知，托运由大连至南京的急件鲜活海产品已运出，预计当晚10:30到达南京机场，请该公司派人前往提取。当该公司有关人员到达南京机场时，几经周折，没有提到该货。第2天上午8:30再次派人前往机场提货，经开箱检查，发现该批海产品已坏死，收货人拒绝提货，理由是：（1）托运时发货单上注明"国内航空快递"；（2）机场没有按鲜活货到达目的地后2小时内通知收货人提货的规定执行；（3）该批货物的直接经济损失是6000元。由于该批货物未能按时送给几家酒店而造成的间接损失每天1万元左右，故货主提出要求赔偿其全部经济损失，并提出在7天内给予答复并保留诉讼权。

评析：

《国内货规》第18条规定，急件货物运至目地后2小时内通知收货人提取货物。托运人已通知收货人到机场等候提取，按理是不应该发生取不到货。但对货主反映当晚在机场"几经周折没有提到该货"，是货主提供的有关资料不符合要求，还是没有找到快递部门，还是机场地面工作人员的失职行为，需要进一步查清。根据《国内货规》

第34条规定，托运鲜活易腐物品，托运人应当提供最长允许运输时限和运输注意事项。鲜活易腐物品在运输、仓储过程中，承运人应采取防护措施。发生延误提货从承运人角度检查，运输时限是否已超过，是否采取了防护措施，如运输时限已超过而又没有采取防护措施，要追究承运人责任，反之可以解脱承运人的责任。作为承运人的代理人来检查，货到后是否按《国内货规》第39条规定，安全、快速、准确、优质地为货主提供服务。如没有做到，应当承担相应的经济责任。当然根据与货主签订的运输合同，对外的赔偿仍由承运人来办理，至于承运人与代理人之间的责任问题按其双方所签协议处理，不影响承运人与货主的赔偿。

根据《国内货规》第48条规定，索赔要求一般在到达站处理。承运人对托运人或收货人提出的赔偿要求，应当在两个月内处理答复。至于赔偿的数额，只能按《国内货规》第45条规定限额内进行赔偿。

7. 货物重量不符的赔偿

一货主托运一批毛重78公斤的名贵药材"毛虫"从洛阳运往××。收货人在目的地机场提货时，机场仓库内没有找到78公斤重的"毛虫"，而在提货处发现有一批货名相同而重量为41公斤始发地为郑州的"毛虫"。该收货人考虑到"毛虫"随时都可能出现死亡，经与机场协商后，为了尽量减少损失，收货人同意先将41公斤的"毛虫"提走，78公斤与41公斤之差由机场负责赔偿事宜。

在处理赔偿事宜过程中，由于该收货人与机场对赔偿的支付方式没有取得一致意见，收货人不满意就向当地电视台曝光。向公众曝光后，该收货人感到在托运其他货物时经常遇到过去不曾发生过的麻烦，为了便于今后的合作工作，最后向有关部门提出投诉，要求赔偿×万元。

评析：

本案例的发生主要是机场发货工作有严重失误，一般情况下收货人在提货时一定要出示货运单，机场工作人员应核对进仓库的货运单，符合《国内货规》第19条规定时收货人才能提货。发生本案件是由于工作人员不认真所造成的业务差错，收货人考虑到该类货物为名贵药材，尽可能减少损失同意先提走41公斤，在提走前应有经双方初步协商的解决方案。其次该货是名贵药材，托运时应当办理声明价值或投保运输险。对无声明价值或航空运输险的货物，承运人只能按普通货物进行赔偿。赔偿过程中由于托运人的要求与实际所得往往有较大的差距，所以不易取得一致意见，但作为承运人的代理人应严格要求自己，不能产生对收货人有不满表现。本案例发生的工作失误，完全是机场部门的责任，与收货人无关，绝不能从收货人身上来找答案或进行某种报复。本案例最后经双方协调，机场按收货人提出赔偿额的一半进行了赔偿和补偿。并对经办人员进行了经济处罚。承运人应从此案例中吸取教训，加强对工作人员工作责任心的教育，严格执行操作规程的要求，避免类似差错再次发生。

第十二章 航空货物运输保险与理赔

航空货物运输活动是与航空货运保险紧密相关的。货物在航空运输的过程中，都会经历装卸、运送、存储、交货等等环节，在任何一个环节都有可能出现意外损失。为了降低风险、减少损失，一般买方或卖方都会投保航空货物运输方面的保险。航空货物运输需要保险，同时又拓宽了保险的业务范围；保险参与航空运输活动，构成航空保险市场，两者相互促进，共同发展。今天，航空保险业已成为整个保险业的重要组成部分，也是航空货物运输活动中一个必不可少的重要环节。

第一节 保险与航空货物运输

一、保险概述

1. 保险的概念和特征

保险（Insurance）是人们为了减轻灾害事故造成的意外损失、分散和转移经营风险而采取的一种经济补偿措施。它是指投保人根据自己与保险人签订的保险合同的约定，向保险人支付保险费，保险人则于合同约定的可能发生的事故发生时，对因该事故的发生而造成的财产损失承担赔偿保险金责任，或者当被保险人死亡、伤残、疾病或者达到合同约定的年龄或期限时承担给付保险金责任的商业保险行为。

保险人（Insurer）为国家金融监管部门批准设立的专门经营保险业务的企业。投保人向保险人交纳保险费并与之订立保险合同。

保险合同（Insurance Contract）是投保人据以交纳保险费，而在约定的保险事故发生造成保险标的损失时，保险人履行给付保险金义务的协议。它是投保人和保险人权利、义务的主要依据。

保险合同订立的原则是要具备可保利益（PPI – Policy Proof of Interest）。可保利益是投保人或被保险人对保险标的拥有的经济利益，以及据以要求保险人保障保险标的完好存在，因保险事故的发生而受损的经济利益。

2. 保险的现状和作用

（1）保险业的现状

保险制度是商品经济的产物，它随着商品经济的发展而发展。在古罗马时期虽然已经有了一些保险的因子，但真正意义的保险制度始于 14 世纪地中海沿岸发达的海上贸易。由于航海事业具有周期长、危险性大的特点，出于分散风险的考虑，就出现了保险业务。后来这种做法逐步传入英国、法国等欧洲国家。保险品种也从财产保险扩展到火灾保险、人寿保险等险种。1683 年创立于英国的"劳合社"是迄今为止最古老、实力最强、影响最大的保险组织。目前，保险业已经在各国发展成为国民经济的重要组成部分之一。在发达国家，其保险密度（保险密度是指按全国人口计算的人均保险费）和保险深度（保险深度即保险费收入占国民生产总值 GNP 的比例）都相当高。

我国的保险事业起步较晚。鸦片战争后，西方列强打开了中国大门，现代保险业才开始传入我国。1876 年和 1878 年由洋务派在上海分别设立的"仁和"、"仁济"两家保险公司，是我国最早的保险企业。但在旧中国，中国的保险业务基本被外资保险公司垄断，内资保险公司的业务量普遍很小。

建国以后，我国的保险事业仍处于萎缩状态。直到 20 世纪 80 年代改革开放以后，保险业务才得到快速发展。保险品种从初期的单一的企业财产保险，发展为各种财产保险、人身保险（包括养老保险、社会保险）等数百种；保险范围大大拓宽；保险年收入达到 150 亿元以上。但是与发达国家相比，从保险的总量、深度、广度各方面，我国保险业尚处于落后状况，仍需要采取种种措施，大力推动我国保险业的发展。

（2）保险的作用

保险是社会经济发展到一定阶段的产物。是现代社会中人们为了降低风险而采用的一种大规模的互助手段，也是一种有效、科学和合理的经济损失补偿措施。它能够充分体现"我为人人，人人为我"的精神。

①防灾防损，补偿经济损失。这是保险最主要的作用之一。保险危险的突发性和偶然性会严重影响商品生产和社会安定，现代高新技术的发展和运用更使危险发生的可能性增大；而保险正是通过收取保险费，形成保险基金，利用"分散危险、分摊损失"的办法，由众多保户共同承担少数保户的损失，使之能够迅速恢复损失，安定生活，从而有效促进社会秩序的稳定和社会生产的持续发展。

②保障企业经营的正常进行。保险制度使得企业能够把未发生的不确定的损失摊入成本，保持收支平衡；已发生损失，则可从保险公司获得补偿，从而有力地保护了企业的经济利益，推进了企业的经营管理，促进了社会生产力的发展。

③保险制度是促进市场经济发展的重要手段。保险制度能够发挥防灾、防损、担保人民信用的功能，有利于大胆进行经济和贸易活动，从而推动社会经济和贸易的发展。

④积累资金，支持国家的经济建设。保险公司收取的保险费，一般来自大量社会闲散资金；而且一般情况下，总有大笔的保险基金处于备用状态。这些暂时闲置的资金既可以信贷、投资等形式支援国家建设，又可以增加收入。

（3）保险的分类

最初，始于海洋贸易的保险，只是粗线条地分为水险和非水险、寿险和非寿险。随着保险业务的开展，保险种类越来越多，目前已有数百种之多。最常见的一些分类是：按照保险标的可分为财产保险和人身保险；按照保险的实施形式可分为法定保险和自愿保险；按照保障范围可分为财产保险和责任保险、信用保险和人身保险；按照危险承担责任的次序可分为原保险和再保险等等。其中，财产保险和人身保险是最基本的两大类别，不同类别的险种，其保障内容和责任范围都具有各自的特点。

二、航空货物运输与保险

航空货物运输是一项复杂的经济活动，成本大，风险高。到保险公司投保，事先将经营风险适当地予以分散和转移，是防止和减少航空运输意外损失的有效手段。同时也有利于托运人、收货人有保障地获得损失赔偿。可以说，航空运输的发展和壮大是与航空运输保险的开展分不开的。航空运输需要航空保险，航空保险推动航空运输，同时也带来了自身的发展。

1. 航空保险

航空保险（Aviation Insurance），是指以与航空运输有关的各种空中或地面损失为保险标的的各种保险的总称。最初，航空保险都是由保险人的水险部门或意外险部门办理。随着世界航空事业的迅速发展，目前世界上较大的保险人都有了独立的航空险部，专门办理各种航空保险。这也是由航空保险的技术特点决定的，因为承保航空险的保险人必须熟悉航空专门技术和航空法律知识。

航空保险的险种很多，按照不同的被保险人，主要划分为以下几种险别：

第一，以航空承运人为保险人的，有飞机机身险、失去使用价值险、乘客和行李的法定责任险、货物和邮包的法定责任险、飞机第三者责任险等。此外，还有附加险，战争和罢工险。

第二，以机场所有人或经营人为被保险人的，有机场所有人或经营人的法定责任保险。

第三，以飞机制造厂商为被保险人的，有产品责任险。

此外，航空旅客、机组人员均可投保人身意外险。

在一般情况下，航空保险仅仅指航空运输保险，习惯上航空运输保险属于内陆运输保险之列。在国际保险市场上，航空运输保险通常又用海上运输保险单而附贴"航空条款"，另外，还有所谓的"航空全险"条款。这就是说，航空运输保险有航空运输责任险和航空运输一切险两个基本险种。航空运输保险，原则上适用陆空保险的规定。但若使用海上保险，则以海上保险的条款为基础，而以航空保险条款为补充。

航空运输保险的内容一般包括以下内容。

（1）保险责任范围。包括火灾、飞机碰撞、飞机失事造成的损失，以及除了不适于航空保险者外，其他海上保险所包括的一切危险所致损失。

（2）除外责任。因运送延迟、货物有瑕疵、气候变化所致的灭失或毁损，以及除了不适于航空保险者外，其他通常海上保险所除外的责任如战争所致损失等，都属于航空保险的除外责任。

（3）承保期限。航空保险保险人的承保期限为：自保险标的交付运送人时开始，至到达目的地交付时止，至多维持至自到达目的地后48小时止。

（4）保险赔偿。航空保险合同订立后，若发生保险事故而使保险财产灭失时，应立即向航空公司提交经公证的赔偿申请书，凡保险人提出的任何赔偿申请书应附具上述申请书的副本及复函交与保险人查核。一经核实确系保险人应负的责任，则应依约赔付。

2. 航空货物运输与保险

航空货物运输保险是对以飞机作为运输工具的货物运输开展的保险业务。由于航空货物运输在国际和国内贸易中的地位日益增强，航空货物运输保险发展也非常快。目前，国际保险市场主要采用伦敦保险协会1982年修订的《协会货物险条款（航空）（邮包除外）》、《协会战争险条款（航空货物）（邮包除外）》和《协会罢工险条款（航空货物）》进行货运保险。我国也已经开展了"航空运输险"、"航空货物一切险"及"航空货物运输战争险"的附加险条款。但总的来说，航空货物运输保险还没有形成一个完整的体系。

在是否必须强制性进行航空货物运输的责任保险这个问题上，国际上还没有一个统一的做法。在国际民航组织（ICAO）的1999年《蒙特利尔公约》第50条中规定："当事国应当要求其承运人就其本公约中的责任进行充分保险。当事国可以要求经营航空运输至该国国内的承运人提供已就其本公约中的责任进行充分保险的证据。"

此条款为国际民航组织（ICAO）的各个成员国设定了一项义务和一项权利。其义务是，各个成员国应当要求其承运人投保能够涵盖其可能承担的责任的保险。其责任是，承运人根据1999年《蒙特利尔公约》应当承担有关货物毁灭、遗失、损坏或者延误等潜在的责任。其保险金额通常要与它承运的运输量以及公约中的责任限额相适应。其权利是，各个成员国有权要求经营从本国始发、或者到达本国、或者在本国作商业性降停的航空货物运输的外国承运人提供证据证明它已经就上述责任进行了充分保险。

对于承运人而言，此条款不是强制性的保险条款。公约本身并不强制要求各承运人必须投保。只有在其本国或者有关外国对他提出相应要求的情况下，承运人才有进行充分保险的义务。

在实践中，外国各主要航空公司的保险意识都很强，基本上都主动购买了航空运输责任保险。在我国，目前各航空公司的保险意识实际上还比较淡薄，我国法律也没有强制性地规定航空运输责任必须投保，但我国的航空公司大多数也投保了航空运输责任险。

第二节　航空货物运输险

一、概念

航空货物运输险（Air Transportation Cargo Insurance）是国内货物运输保险的一种，是航空货物运输保险的一个基本险别。凡是向民航运输企业（以下简称承运人）托运货物的法人和自然人，为弥补其托运货物在航空运输过程中因遭受保险责任范围内的自然灾害或意外事故造成的损失，将其托运货物向保险公司投保，而由保险人对可能发生的损失负责赔付。这就是航空货物运输险。

其中，保险人是保险公司（以下简称保险人），被保险人是托运货物的法人或自然人（以下简称被保险人或托运人）。

二、责任范围

1. 保险货物在保险期限内无论是在运输或存放过程中，由于下列原因造成的损失，保险人负赔偿责任：

（1）由于航空器遭受碰撞、倾覆、坠落、失踪（在三个月以上）。在危难中发生卸载以及遭遇恶劣气候或其他危难事故发生抛弃行为所造成的损失。

（2）保险货物本身因遭受火灾、爆炸、雷电、冰雹、暴风雨、洪水、海啸、地震、地陷、崖崩所造成的损失。

（3）保险货物因受震动、碰撞或压力而造成破碎、弯曲、凹瘪、折断、开裂等损伤以及由此而引起的包装破裂而造成的损失。

（4）凡属液体、半流体或者需要用液体保藏的保险货物，在运输途中因受震动、碰撞或压力致使所装容器（包括封口）损坏发生渗漏而造成的损失，或用液体保藏的货物因液体渗漏而致保藏货物腐烂的损失。

（5）保险货物因偷盗或提货不着的损失。

（6）在装货、卸货时和地面运输过程中，因遭受不可抗力的意外事故及雨淋所造成保险货物的损失。

2. 在发生责任范围内的灾害事故时，因施救或保护保险货物而支付的合理费用，保险人也应负赔偿责任，但最高以不超过保险金额为限。

三、责任期限

1. 航空货物运输险的保险责任自保险货物经承运人收讫与签发航空货运单注明保险时起，至将运到目的地收货人当地仓库或储存处时终止。但保险货物空运至目的地后，如收货人未及时提货，则保险责任的终止期最多以承运人向收货人发出到货通知以后的 15 天为限。

2. 飞机在飞行途中，因机件损坏或发生其他故障被迫降落，以及因货物严重积压，所保货物需用其他运输工具运往原目的地时，保险人仍继续负责。但应办理批改手续。如果所保货物在被迫降落的地点出售或分配，保险责任的终止期以承运人向收货人发出通知后的 15 天为限。

四、除外责任

保险货物在保险期限内无论是运输或存放过程中，由于下列原因造成的损失，保险人不负赔偿责任：

1. 战争或军事行动。

2. 由于保险货物本身的缺陷或自然损耗以及由于包装不善或属于托运人不遵守货物运输规则所造成的损失。

3. 托运人或被保险人的故意行为或过失。

4. 其他不属于保险责任范围内的损失。

五、保险金额

航空货物运输险保险金额的确定可以按照货物的价格或货价加运杂费、保险费计算。在保险有效期内，若被保险人需要调整保险金额，应当向保险人申请办理批改手续。

六、被保险人义务

1. 被保险人在保险人出具保险单的同时，必须按照保险人规定的费率，一次缴清应付的保险费。

2. 凡是应当包装的货物，其包装应符合政府有关部门规定的标准，并遵守政府有关部门对安全运输所制定的各种规章制度。必要时还应当接受并协助保险人对保险货物进行防损检验工作。

3. 保险货物如发生保险责任范围内的灾害事故时，被保险人应当迅速采取合理的抢救措施，防止或减少货物损失。

4. 被保险人如果不履行上述各项规定的义务，保险人有权从通知之日起，终止保险责任，或拒绝赔偿或剔除扩大损失的部分。

七、货损检验及理赔

1. 保险货物运抵保险凭证所载明的目的地后，如果发现保险货物受损，应当及时向当地保险公司申请检验，最迟不得超过 10 天，否则保险人不予受理。如果当地无保险公司，则由被保险人或收货人会同承运人共同检验，并由承运人出具证明加盖公章，向起运地保险人索赔。

2. 被保险人向保险人申请赔偿时，必须提供下列单证：航空货运单（保险单或保险凭证）、发票、装箱单、货物运输事故签证、索赔清单及救护保险货物所支出合理费用的单据。保险人在接到上述申请和单证后，根据保险责任范围，迅速核定是否应予赔偿。有关赔偿金额，经与被保险人达成协议后立即赔付。

3. 保险货物发生保险责任范围内的损失，保险人在保险金额限度内按实际损失计算赔偿金额。但如果被保险人投保不足，保险金额低于货物价值时，保险人应按保险金额与货物价值的比例计算赔偿金额。

4. 保险货物发生保险责任范围内的损失，如果根据法律规定或者有关约定，应当由承运人或其他第三者负责赔偿一部分或全部，则保险人不再赔偿或只赔偿其不足部分。如被保险人提出要求，保险人也可以先予赔付，但被保险人应签交权益追偿书给保险人，并协助保险人共同向责任方追偿。

5. 保险货物遭受损失以后的残余部分，应当充分利用，经双方协商，作价折归被保险人，并在保险人赔款中扣除。

6. 自承运人会同收货人作出货物运输事故签证时起，被保险人如果在 180 天内不向保险人申请赔偿，不提出必要的单据、证件，即作为自愿放弃权益。

7. 被保险人与保险人发生争议时，应当本着实事求是的精神协商解决。双方不能达成协议时，可以提交仲裁机构或法院处理。

第三节　航空货物运输战争险

航空货物运输战争险是航空货物运输险的一个特殊的附加险种。只有在托运人已经投保了航空货物运输险或航空货物运输一切险的基础上才能加保此险种。

一、保险责任

对已经投保了航空货物运输战争险的货物，如果在航空运输过程中出现了下列情况而导致了损失，保险公司承担责任：

1. 战争。
2. 类似战争行为。
3. 敌对行为或武装冲突。
4. 各种常规武器或炸弹。

二、保险期限

自被保险货物装上保险单所载明的启运地的飞机时，保险责任开始生效，直到卸下保险单所载明的目的地的飞机时终止。

如果货物不卸下飞机，则以飞机到达目的地当日午夜起计算，满 15 天为止；如果货物需在中途转运，则以飞机到达转运地当日午夜起计算，满 15 天为止；待货物装上续运的飞机，保险责任再恢复有效。

三、除外责任

如果损失是由于原子武器或热核武器造成的，保险公司不承担责任。

第四节　航空鲜活货物运输险

航空鲜活货物运输保险即国内航空鲜活货物腐烂、死亡责任险。它是航空货物运输险的一个附加险种。

一、保险责任

在航空运输过程中，已投保航空货物运输险的鲜活货物，保险人除依照"国内航空货物运输保险条款"中保险责任范围负责赔偿责任外，特别对鲜活货物负以下经济赔偿责任：

1. 被保险动物、成雏畜禽、鱼苗等活物的死亡。
2. 被保险动植物的死亡及鲜花（插花）的干枯。
3. 被保险水果、菜类、水产品的腐烂。
4. 被保险各类禽蛋的破碎。
5. 被保险鲜活货物受损后，为抢救、防护保险货物而支付的合理费用。但以不超过受损鲜活货物的保险金额为限。

二、保险期限

保险货物经保险人或承运人检验，以及防疫部门检疫后，自保险人或代理人签发保险凭证起，保险责任开始生效，直至机载保险货物到达目的地机场着陆后，交给收货人时终止。

三、除外责任

因下列原因造成鲜活货物死亡、腐烂的经济损失，保险人不负赔偿责任：

1. 由于货物自身潜在的缺陷所引起的腐烂、死亡、干枯、破碎及变质、减量。
2. 因包装不善或不符合承运部门规定，以及被保险人、托运人或押运人不履行货物运输合同以及失职或故意行为。

3. 外包装完好而内件短少的损失。

4. 国家或销售合同规定的自然损耗。

5. 货物到达目的地机场或承运人第一个仓库后，被保险人未按承运部门规定及时提货所致的损失。

6. 其他不属于保险责任范围的损失。

四、被保险人义务

1. 投保时，需向保险人或保险代理人如实申报货物的实际价值，并提供鲜活货物最长允许运输时限、条件和运输注意事项，以及是否需自备设备或派押运员护理。

2. 在运载过程中，发现病变、腐烂、死亡时，押运员应及时采取必要措施进行抢救，防止和减少损失扩大。到达目的地后，及时通知当地保险公司共同检验。

3. 被保险人如不履行上述义务，保险人有权拒绝赔偿或剔除扩大部分的损失。

五、检验与理赔

1. 保险货物发生保险责任范围内的损失时，被保险人应及时通知当地保险公司或保险人共同检验，并向承运部门索取商务事故记录、鉴定证明。提供保险单、销售合同、损失清单及其他必要的单证。

2. 保险货物损失的最高赔偿额不超过被保险人投保时的保险金额，即被保险货物的实际价值。如果被保险人投保金额低于货物实际价值时，发生部分损失，保险人按承保比例进行赔偿。残值原则上折归被保险人。

3. 按有关规定和运输合同中规定的合理损失，不属保险责任的部分，应在实际损失中剔除。

4. 根据有关规定，由承运人或其他第三者负责赔偿的经济损失，被保险人应当向第三者索赔。如一时未能向第三者取得赔偿的，被保险人可提出要求由保险人依据有关规定先给予赔付。但被保险人应填交"权益转让书"，把追偿权转让给保险人，并协助保险人共同向责任者追偿。

5. 自保险货物卸离运输工具 90 天内，被保险人不申报或不提供必要单证、文件，即作为自愿放弃索赔权益。

6. 保险人和被保险人若发生争议时，应本着实事求是的精神协商解决。如不能达成协议时，可由双方中的一方提交仲裁机构或法院处理。

7. 国内航空运输鲜活货物腐烂、死亡责任险是航空货物运输险的一个附加险种。如果其规定与航空货物运输险抵触，应以航空货物运输险为准。

第五节　航空货物运输险的保险费率

根据我国现行的国内航空货物运输保险条款规定，按照飞机所运载货物的分类标准，把空运货物分为一般物资、一般易损物资和特别易损物资等类别。不同类别的货物，适用不同的费率。我国航空货物运输险的保险费率标准如下。

费率表

第一类：一般物资，每千元一元（即千分之一）。

一般物资：本身属于非危险品，在受碰撞或包装破裂时，所装物资无明显影响或者有一定损失但不显著的货物，如机器设备、一般金属原材料、电子元器件、马达、开关磁棒、变压器、录音录像磁带、10毫升以下针剂药品、金属桶或听装液体、半液体商品、中西药材等等。

第二类：易损物资，每千元四元（即千分之四）。

易损物资：本身较易燃烧、破裂、渗漏、挥发等，而且由于包装破裂或所装物品一经碰撞就容易受损的货物，如仪器仪表、医疗器械、录像机、电视机、复印机、电冰箱、洗衣机、电风扇、照相机、电唱机、收录机、有机玻璃制品、图书纸张、服装、皮货、绸缎呢绒、纸箱、桶、篓装的块粒、粉状物资，2.0克以下各种玻璃瓶装液体、一般特种工艺品、景泰蓝以及属于有毒危险品和较易挥发物品等等。

第三类：特别易损物资，每千元八元（即千分之八）。

特别易损物资：本身属于危险品，特别容易燃烧、破裂、渗漏、挥发等，而且由于包装破裂或所装物品受碰撞后极易损坏或者在其损坏后没有残余价值的货物，如各种玻璃制品、陶瓷制品、石膏制品、箱装玻璃、2.0克以上玻璃瓶装液体、半液体、显像管、电子管以及各种灯泡、灯管和特别易损的高度精密仪器仪表及水果和菜类。

第四类：冻鲜易腐物品，每千元十二元（即千分之十二）。

冻鲜易腐物品本身属于一般植物及冻、水产品。如冻肉、冻鱼等。

第五类：鲜活易腐物品，每千元二十元（即千分之二十）。

鲜活易腐物品属于一般动物，如鱼苗、种蛋及成雏畜禽和鲜花或插花等等。

第六类：珍奇动物、植物，每千元三十元（即千分之三十）。

此类物品属于国家重点保护的珍贵动物和植物及其他珍奇活物。

1. 金银、首饰、珠宝、稀有贵重金属以及毛重每千克价值在1800元以上的贵重物品，经特别约定后，最低按第二档千分之四确定。

2. 外籍人员投保国内航空货物运输保险，按费率表的不同档次分别加收20%计算。

3. 对空运物资数量大的投保单位，如果其经营管理较好，注意安全运输，并同意预约统保的，保险费率可按照规定费率在50%幅度以内予以减收。具体减收比例由保险公司各分公司掌握，根据本地情况自定。

4. 对于危险品，民航部门一般不予承运，但对国家指令特需、经民航局批准后才可承运的物资，如要投保，可按其危险程度（易燃、易爆、辐射等），分别按费率表不同档次确定。

5. 关于保险货物变更运输后的保险费计算。因承运人或托运人及其他特殊情况，投保货物发生变更运输时，应按新开货运单或更改后的货运单办理。对于已发生了运输的货物退运，属于托运人责任的，不退保险费；保险货物在托运地点未起运而要求退运的，如未出险，按最低保费一元计收；保险货物运抵目的地后要求退回始发地或改运他地的，应按规定重新计收保险费。

6. 每笔空运货物保险的最低保险费为一元。

7. 国内航空运输鲜、活货物途耗免赔额。所谓免赔额（Deductible），亦称最小损失不赔，是指一次意外损失，如果已经超过保险价额的某个百分比，全部损失由保险人赔偿；如果不超过规定的百分比，则保险人不负担赔偿责任。这个小于规定百分比的损失额就是"免赔额"。

第六节　我国关于空运进口货物国内转运保险的规定

一、国际惯例

在国际贸易中，贸易的双方当事人在合同的订立阶段和签订合同时，对货物保险都要进行相应的磋商和规定，以明确保险是由卖方还是买方办理。一般来说，这主要取决于双方交易的价格条件。在三种常见的国际贸易价格术语中，凡是用离岸价格（Free on Board，缩写为FOB）和成本加运费价格（Cost and Freight，缩写为CFR）成交的，保险费由买方负责。凡是用到岸价格（Cost Insurance Freight，缩写为CIF）成交的，则保险由卖方负责。因此，对于以CIF价格成交的进口货物应要求货主按规定投保国内航空运输险。

二、我国有关规定

按照我国的有关规定，我国对于空运进口货物国内转运保险的一般做法是：

1. 由有关保险公司与各外贸公司等单位分别签订海运、空运和邮运保险的预约保险合同。在这些合同中规定，凡是从国外以FOB或CFR价格条件空运的进口货物，均由保险总公司承保，保险责任直至国内最终目的地收货人仓库终止。

2. 由于保险责任已包括国内转运期间的风险在内，为使空运进口货物及时转运到目的地，避免进口单位重复支付保险费，航空承运人对于报关单上 FOB 或 CIF 价格条件下以空运形式进口的货物，即可马上办理国内转运手续，而无需再要求货主或托运人再办理国内转运保险。如果是由外运航空站承办的国际进口货物，交航空承运人转运国内各城市的，凡属 FOB 和 CFR 条款的货物，由外运航空站在航空托运单上加盖《进口货物国内转运保险章》，不再重新办理国内保险手续。外运航空站对所盖印章承担法律责任。

3. 如果发生货物损失，由航空承运人给收货人出具货损记录书，收货人凭借此记录向当地保险公司国外业务部办理索赔，保险公司赔偿后凭记录向航空承运人追偿，航空承运人根据货物运输的有关规定予以赔付。

4. 保险责任范围起讫期限是，自保险货物送交航空承运人收讫并签发航空货运单时起开始生效，直到货物运抵目的地，收货人提取货物并运抵其仓库时终止。但被保险货物到达目的地的航空公司（或外运公司）仓库保管期限的保险责任，以自航空承运人向收货人发出到货通知书的当日午夜起算 30 天为限。

第七节　我国航空运输业的保险代理业务

由于航空运输领域具有一定的专业特性，为了方便货主，提高效益，在我国一般是由各地民航系统有关部门接受保险公司的委托，作为保险代理人，负责代办有关国内航空货物运输保险业务的各项手续。

民航系统的有关单位在接受了保险公司的委托后，主要代理以下保险业务。

一、代办手续

1. 由货物的托运人（即投保人）在"货物托运单"上写明所保货物的保险金额（不同类别的货物应分别填写）。保险金额可以按保险货物的实际价值计算，也可以加计运杂费和保险费。"货物托运单"可以一式两份，民航留存一份，转保险公司一份。

2. 由承运人（或其代理人）凭"货物托运单"填开"货运单"。在货运单的"价值"栏内填写保险金额，在"其他费用"栏内填写保险费率及保险费，然后加盖代理保险戳记。代理印戳由各保险分公司刻制，登记后发给代办单位。该"货运单"作为保险凭证。

二、保费结算

各地民航货运部门根据货运单按日逐笔填写保险公司印制的"逐日登记表"。其内容有：运单号、保险金额、费率、保费。每月月终时按"逐日登记表"各栏总数填入"逐月汇总表"内并合计各栏总数。"逐日登记表"和"逐月汇总表"各一式两份，于次月 5 日前送当地保险公司，并将保险费同时缴付当地保险公司。经审核无误后，留存民航一份。保险公司如发现保险内容有差错时应办理批改手续，并通知民航的保险代理部门。保险费如有变动，应多退少补。

三、收取代理报酬

民航保险代理部门在代理保险业务时承担了一定的责任，也付出了相应的劳动。各地保险公司据此支付一定的劳务报酬。其给付标准为该代理处实收保险费的 10%，此项劳务费在每月结算代收保险费后，由保险公司立即拨付。

四、协助保险理赔

1. 被保险货物在遭受责任范围内的损失时，应由民航部门或被保险人及时通知当地的保险公司，最迟不得超过 10 天，否则保险公司不予受理。民航有关部门应出具运输事故签证，说明事故发生及货物受损的详细情况，交被保险人和受理保险公司。保险公司在调查核实时，民航有关部门应当协助配合，如货损、货差确属航空货物运输承运人的责任，可根据每千克货物的赔偿最高限额为 100 元的规定，由航空货物运输承运人负责赔付。超过限额部分由保险公司承担。如当地无保险公司，民航有关部门应负责检验。

2. 货物发生差损等差错事故，在交付时，应与收货人共同检查货物并填制"货物运输事故签证"和"航空货物索赔单"，作为货运事故情况的证明。货主可凭此向保险公司（对已投保的货物）提出索赔的要求。民航内部使用的"运输事故记录"主要作为内部划分事故责任的依据，不得对外使用或提供给货主。

3. 保险公司应该向民航代理处室提供有关业务的单证。与此同时还应经常深入现场了解包装情况，并和民航部门一起，做好对保险货物的安全防损工作，及时提出改进包装意见和要求。民航部门对保险公司在进行货物包装查验时应给予方便，并应严格执行货运规章制度，使空运的保险货物符合安全防损的要求。

4. 对已投保并已赔偿的无货主货物（因为空运货物保险条款中有"提货不着"条款），应由承运人交保险公司处理。

5. 由于承运人责任造成的保险货物的全部损失，承运人最高赔偿额为每千克 100 元人民币。限额以上部分，则由保险公司负责赔偿。部分损失时，承运人按损失金额与保险金额的比例计算赔偿金额。其公式为：

承运人赔偿金额 ＝［（实际损失金额×承运人最大责任）÷保险金额］×货物的总重量（重量单位：千克）

例如：一票货物总重量为 90 千克，保险价值为 8000 元，由于承运人的责任产生 500 元损失，承运人应该赔偿多少？

承运人赔偿金额 ＝ ［（500 元 ×100 元）÷8000 元］×90 千克 ＝563 元
即承运人赔偿金额为 563 元。

损余物资作价处理所得款项，由承运人和保险公司按照赔偿比例再进行划分。

第八节　航空货物运输险的索赔和理赔程序

索赔和理赔是保险职能的直接体现。索赔（Claim）是投保人或被保险人在保险货物遭受损失后，根据保险合同的规定，向保险人要求履行赔偿损失的行为。理赔（Settlement of Claim）指的是保险人在其承保的货物发生损失、被保险人提出索赔要求后，根据保险合同的规定，对损失予以检验、调查并实施赔偿的行为。索赔是被保险人主张其权利的过程，而理赔是保险人履行其义务的过程。

航空货物运输险的索赔和理赔规定如下：

1. 当发生航空运输事故，出现货物损失时，凡是已投保货物运输险的货物，应当先由保险公司按有关规定赔付，然后再由保险公司向航空货物运输承运人追偿应由航空货物运输承运人承担的部分。航空货物运输承运人应当在出具航空货运事故记录后，于 10 日之内通知货主前去保险公司办理索赔手续。如能证明损失是由于航空货物运输承运人的运输责任造成的，航空货物运输承运人应承担向保险公司偿付每千克 100 元的最大责任。

2. 当发生航空运输事故，出现货物损失时，如果该货物并未投保货物运输险。则无论货物价值在每千克 20 元以下或以上，如能证明损失是由于航空货物运输承运人运输责任造成的，航空货物运输承运人均应按货物的实际价值进行赔偿。托运人或收货人要求赔偿时，应当在填写货运事故签证的次日起 180 日内随附货运单，向承运人提交货物索赔单、货运事故签证和证明货物内容、价格的凭证或其他有效证明。

3. 对于托运人或收货人提出的货物损失的赔偿要求，航空货物运输承运人应当在 60 日内处理答复。对违约金的偿付要求，应当在 10 日内处理答复。赔偿要求应当由目的站负责受理，在特殊条件下也可由始发站受理。

4. 国际货物联程国内运输的，无论是否投保，如能证明损失是由于航空货物运输承运人国内运输责任造成的，航空货物运输承运人应按《华沙公约》规定，按每千克 20 美元折合成人民币现价进行赔付。

5. 如果货物出现遗失，受理站及有关站应当尽最大努力设法查找。如果确实查找不到，则应按赔偿处理先行赔付，同时备案待查。货物损坏时，应按照减低的价值差额或按所需的修理费赔偿。损坏的货物需运到他地修理时，免收运费。

6. 货物损失赔偿金额确定之后，航空货物运输承运人应填写"货物破损丢失赔偿报告"，并随附有关货单、事故记录、货物索赔单、证明损失货物价值的发票，及有关查询信函、电报等处理文件，逐级上报主管领导审批。

7. 经确定的理赔款项，由受理站付给索赔人或者汇付给索赔人所指定的银行账户。除了私人托运的货物赔偿可以用现金付给发货人外，其他赔款都应使用转账支付。

附录

1. SHA 出发货物运价表

附表 1　国内航线货物运价表（上海始发）

民航总局财发〔1999〕126 号文件　　　　　　　　　　　　　　　　（单位：元/公斤）

航线	代码	普通货物运价				等级货物运价
		基础运价	45 公斤以上	100 公斤以上	300 公斤以上	S
		N	Q45	Q100	Q300	
安庆	AQG	3.5	2.8	2.5	2.1	5.3
包头	BAV	7.6	6.1	5.3	4.6	11.4
北海	BHY	7.6	6.1	5.3	4.6	11.4
北京	PEK	5.9	4.7	4.1	3.5	8.9
长春	CGQ	7.7	6.2	5.4	4.6	11.6
常德	CGD	5.6	4.5	3.9	3.4	8.4
长沙	CSX	5.1	4.1	3.6	3.1	7.7
成都	CTU	8.0	6.4	5.6	4.8	12.0
重庆	CKG	7.2	5.8	5.0	4.3	10.8
大连	DLC	5.5	4.4	3.9	3.3	8.3
丹东	DDG	6.2	5.0	4.3	3.7	9.3
大同	DAT	6.9	5.5	4.8	4.1	10.4
福州	FOC	4.0	3.2	2.6	2.4	6.0
广州	CAN	6.4	5.1	4.5	3.8	9.6
桂林	KWL	6.7	5.4	4.7	4.0	0.1
贵阳	KWE	7.8	5.2	5.5	4.7	11.7
海口	HAK	8.0	6.4	5.6	4.8	12.0
杭州	HGH	1.9	1.5	1.3	1.1	2.9
哈尔滨	HRB	8.3	6.6	5.8	5.0	12.5
合肥	HFE	2.9	2.3	2.0	1.7	4.4
黄山	TXN	2.8	2.2	2.0	1.7	0.2
黄岩	HYN	2.6	2.1	1.8	1.6	3.9
呼和浩特	HET	7.3	5.8	5.1	4.4	11.0
吉林	JIL	8.1	6.5	5.7	4.9	12.2
济南	TNA	4.7	3.8	3.3	2.8	7.1
景德镇	JDZ	3.2	2.6	2.3	2.0	5.0
晋江	JJN	4.6	3.7	3.2	2.8	6.9

续表

航线	代码	普通货物运价				等级货物运价
		基础运价	45 公斤以上	100 公斤以上	300 公斤以上	S
		N	Q45	Q100	Q300	
锦州	JNZ	6.2	5.0	4.3	3.7	9.3
九江	JIU	4.0	3.2	2.8	2.4	6.0
昆明	KMG	8.9	7.1	6.2	5.3	13.4
兰州	LHW	8.4	6.7	5.9	5.0	12.6
拉萨	LXA	16.0	12.8	——	——	24.0
连云港	LYG	3.2	2.6	2.2	1.9	1.8
临沂	LYI	3.6	2.9	2.5	2.2	5.0
柳州	LZH	7.2	5.8	5.0	4.3	1.0
洛阳	LYA	5.1	4.1	3.6	3.1	7.7
牡丹江	MDG	8.6	7.0	6.2	5.3	18.2
南昌	KHN	3.9	3.1	2.7	2.3	5.9
南京	NKG	2.3	1.8	1.6	1.4	3.5
南宁	NNG	7.9	6.3	5.5	4.7	11.9
宁波	NGB	1.8	1.4	1.3	1.1	2.7
青岛	TAO	4.1	3.3	2.9	2.5	6.2
秦皇岛	SHP	6.5	5.2	4.6	3.9	9.8
齐齐哈尔	NDG	8.9	7.1	6.2	5.3	13.4
衢州	JUZ	2.8	2.2	2.0	1.7	4.2
三亚	SYX	8.9	7.1	6.2	5.3	13.4
汕头	SWA	5.4	4.3	3.8	3.2	8.1
沙市	SHS	5.2	4.2	3.6	3.1	7.8
沈阳	SHE	6.6	5.3	4.6	4.0	9.9
深圳	SZX	6.5	5.2	4.6	3.9	9.8
石家庄	SJW	5.7	4.6	4.0	3.4	8.6
太原	TYN	6.1	4.9	4.3	3.7	9.2
天津	TSN	5.8	4.6	4.1	3.5	8.7
潍坊	WEF	4.5	3.6	3.2	2.7	6.8
威海	WEH	5.3	4.2	3.7	3.2	8.0
温州	WNZ	3.0	2.4	2.1	1.8	4.5
武汉	WUH	4.4	3.5	3.1	2.6	6.6
乌鲁木齐	URC	13.9	11.1	9.7	8.3	20.9
武夷山	WUS	3.7	3.0	2.6	2.2	5.6

续表

航线	代码	普通货物运价				等级货物运价
		基础运价	45公斤以上	100公斤以上	300公斤以上	S
		N	Q45	Q100	Q300	
厦门	XMN	4.8	3.8	3.4	2.9	7.2
西安	SIA	5.5	5.2	4.6	3.9	9.8
襄樊	XFN	5.6	4.5	3.9	3.4	8.4
西宁	XNN	8.9	7.1	6.2	5.3	13.4
西双版纳	JHG	1.3	8.2	7.2	6.2	15.5
徐州	XUZ	3.5	2.8	2.5	2.1	5.3
延吉	YNJ	8.5	6.8	6.0	5.1	12.8
烟台	YNT	4.7	3.8	3.3	2.8	7.1
宜宾	YBP	8.5	6.8	6.0	5.1	12.8
宜昌	YIH	5.7	4.6	4.0	3.4	8.6
银川	INC	8.9	7.0	6.2	5.3	13.4
义乌	YIW	2.7	2.2	1.9	1.6	4.1
张家界	DYG	6.6	5.3	4.6	4.0	9.9
湛江	ZHA	8.0	6.1	5.6	4.8	12.0
郑州	CGO	4.8	3.8	3.4	2.9	7.2
舟山	HSN	2.0	1.6	1.4	1.2	3.0
珠海	ZUH	7.0	5.6	4.9	4.2	10.5

2. CTU 出发货物运价表

附表2　中国西南航空货物运输中心——成都出港运价表　（单位：元/公斤）

到达港	N	S	Q45	Q100	Q300
北京	7.70	11.60	6.20	5.40	4.90
北海	6.10	9.20	4.90	4.30	3.90
邦达	4.40	6.60	3.50	3.10	2.60
常州	7.30	11.00	5.80	5.10	4.40
长沙	5.00	7.50	4.00	3.50	
长春	10.80	16.20	8.60	7.60	6.80
重庆	2.50	3.80	2.00	1.80	1.50
大连	8.70	13.10	7.80	6.90	
福州	8.00	12.00	6.40	5.60	4.80
贵阳	3.40	5.10	2.80	2.50	

到达港	N	S	Q45	Q100	Q300
桂林	5.20	7.80	4.20	3.60	3.20
济南	6.80	10.20	5.40	4.80	
广州	2.80	10.10			
海口	3.50	11.85			
合肥	6.70	10.05	5.40		
杭州	7.70	11.60	6.20	5.40	4.60
哈尔滨	11.00	16.50	8.80	7.70	7.00
兰州	5.00	7.50	4.00	3.50	
拉萨	10.30	12.50			
洛阳	5.10	7.70			
南昌	6.10	9.20	4.90	4.30	3.70
南宁	5.30	8.00	4.20	3.70	3.20
南京	4.50	11.30			
连云港	8.30	12.50			
宁波	4.90	12.50			
汕头	4.50	11.60			
深圳	3.40	10.40			
沈阳	9.90	14.90	7.90	6.90	5.90
天津	7.50	11.30	6.00	5.30	4.90
万县	2.80	4.20	2.20	2.00	1.70
温州	9.50	12.25	6.50	5.70	
武汉	5.40	8.10	4.30	3.80	
乌鲁木齐	10.60	14.40			
厦门	8.80	12.80	6.80	6.00	5.10
西安	3.90	5.90	3.70	3.00	
西宁	5.70	8.55	4.60	4.00	3.40
烟台	8.40	12.60	6.70	5.90	
宜宾	2.20	3.30	1.80	1.50	
郑州	5.40	8.10	4.80	4.50	
湛江	6.60	9.90	5.30	4.60	4.00
珠海	7.20	10.80	6.80	6.00	
银川	6.00	9.00	4.80		
黄山	6.80	10.20	5.40	4.80	4.10
九江	6.70	10.05	5.40	4.80	4.00

续表

到达港	N	S	Q45	Q100	Q300
徐州	6.70	10.05	5.40	4.70	4.00
青岛	7.80	11.70	6.20	5.50	5.00
上海	8.00	12.00	3.00		
石家庄	6.60	9.90	5.30	4.60	4.00
锦州	7.50	12.10	5.50	5.00	
昆明	4.20	6.30	3.40	2.90	2.30
西昌	2.80	4.20			

注：云南省昆明市可以中转到各地、县，以上运价不含地面运输费 0.2 元/公斤，如单件货物超过 80 公斤以上加超重费 60 元。

3. CKG 出发货物运价表

附表 3　CKG 出发货物运价表

航段	航距 （公里）	最低运费	基础运价 （元/公斤）	Q45	Q100	Q300
重庆—张家界	519	30	3.4	2.7	2.4	2
重庆—湛江	1100	30	5.6	4.5	3.9	3.4
重庆—郑州	980	30	5.2	4.2	3.6	3.1
重庆—珠海	1235	30	6.1	4.9	4.3	3.7
重庆—合肥	1146	30	5.8	4.6	4.1	3.5
重庆—黄山	1254	30	6.2	5	4.3	3.7
重庆—济南	1300	30	6.4	5.1	4.5	3.8
重庆—晋江	1498	30	7.1	5.7	5	4.3
重庆—昆明	649	30	3.9	3.1	2.7	2.3
重庆—兰州	1117	30	5.7	4.6	4	3.4
重庆—拉萨	1585	30	9.6	7.7	0	0
重庆—洛阳	882	30	4.8	3.8	3.4	2.9
重庆—泸州	170	30	1.9	1.5	1.3	1.1
重庆—南昌	970	30	5.2	4.2	3.6	3.1
重庆—南充	155	30	1.8	1.4	1.3	1.1
重庆—南京	1305	30	6.4	5.1	4.5	3.8
重庆—南宁	858	30	4.7	3.8	3.3	2.8
重庆—宁波	1550	30	7.2	5.8	5	4.3
重庆—青岛	1577	30	7.3	5.8	5.1	4.4
重庆—三亚	1517	30	7.1	5.7	5	4.3

航段	航距（公里）	最低运费	基础运价（元/公斤）	Q45	Q100	Q300
重庆—上海	1537	30	7.2	5.8	5	4.3
重庆—汕头	1568	30	7.3	5.8	5.1	4.4
重庆—沈阳	2129	30	9.2	7.4	6.4	5.5
重庆—深圳	1290	30	6.3	5	4.4	3.8
重庆—石家庄	1258	30	6.2	5	4.3	3.7
重庆—太原	1129	30	5.7	4.6	4	3.4
重庆—天津	1530	30	7.2	5.8	5	4.3
重庆—万县	339	30	2.6	2.1	1.8	1.6
重庆—温州	1505	30	7.1	5.7	5	4.3
重庆—武汉	801	30	4.5	3.6	3.2	2.7
重庆—乌鲁木齐	2560	30	10.6	8.5	7.4	6.4
重庆—厦门	1516	30	7.1	5.7	5	4.3
重庆—西安	603	30	3.7	3	2.6	2.2
重庆—襄樊	675	30	4	3.2	2.8	2.4
重庆—西昌	719	30	4.2	3.4	2.9	2.5
重庆—西宁	1100	30	5.6	4.5	3.9	3.4
重庆—西双版纳	1099	30	5.6	4.5	3.9	3.4
重庆—延吉	2754	30	11.2	9	7.8	6.7
重庆—宜宾	400	30	2.9	2.3	2	1.7
重庆—宜昌	526	30	3.4	2.7	2.4	2
重庆—银川	1163	30	5.9	4.7	4.1	3.5
重庆—北海	1070	30	5.5	4.4	3.9	3.3
重庆—北京	1640	30	7.5	6	5.3	4.5
重庆—长春	2463	30	10.3	8.2	7.2	6.2
重庆—长沙	695	30	4.1	3.3	2.9	2.5
重庆—常州	1332	30	6.5	5.2	4.6	3.9
重庆—成都	313	30	2.5	2	1.8	1.5
重庆—大连	2008	30	8.8	7	6.2	5.3
重庆—达县	236	30	2.2	1.8	1.5	1.3
重庆—恩施	350	30	2.7	2.2	1.9	1.6
重庆—福州	1598	30	7.4	5.9	5.2	4.4
重庆—广州	1188	30	6	4.8	4.2	3.6
重庆—桂林	662	30	4	3.2	2.8	2.4

续表

航段	航距 （公里）	最低运费	基础运价 （元/公斤）	Q45	Q100	Q300
重庆—贵阳	351	30	2.7	2.2	1.9	1.6
重庆—海口	1253	30	6.2	5	4.3	3.7
重庆—杭州	1500	30	7.1	5.7	5	4.3
重庆—哈尔滨	2650	30	10.9	8.7	7.6	6.5

4. KMG 出发货物运价表

附表 4　KMG 出发货物运价表 （单位：元/公斤）

航　线	普　价	急　价	航　线	普　价	急　价
保山	2.80	4.20	宁波	8.60	12.90
北海	4.90	7.35	青岛	10.00	15.00
北京	9.60	14.40	秦皇岛	10.20	15.30
长春	12.90	19.35	上海	8.90	13.35
长沙	5.70	8.55	汕头	7.10	10.65
常州	8.70	13.05	沈阳	11.70	17.55
成都	4.20	6.30	深圳	6.20	9.30
重庆	3.90	5.85	石家庄	9.10	13.65
大理	2.30	3.45	思茅	2.50	3.75
大连	10.70	16.05	太原	8.00	12.00
福州	8.60	12.90	天津	9.40	14.10
广州	6.60	9.90	万县	5.30	7.95
桂林	4.70	7.05	温州	8.50	12.75
贵阳	3.10	4.65	武汉	6.60	9.90
海口	5.40	8.10	乌鲁木齐	11.70	17.55
杭州	9.00	13.50	厦门	7.70	11.55
哈尔滨	13.50	20.25	西安	6.10	9.15
合肥	8.10	12.15	西昌	2.60	3.90
黄山	8.70	13.05	西双版纳	3.10	4.65
黄岩	9.00	13.50	徐州	8.50	12.75
济南	9.00	13.50	烟台	10.50	15.75
兰州	7.90	11.85	宜宾	3.30	4.95
拉萨	11.20	16.80	宜昌	6.00	9.00
丽江	2.70	4.05	银川	7.10	10.65

航　线	普　价	急　价	航　线	普　价	急　价
柳州	4.30	6.45	张家界	4.40	6.60
泸州	3.40	5.10	湛江	5.10	7.65
芒市	3.20	4.80	昭通	2.70	4.05
南昌	6.90	10.35	郑州	7.30	10.95
南京	8.30	12.45	中甸	3.50	5.25
南宁	4.00	6.00	珠海	6.30	9.45

5. TSN 出发货物运价表（1）

附表5　TSN 出发货物运价表（1）

到达站	代码	航距（公里）	运价（元/公斤）				
			M	N	45	100	300
广州	CAN	1910	30	8.5	6.8	6	5.1
深圳	SZX	2021	30	8.8	7	6.2	5.3
上海	SHA	1133	30	5.8	4.6	4.1	3.6
西安	SIA	993	30	5.2	4.2	3.6	3.1
成都	CTU	640	30	7.5	6	5.3	4.5
南京	NKG	907	30	4.9	3.9	3.4	2.9
桂林	KWL	1800	30	8.1	6.5	5.7	4.9
厦门	XMN	1729	30	7.8	6.2	5.5	4.7
海口	HAK	2370	30	10	8	7	6
福州	FOC	1622	30	7.5	6	5.3	4.5
黄山	TXN	1070	30	5.5	4.4	3.9	3.3
汕头	SWA	1918	30	8.5	6.8	6	5.1
温州	WNZ	1545	30	7.2	5.8	5	4.3
北海	BHY	2228	30	9.5	7.6	6.7	5.7
北京	180	30	30	1.9	1.5	1.3	1.1
张家界	DYZ	1458	30	30	6.9	5.5	4.8
武夷山	WUS	1357	30	6.6	5.3	4.6	4
长春	CGQ	1113	30	5.7	4.6	4	3.4
长沙	CSX	1353	30	6.5	5.2	4.6	3.4
常州	CZX	1133	30	5.8	4.6	4.1	3.5
重庆	CKG	1530	30	7.2	5.8	5	3.4
大理	DLU	2485	30	10.3	8.2	7.2	6.2
大连	DLC	759	30	4.4	3.5	3.1	2.6

到达站	代码	航距（公里）	运价（元/公斤）				
			M	N	45	100	300
贵阳	KWE	2030	30	8.9	7.1	6.2	5.3
海拉尔	HED	1323	30	6.4	5.1	4.5	3.5
杭州	HGH	1133	30	5.8	4.6	4.1	3.5
哈尔滨	HRB	1190	30	6	4.8	4.2	3.6
吉林	JIL	1030	30	5.4	4.3	3.8	3.2
昆明	KMG	2210	30	9.4	7.5	6.6	5.6
兰州	LHW	1350	30	6.5	5.2	4.6	3.9
牡丹江	MDG	1227	30	6.1	4.9	4.3	3.7
南宁	NNG	2149	30	9.2	7.4	6.4	5.5
宁波	NGB	1260	30	6.2	5	4.3	3.7
青岛	TAO	477	30	3.2	2.6	2.2	1.9
沈阳	SHE	829	30	4.6	3.7	3.2	2.8
思茅	SYM	2531	30	10.5	8.4	7.4	6.3
太原	TYN	425	30	3	2.4	2.1	1.8
武汉	WUH	1082	30	5.6	4.5	3.9	3.4
乌鲁木齐	URC	3.22	30	12	9.6	8.4	.7.2
五台山	WUT	410	30	2.9	2.3	2	1.7
西双版纳	JHG	2660	30	10.9	8.7	7.6	6.5
延吉	YNJ	1230	30	6.1	4.9	4.3	3.7
烟台	YNT	402	30	2.9	2.3	2	1.7
郑州	CGO	629	30	3.8	3	2.7	2.3
济南	TNA	355	30	2.7	2.2	1.9	1.6
佳木斯	JMU	1395	30	8.8	7	6.2	5.3

6. TSN 出发货物运价表（2）

附表6　TSN 出发货物运价表（2）

到达站	代码	相加点	运价（元/公斤）				
			M	N	Q	100	300
阿克苏	AKU	URC	30	16.7	13.4	11.7	10
安康	AKA	SIA	30	7.2	5.8	5	4.3
阿勒泰	AAT	URC	30	15.1	12.1	10.6	9.1
安庆	AQG	PEK	30	7.5	6	5.2	4.5

续表

到达站	代码	相加点	运价（元/公斤）				
			M	N	Q	100	300
保山	BSL	KMG	30	12.2	9.7	8.6	7.3
包头	BAV	PEK	30	5.5	4.4	3.8	3.3
常德	CGD	PEK	30	8.7	6.9	6.1	5.2
赤峰	CIF	PEK	30	4.5	3.6	3.1	2.7
长治	CIH	TYN	30	4.9	3.9	3.4	2.9
丹东	DDG	PEK	30	6.6	5.3	4.6	3.9
敦煌	DNH	LHW	30	11.9	9.5	8.4	7.1
大同	DAT	PEK	30	4.4	3.5	3.1	2.6
达县	DAX	SIA	30	8.1	6.5	5.6	4.8
格尔木	GOQ	LHW	30	11	8.8	7.8	6.6
赣州	KOW	PEK	30	9.6	7.7	6.7	5.7
合肥	HFE	NKG	30	6.7	5.3	4.7	4
呼和浩特	HET	PEK	30	5	4	3.5	3
黑河	HEK	HRB	30	9.4	7.5	6.5	5.6
和田	HTN	URC	30	18.7	14.8	5.9	5.1
黄岩	HYN	SHA	30	8.4	6.7	5.9	5.1
汉中	HEC	SIA	30	7.4	6	5.1	4.4
恩施	ENH	WUH	30	8.8	7.1	6.1	5.3
南阳	NNY	CGO	30	6	4.8	4.2	3.6
秦皇岛	SHP	PEK	30	4.8	3.8	3.3	2.8
且末	LOM	URC	30	16.4	13.1	11.5	9.8
齐齐哈尔	NDG	PEK	30	8.1	6.5	5.6	4.8
衢州	JUZ	HGH	30	7.9	6.3	5.6	4.8
沙市	SHS	WUH	30	7.6	6.1	5.3	4.6
三亚	SYX	HAK	30	12.2	9.8	8.5	7.3
通辽	TGO	PEK	30	5.8	4.6	4	3.4
潍坊	WEF	PEK	30	5.5	4.4	3.8	3.3
威海	WEH	PEK	30	5.8	4.6	4	3.4
乌兰浩特	HLH	PEK	30	6.8	5.4	4.7	4
西昌	XIC	CTU	30	10.3	8.2	7.3	6.2
襄樊	XFN	CGO	30	6.4	5.1	4.5	3.9
东莞	DOY	PEK	30	5	4	3.5	3
广元	GYS	PEK	30	8.6	6.9	6	5.1

到达站	代码	相加点	运价（元/公斤）				
			M	N	Q	100	300
九寨沟	JZH	PEK	30	9	7.2	6.3	5.4
绵阳	MIG	PEK	9.1	7.3	6.3	5.4	
景德镇	JDZ	PEK	30	8.2	6.5	5.7	4.9
九江	JIU	TXN	30	7.8	6.2	5.5	4.7
晋江	JJN	FOC	30	9.3	7.4	6.6	5.6
佳木斯	JMU	HRB	30	8.8	7	6.2	5.3
嘉峪关	CHW	LHW	30	10.7	8.6	7.5	6.4
锦州	JNZ	PEK	30	5	4	3.5	3
科尔勒	KRL	URC	30	14.8	11.8	10.4	8.9
库车	KCN	URC	30	15.9	12.7	11.1	9.5
克拉玛依	KRY	URC	30	14.4	14.4	10.1	8.6
喀什	KHG	URC	30	14.3	11.4	10	8.6
丽江	LJG	KMG	30	12.1	9.7	8.5	7.2
拉萨	LXA	CTU	30	15.8	12.6	12.6	12.6
洛阳	LYA	CGO	30	6	4.8	4.2	3.6
连云港	LYG	TNA	30	5.2	4.2	3.7	3.1
临沂	LYI	TNA	30	4.3	3.4	3	2.5
柳州	LHZ	WUH	30	10.2	8.2	7.1	6.2
泸州	LZO	KMG	30	12.8	10.2	9	7.6
芒市	LIM	KMG	30	12.6	10.1	8.8	7.5
梅县	MXZ	CAN	30	11.1	8.9	7.8	6.7
南昌	KHN	NKG	30	8.6	6.9	6	5.1
南通	NTG	NKG	30	6.7	5.3	4.7	4
锡林浩特	XIL	PEK	30	4.9	3.9	3.4	2.9
西宁	XNN	LHW	30	8.4	6.7	5.9	5
徐州	XUZ	PEK	30	5.8	4.6	4	3.4
延安	ENY	TYN	30	5.5	4.4	3.9	3.3
宜昌	YIH	WUH	30	8	6.4	5.6	4.8
银川	INC	PEK	30	7.6	6.1	5.3	4.6
榆林	UYN	BAV	30	7.9	6.3	5.5	4.7
伊宁	YIN	URC	30	15.5	12.4	10.9	9.3
义乌	YIW	HGH	30	7.7	6.1	5.4	4.6
珠海	ZUH	CAN	30	10.2	8.2	7.2	6.1

续表

到达站	代码	相加点	运价（元/公斤）				
			M	N	Q	100	300
湛江	ZHA	CAN	30	11.6	9.3	8.2	7
昭通	ZAT	KMG	30	10.2	8.2	7.2	6.1
朝阳	CHG	PEK	30	4.7	3.7	3.3	2.8
万县	WXN	PEK	30	9	7.2	6.3	5.4
乌海	WUA	PEK	30	7.6	6.1	5.3	4.5
盐城	YNZ	PEK	30	6.8	5.4	4.7	4
宜宾	YBP	PEK	30	10.1	8.3	7	6

7. 中国民用航空货物国内运输规则

中国民用航空货物国内运输规则

（1986 年 1 月 1 日制定，1996 年 2 月 29 日修订）

目　录

第一章　总　则

第一条　为了加强航空货物运输的管理，维护正常的航空运输秩序，根据中华人民共和国民用航空法的规定，制定本规则。本规则适用于出发地、约定的经停地和目的地均在中华人民共和国境内的民用航空货物运输。

第二条　承运人应当按照保证重点、照顾一般、合理运输的原则，安全、迅速、准确、经济地组织货物运输，体现人民航空为人民的宗旨。

第三条　本规则中下列用语，除具体条文中另有规定者外，含义如下：

（一）"承运人"是指包括接受托运人填开的航空货运单或者保存货物记录的航空承运人和运送或者从事承运货物或者提供该运输的任何其他服务的所有航空承运人。

（二）"代理人"是指在航空货物运输中，经授权代表承运人的任何人。

（三）"托运人"是指为货物运输与承运人订立合同，并在航空货运单或者货物记录上署名的人。

（四）"收货人"是指承运人按照航空货运单或者货物运输记录上所列名称而交付货物的人。

（五）"托运书"是指托运人办理货物托运时填写的书面文件，是据以填开航空货运单的凭据。

（六）"航空货运单"是指托运人或者托运人委托承运人填制的，是托运人和承运人之间为在承运人的航线上承运货物所订立合同的证据。

第二章　货物托运

第四条　托运货物凭本人居民身份证或者其他有效身份证件，填写货物托运书，向承运人或其代理人办理托运手续。如承运人或其代理人要求出具单位介绍信或其他有效证明时，托运人也应予提供。托运政府规定限制运输的货物以及需向公安、检疫等有关政府部门办理手续的货物，应当随附有效证明。货物托运书的填写及基本内容：

（一）托运人应当认真填写，对托运书内容的真实性、准确性负责，并在托运书上签字或者盖章。

（二）货物托运书的基本内容：

1. 货物托运人和收货人的具体单位或者个人的全称及详细地址、电话、邮政编码；

2. 货物品名；

3. 货物件数、包装方式及标志；

4. 货物实际价值；

5. 货物声明价值；

6. 普货运输或者急件运输；

7. 货物特性、储运及其他说明。

（三）运输条件不同或者因货物性质不能在一起运输的货物，应当分别填写托运书。

第五条　货物包装应当保证货物在运输过程中不致损坏、散失、渗漏，不致损坏和污染飞机设备或者其他物品。托运人应当根据货物性质及重量、运输环境条件和承运人的要求，采用适当的内、外包装材料和包装形式，妥善包装。精密、易碎、怕震、怕压、不可倒置的货物，必须有相适应的防止货物损坏的包装措施。严禁使用草袋包装或草绳捆扎。货物包装内不准夹带禁止运输或者限制运输的物品、危险品、贵重物品、保密文件和资料等。

第六条 托运人应当在每件货物外包装上标明出发站、到达站和托运人、收货人的单位、姓名及详细地址等。托运人应当根据货物性质，按国家标准规定的式样，在货物外包装上张贴航空运输指示标贴。托运人使用旧包装时，必须除掉原包装上的残旧标志和标贴。托运人托运每件货物，应当按规定粘贴或者拴挂承运人的货物运输标签。

第七条 货物重量按毛重计算，计量单位为公斤。重量不足 1 公斤的尾数四舍五入。每张航空货运单的货物重量不足 1 公斤时，按 1 公斤计算。贵重物品按实际毛重计算，计算单位为 0.1 公斤。非宽体飞机载运的货物，每件货物重量一般不超过 80 公斤，体积一般不超过 $40 \times 60 \times 100$ 厘米。宽体飞机载运的货物，每件货物重量一般不超过 250 公斤，体积一般不超过 $100 \times 100 \times 140$ 厘米。超过以上重量和体积的货物，承运人可依据机型及出发地和目的地机场的装卸设备条件，确定可收运货物的最大重量和体积。每件货物的长、宽、高之和不得小于 40 厘米。每公斤货物体积超过 6000 立方厘米的，为轻泡货物。轻泡货物以每 6000 立方厘米折合 1 公斤计重。

第八条 托运人托运的货物，毛重每公斤价值在人民币 20 元以上的，可办理货物声明价值，按规定交纳声明价值附加费。每张货运单的声明价值一般不超过人民币 50 万元。已办理托运手续的货物要求变更时，声明价值附加费不退。

第三章 货物承运

第一节 货物收运

第九条 承运人应当根据运输能力，按货物的性质和急缓程度，有计划地收运货物。批量大和有特定条件及时间要求的联程货物，承运人必须事先安排好联程中转舱位后方可收运。遇有特殊情况，如政府法令、自然灾害、停航或者货物严重积压时，承运人可暂停收运货物。凡是国家法律、法规和有关规定禁止运输的物品，严禁收运。凡是限制运输的物品，应符合规定的手续和条件后，方可收运。需经主管部门查验、检疫和办理手续的货物，在手续未办妥之前不得收运。

第十条 承运人收运货物时，应当查验托运人的有效身份证件。凡国家限制运输的物品，必须查验国家有关部门出具的准许运输的有效凭证。承运人应当检查托运人托运货物的包装，不符合航空运输要求的货物包装，须经托运人改善包装后方可办理收运。承运人对托运人托运货物的内包装是否符合要求，不承担检查责任。承运人对收运的货物应当进行安全检查。对收运后 24 小时内装机运输的货物，一律实行开箱检查或者通过安检仪器检测。

第十一条 航空货运单（下称货运单）应当由托运人填写，连同货物交给承运人。如承运人依据托运人提供的托运书填写货运单并经托运人签字，则该货运单应当视为代托运人填写。托运人应当对货运单上所填关于货物的说明或声明的正确性负责。货运单一式八份，其中正本三份、副本五份。正本三份为：第一份交承运人，由托运人签字或盖章；第二份交收货人，由托运人和承运人签字或盖章；第三份交托运人，由承运人接受货物后签字盖章。三份具有同等效力。承运人可根据需要增加副本。货运单的承运人联应当自填开货运单次日起保存两年。货运单的基本内容包括：

（一）填单地点和日期；

（二）出发地点和目的地点；

（三）第一承运人的名称、地址；

（四）托运人的名称、地址；

（五）收货人的名称、地址；

（六）货物品名、性质；

（七）货物的包装方式、件数；

（八）货物的重量、体积或尺寸；

（九）计费项目及付款方式；

（十）运输说明事项；

（十一）托运人的声明。

第二节　货物运送

第十二条　需办理急件运输的货物，托运人应当在货运单上注明发运日期和航班，承运人应当按指定的日期和航班运出。需办理联程急件货物，承运人必须征得联程站同意后方可办理。限定时间运输的货物，由托运人与承运人约定运抵日期并在货运单上注明。承运人应当在约定的期限内将货物运抵目的地。承运人应当按本章第十三条的发运顺序尽快将货物运抵目的地。

第十三条　根据货物性质，承运人应按下列顺序发运：

（一）抢险、救灾、急救、外交信袋和政府指定急运的物品；

（二）指定日期、航班和按急件收运的货物；

（三）有时限、贵重和零星小件物品；

（四）国际和国内中转联程货物；

（五）一般货物按照收运的先后顺序发运。

第十四条　承运人应当建立舱位控制制度，根据每天可利用的空运舱位合理配载，避免舱位浪费或者货物积压。承运人应当按照合理或经济的原则选择运输路线，避免货物的迂回运输。承运人运送特种货物，应当建立机长通知单制度。

第十五条　承运人对承运的货物应当精心组织装卸作业，轻拿轻放，严格按照货物包装上的储运指示标志作业，防止货物损坏。承运人应当按装机单、卸机单准确装卸货物，保证飞行安全。承运人应当建立健全监装、监卸制度。货物装卸应当有专职人员对作业现场实施监督检查。在运输过程中发现货物包装破损无法续运时，承运人应当做好运输记录，通知托运人或收货人，征求处理意见。托运人托运的特种货物、超限货物，承运人装卸有困难时，可商托运人或收货人提供必要的装卸设备和人力。

第十六条　承运人应当根据进出港货物运输量及货物特性，分别建立普通货物及贵重物品、鲜活物品、危险物品等货物仓库。货物仓库应当建立健全保管制度，严格交接手续；库内货物应当合理码放、定期清仓；做好防火、防盗、防鼠、防水、防冻等工作，保证进出库货物准确完整。

第十七条　货物托运后，托运人或收货人可在出发地或目的地向承运人或其代理人查询货物的运输情况，查询时应当出示货运单或提供货运单号码、出发地、目的地、货物名称、件数、重量、托运日期等内容。承运人或其代理人对托运人或收货人的查询应当及时给予答复。

第三节　货物到达和交付

第十八条　货物运至到达站后，除另有约定外，承运人或其代理人应当及时向收货人发出到货通知。通知包括电话和书面两种形式。急件货物的到货通知应当在货物到达后两小时内发出，普通货物应当在 24 小时内发出。自发出到货通知的次日起，货物免费保管 3 日。逾期提取，承运人或其代理人按规定核收保管费。货物被检查机关扣留或因违章等待处理存放在承运人仓库内，由收货人或托运人承担保管费和其他有关费用。动物、鲜活易腐物品及其他指定日期和航班运输的货物，托运人应当负责通知收货人在到达站机场等候提取。

第十九条　收货人凭到货通知单和本人居民身份证或其他有效身份证件提货；委托他人提货时，凭到货通知单和货运单指定的收货人及提货人的居民身份证或其他有效身份证件提货。如承运人或其代理人要求出具单位介绍信或其他有效证明时，收货人应予提供。承运人应当按货运单列明的货物件数清点后交付收货人。发现货物短缺、损坏时，应当会同收货人当场查验，必要时填写货物运输事故记录，并由双方签字或盖章。收货人提货时，对货物外包装状态或重量如有异议，应当场提出查验或者重新过秤核对。收货人提取货物后并在货运单上签收而未提出异议，则视为货物已经完好交付。

第二十条　托运人托运的货物与货运单上所列品名不符或在货物中夹带政府禁止运输或限制运输的物品和危险物品时，承运人应当按下列规定处理：

（一）在出发站停止发运，通知托运人提取，运费不退。

（二）在中转站停止运送，通知托运人，运费不退，并对品名不符的货件，按照实际运送航段另核收运费。

（三）在到达站，对品名不符的货件，另核收全程运费。

第二十一条　货物自发出到货通知的次日起 14 日无人提取，到达站应当通知始发站，征求托运人对货物的处理意见；满 60 日无人提取又未收到托运人的处理意见时，按无法交付货物处理。对无法交付货物，应当做好清点、登记和保管工作。凡属国家禁止和限制运输物品、贵重物品及珍贵文史资料等货物应当无价移交国家主管部门处理；凡属一般的生产、生活资料应当作价移交有关物资部门或商业部门；凡属鲜活、易腐或保管有困难的物品可由承运人酌情处理。如作毁弃处理，所产生的费用由托运人承担。经作价处理的货款，应当及时交承运人财务部门保管。从处理之日起 90 日内，如有托运人或收货人认领，扣除该货的保管费和处理费后的余款退给认领人；如 90 日后仍无人认领，应当将货款上交国库。对于无法交付货物的处理结果，应当通过始发站通知托运人。

第四节　货物运输变更

第二十二条　托运人对已办妥运输手续的货物要求变更时，应当提供原托运人出具的书面要求、个人有效证件和货运单托运人联。要求变更运输的货物，应是一张货运单填写的全部货物。运输变更应当符合本规则的有关规定，否则承运人有权不予办理。

第二十三条　承运人应当及时处理托运人的变更要求，根据变更要求，更改或重开货运单，重新核收运费。如果不能按照要求办理时，应当迅速通知托运人。在运送货物前取消托运，承运人可以收取退运手续费。

第二十四条　由于承运人执行特殊任务或天气等不可抗力的原因，货物运输受到影响，需要变更运输时，承运人应当及时通知托运人或收货人，商定处理办法。承运人应当按照下列规定处理运输费用：

（一）在出发站退运货物，退还全部运费。

（二）在中途站变更到达站，退还未使用航段的运费，另核收由变更站至新到达站的运费。

（三）在中途站将货物运至原出发站，退还全部运费。

（四）在中途站改用其他交通工具将货物运至目的站，超额费用由承运人承担。

第五节　货物运输费用

第二十五条　货物运价是出发地机场至目的地机场之间的航空运输价格，不包括机场与市区间的地面运输费及其他费用。贵重物品、动物、鲜活易腐物品、危险物品、灵柩、骨灰、纸型以及特快专递、急件货物等按普通货物运价的150%计收运费。声明价值附加费的计算方法为：〔声明价值－（实际重量×20）〕×0.5%。

第二十六条　承运人可以收取地面运输费、退运手续费和保管费等货运杂费。

第二十七条　托运人应按国家规定的货币和付款方式交付货物运费，除承运人与托运人另有协议者外，运费一律现付。

第四章　特种货物运输

特种货物运输，除应当符合普通货物运输的规定外，应当同时遵守下列相应的特殊要求：

第二十八条　托运人要求急运的货物，经承运人同意，可以办理急件运输，并按规定收取急件运费。

第二十九条　凡对人体、动植物有害的菌种、带菌培养基等微生物制品，非经民航总局特殊批准不得承运。凡经人工制造、提炼，进行无菌处理的疫苗、菌苗、抗菌素、血清等生物制品，如托运人提供无菌、无毒证明可按普货承运。微生物及有害生物制品的仓储、运输应当远离食品。

第三十条　植物和植物产品运输须凭托运人所在地县级（含）以上的植物检疫部门出具的有效"植物检疫证书"。

第三十一条　骨灰应当装在封闭的塑料袋或其他密封容器内，外加木盒，最外层用布包装。

灵柩托运的条件：

（一）托运人应当凭医院出具的死亡证明及有关部门出具的准运证明，并事先与承运人联系约定；

（二）尸体无传染性；

（三）尸体经过防腐处理，并在防腐期限以内；

（四）尸体以铁质棺材或木质棺材为内包装，外加铁皮箱和便于装卸的环扣。棺内敷设木屑或木炭等吸附材料，棺材应当无漏缝并经过钉牢或焊封，确保气味及液体不致外溢；

（五）在办理托运时，托运人须提供殡葬部门出具的入殓证明。

第三十二条　危险货物的运输必须遵守中国民用航空总局有关危险货物航空安全运输的管理规定。

第三十三条　动物运输必须符合国家有关规定，并出具当地县级（含）以上检疫部门的免疫注射证明和检疫证明书；托运属于国家保护的动物，还需出具有关部门准运证明；托运属于市场管理范围的动物要有市场管理部门的证明。托运人托运动物，应当事先与承运人联系并定妥舱位。办理托运手续时，须填写活体动物运输托运申明书。需专门护理和喂养或者批量大的动物，应当派人押运。动物的包装，既要便于装卸又需适合动物特性和空运的要求，能防止动物破坏、逃逸和接触外界，底部有防止粪便外溢的措施，保证通风，防止动物窒息。动物的外包装上应当标明照料和运输的注意事项。托运人和收货人应当在机场交运和提取动物，并负责动物在运输前和到达后的保管。有特殊要求的动物装舱，托运人应当向承运人说明注意事项或在现场进行指导。承运人应当将动物装在适合载运动物的飞机舱内。动物在运输过程中死亡，除承运人的过错外，承运人不承担责任。

第三十四条　托运人托运鲜活易腐物品，应当提供最长允许运输时限和运输注意事项，订妥舱位，按约定时间送机场办理托运手续。政府规定需要进行检疫的鲜活易腐物品，应当出具有关部门的检疫证明。包装要适合鲜活易腐物品的特性，不致污染、损坏飞机和其他货物。客运班机不得装载有不良气味的鲜活易腐物品。需要特殊照料的鲜活易腐物品，应由托运人自备必要的设施，必要时由托运人派人押运。鲜活易腐物品在运输、仓储过程中，承运人因采取防护措施所发生的费用，由托运人或收货人支付。

第三十五条　贵重物品包括：黄金、白金、铱、铑、钯等稀贵金属及其制品；各类宝石、玉器、钻石、珍珠及其制品；珍贵文物（包括书、画、古玩等）；现钞、有价证券以及毛重每公斤价值在人民币2000元以上的物品等。贵重物品应当用坚固、严密的包装箱包装，外加#字形铁箍，接缝处必须有封志。

第三十六条 枪支、警械（简称枪械）是特种管制物品；弹药是特种管制的危险物品。托运时应当出具下列证明：

（一）托运人托运各类枪械、弹药必须出具出发地或运往县、市公安局核发的准运证或国家主管部委出具的许可证明；

（二）进出境各类枪支、弹药的国内运输必须出具边防检查站核发的携运证；枪械、弹药包装应当是出厂原包装，非出厂的原包装应当保证坚固、严密、有封志。枪械和弹药要分开包装。枪械、弹药运输的全过程要严格交接手续。

第三十七条 根据货物的性质，在运输过程中需要专人照料、监护的货物，托运人应当派人押运，否则，承运人有权不予承运。押运货物需预先订妥舱位。押运员应当履行承运人对押运货物的要求并对货物的安全运输负责。押运员应当购买客票和办理乘机手续。托运人派人押运的货物损失，除证明是承运人的过失造成的以外，承运人不承担责任。经证明是由于承运人的过失造成的，按本规则第四十五条的有关条款赔偿。承运人应当协助押运员完成押运任务，并在押运货物包装上加贴"押运"标贴。在货运"单储运注意事项"栏内注明"押运"字样并写明押运的日期和航班号。

第五章 航空邮件及航空快递运输

第三十八条 航空邮件的托运和承运双方要相互协作、密切配合，按公布的航班计划和邮件路单安全、迅速、准确地组织运输。航空邮件应当按种类用完好的航空邮袋分袋封装，加挂"航空"标牌。承运人对接收的航空邮政信函应当优先组织运输。航空邮件内不得夹带危险品及国家限制运输的物品。航空邮件应当进行安全检查。航空邮件按运输时限的不同计收相应的运费。承运人运输邮件，仅对邮政企业承担责任。

第三十九条 航空快递企业要以本规则为依据，使用专用标志、包装。航空快递企业应当安全、快速、准确、优质地为货主提供服务，并按规定收取相应的服务费。发生违约行为时应当承担相应的经济责任。

第六章 货物包机、包舱运输

第四十条 申请包机，凭单位介绍信或个人有效身份证件与承运人联系协商包机运输条件，双方同意后签订包机合同。包机人与承运人应当履行包机合同规定的各自承担的责任和义务。包机人和承运人执行包机合同时，每架次货物包机应当填制托运书和货运单，作为包机的运输凭证。包机人和承运人可视货物的性质确定押运员，押运员凭包机合同办理机票并按规定办理乘机手续。

第四十一条 包用飞机的吨位，由包机人充分利用。承运人如需利用包机剩余吨位应当与包机人协商。

第四十二条 包机合同签订后，除天气或其他不可抗力的原因外，托运人和承运人均应当承担包机合同规定的经济责任。包机人提出变更包机前，承运人因执行包机任务已发生调机的有关费用应当由包机人承担。

第四十三条　包用飞机，承运人按包机双方协议收取费用。

第四十四条　申请包舱或包集装板（箱）的合同签定及双方应当承担的职责和义务参照包机的有关条款办理。

第七章　货物不正常运输的赔偿处理

第四十五条　由于承运人的原因造成货物丢失、短缺、变质、污染、损坏，应按照下列规定赔偿；

（一）货物没有办理声明价值的，承运人按照实际损失的价值进行赔偿，但赔偿最高限额为毛重每公斤人民币 20 元。

（二）已向承运人办理货物声明价值的货物，按声明的价值赔偿；如承运人证明托运人的声明价值高于货物的实际价值时，按实际损失赔偿。

第四十六条　超过货物运输合同约定期限运达的货物，承运人应当按照运输合同的约定进行赔偿。

第四十七条　托运人或收货人发现货物有丢失、短缺、变质、污染、损坏或延误到达情况，收货人应当场向承运人提出，承运人应当按规定填写运输事故记录并由双方签字或盖章。如有索赔要求，收货人或托运人应当于签发事故记录的次日起，按法定时限向承运人或其代理人提出索赔要求。向承运人提出赔偿要求时应当填写货物索赔单，并随附货运单、运输事故记录和能证明货物内容、价格的凭证或其他有效证明。超过法定索赔期限收货人或托运人未提出赔偿要求，则视为自动放弃索赔权利。

第四十八条　索赔要求一般在到达站处理。承运人对托运人或收货人提出的赔偿要求，应当在两个月内处理答复。不属于受理索赔的承运人接到索赔要求时，应当及时将索赔要求转交有关的承运人，并通知索赔人。

第八章　附　则

第四十九条　本规则自 1996 年 3 月 1 日起施行。中国民用航空局 1985 年制定发布的《中国民用航空货物国内运输规则》同时废止。